运动解剖生理学

SPORTS ANATOMY AND PHYSIOLOGY

主　编　肖　冰
副主编　叶展红　徐朝阳　庞杰

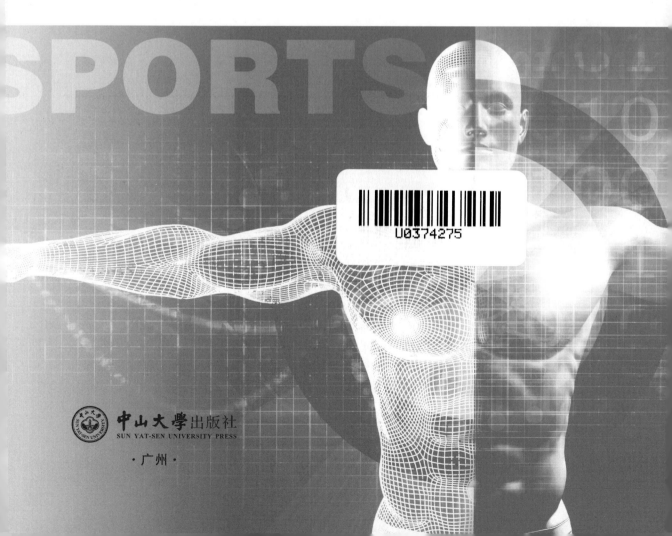

中山大学出版社
·广州·

版权所有　翻印必究

图书在版编目（CIP）数据

运动解剖生理学/肖冰主编；叶展红，徐朝阳，庞杰副主编 . —广州：中山大学出版社，2022.5

ISBN 978-7-306-07524-6

Ⅰ. ①运… Ⅱ. ①肖… ②叶… ③徐… ④庞… Ⅲ. ①运动解剖—运动生理学 Ⅳ. ①G804.4

中国版本图书馆 CIP 数据核字（2022）第 069180 号

出 版 人：	王天琪
策划编辑：	曾育林
责任编辑：	曾育林
封面设计：	曾　斌
责任校对：	梁嘉璐
责任技编：	靳晓虹
出版发行：	中山大学出版社
电　　话：	编辑部 020-84113349，84110776，84111997，84110779，84110283
	发行部 020-84111998，84111981，84111160
地　　址：	广州市新港西路 135 号
邮　　编：	510275　传　真：020-84036565
网　　址：	http://www.zsup.com.cn　E-mail：zdcbs@mail.sysu.edu.cn
印 刷 者：	佛山市浩文彩色印刷有限公司
规　　格：	787mm×1092mm　1/16　21 印张　458 千字
版次印次：	2022 年 5 月第 1 版　2023 年 7 月第 2 次印刷
定　　价：	78.00 元

如发现本书因印装质量影响阅读，请与出版社发行部联系调换

本书编委会

肖　冰（广州体育职业技术学院）

叶展红（广州体育职业技术学院）

徐朝阳（广州体育职业技术学院）

庞　杰（南方医科大学南方医院）

李冰肖（暨南大学附属第一医院）

黄志刚（广州体育职业技术学院）

前　言

运动解剖生理学包括运动解剖学与运动生理学两门学科的知识，这两门学科是紧密相连的。本书根据体育类高职高专教育的特点，以培养学生的职业能力为目标，将运动解剖学、运动生理学的知识进行整合，以适应社会对健康的需求及全民健身计划纲要的实施。

运动解剖生理学课程隶属运动人体科学范畴，是一门重要的基础理论核心课，学习本课程可以使学生的专业基础知识、专业技能技巧得到提高，专业创新思维、创新计划得到实施和培养。

本书的研究内容主要包括人体的基本结构与机能，人体在体育锻炼影响下的变化规律及运动伤病的预防等。全书分为13章，第一章至第九章，主要涉及运动、血液循环、呼吸、消化、泌尿、内分泌、感官、神经系统等的运动解剖学和运动生理学的基本知识、基本理论和基本技能；第十章至第十一章，内容涉及运动技能与人体素质的关系，以及运动过程中人体机能的变化规律；第十二章至第十三章，内容涉及运动损伤、急救、护理、预防，以及少年儿童、女性及中老年人运动卫生知识。

本书的编写尽可能地满足教学活动和学生自主学习的需要，使理论密切联系实际，满足社会及行业发展的需要。对于教材中出现的不当和错误之处，还请广大同仁及读者批评指正。

编者

2022年4月

目　录

绪论 ··· 1
　　一、运动解剖生理学研究的内容 ··· 1
　　二、人体形态结构与机能概述 ··· 1
　　三、常用的解剖学术语 ··· 2
　思考与练习 ··· 4

第一章　运动系统与运动 ·· 5
　第一节　骨和骨连结与运动 ··· 5
　　一、骨的概述 ·· 5
　　二、骨连结概述 ·· 9
　　三、上肢骨及其连结 ·· 14
　　四、下肢骨及其连结 ·· 26
　　五、躯干及其连结 ·· 37
　　六、颅骨及其连结 ·· 49
　第二节　骨骼肌与运动 ·· 52
　　一、骨骼肌总论 ·· 52
　　二、骨骼肌各论 ·· 65
　思考与练习 ··· 107

第二章　血液循环系统与运动 ·· 109
　第一节　血液的概述 ·· 110
　　一、血量 ·· 110
　　二、血液 ·· 111
　　三、血型与输血 ·· 113
　第二节　心脏和血管的构造 ··· 114
　　一、心脏 ·· 114
　　二、血管 ·· 117
　第三节　心脏的机能 ·· 121
　　一、心脏的特性 ·· 121
　　二、心动周期 ·· 121

	三、心音	122
	四、心搏频率及其变化	122
	五、心输出量	122
第四节	血管的机能	124
	一、脉搏	124
	二、血压	124
第五节	运动对心血管系统机能的良好影响	125
	一、窦性心动徐缓	125
	二、运动性低血压	125
	三、运动性心脏增大	126
	四、心血管机能改善	126
第六节	淋巴系统	126
	一、淋巴、淋巴管和淋巴循环	126
	二、淋巴器官	128
思考与练习		129

第三章 呼吸系统与运动 …………………………………………………… 130

第一节	呼吸系统的构造	130
	一、鼻和鼻腔	131
	二、咽	131
	三、喉	131
	四、气管和支气管	132
	五、肺	132
	六、胸膜和胸膜腔	133
第二节	呼吸运动	134
	一、吸气运动	134
	二、呼气运动	135
	三、肺内压和胸内压	135
第三节	呼吸气量	136
	一、肺活量	136
	二、无效腔	137
	三、肺通气量	137
	四、运动时合理呼吸	137
第四节	气体交换与运输	139
	一、气体扩散	139
	二、氧的运输	141
	三、二氧化碳的运输	141
第五节	运动中呼吸机能的变化	142

一、运动时呼吸的变化 …………………………………………… 142
　　二、需氧量和耗氧量 ……………………………………………… 142
　　三、氧债 …………………………………………………………… 143
　　四、真稳定状态和假稳定状态 …………………………………… 144
第六节　体育运动对呼吸系统的良好作用 …………………………… 145
思考与练习 ……………………………………………………………… 145

第四章　消化系统与运动 …………………………………………… 146
第一节　消化系统的构造 ……………………………………………… 146
　　一、消化管的构造 ………………………………………………… 147
　　二、消化腺的构造 ………………………………………………… 149
第二节　消化系统的机能 ……………………………………………… 151
　　一、口腔中的消化 ………………………………………………… 151
　　二、胃中的消化 …………………………………………………… 151
　　三、小肠中的消化 ………………………………………………… 152
　　四、大肠的作用 …………………………………………………… 153
　　五、营养物质的吸收 ……………………………………………… 154
　　六、体育运动对消化系统的影响 ………………………………… 154
思考与练习 ……………………………………………………………… 155

第五章　泌尿系统与运动 …………………………………………… 156
第一节　泌尿系统的构造 ……………………………………………… 156
　　一、肾 ……………………………………………………………… 157
　　二、输尿管 ………………………………………………………… 158
　　三、膀胱 …………………………………………………………… 159
　　四、尿道 …………………………………………………………… 159
第二节　尿的生成与排泄 ……………………………………………… 159
　　一、尿的生成 ……………………………………………………… 159
　　二、尿的排放 ……………………………………………………… 160
第三节　体育锻炼对肾脏机能的影响 ………………………………… 160
思考与练习 ……………………………………………………………… 161

第六章　内分泌系统与运动 ………………………………………… 162
　　一、概述 …………………………………………………………… 162
　　二、人体主要的内分泌腺 ………………………………………… 163
　　三、体育锻炼对内分泌机能的影响 ……………………………… 168
思考与练习 ……………………………………………………………… 169

第七章　感觉系统与运动 …………………………………………………………… 170
第一节　视器 ………………………………………………………………………… 171
一、视器的构造 ……………………………………………………………… 171
二、视觉的形成与传导 ……………………………………………………… 173
三、空间视觉与眼肌平衡 …………………………………………………… 174
四、视觉在体育运动中的作用 ……………………………………………… 175
第二节　位听器 ……………………………………………………………………… 176
一、位听器的构造 …………………………………………………………… 176
二、位听感觉的传导 ………………………………………………………… 179
三、位听器对人体的影响 …………………………………………………… 180
第三节　本体感觉 …………………………………………………………………… 181
一、位置 ……………………………………………………………………… 181
二、作用 ……………………………………………………………………… 181
第四节　皮肤 ………………………………………………………………………… 182
一、皮肤的构造与功能 ……………………………………………………… 182
二、皮肤的感受器 …………………………………………………………… 183
思考与练习 ……………………………………………………………………… 183

第八章　神经系统与运动 …………………………………………………………… 184
第一节　神经系统概述 ……………………………………………………………… 184
一、神经系统的基本结构和功能 …………………………………………… 184
二、神经元 …………………………………………………………………… 185
三、神经系统的区分 ………………………………………………………… 186
第二节　中枢神经 …………………………………………………………………… 186
一、脑 ………………………………………………………………………… 187
二、脊髓 ……………………………………………………………………… 193
第三节　周围神经 …………………………………………………………………… 195
一、脊神经 …………………………………………………………………… 195
二、脑神经 …………………………………………………………………… 202
三、内脏神经 ………………………………………………………………… 203
四、体育锻炼对神经系统的影响 …………………………………………… 205
第四节　神经系统对躯体运动的调节 ……………………………………………… 206
一、牵张反射 ………………………………………………………………… 206
二、姿势反射 ………………………………………………………………… 206
第五节　高级神经活动 ……………………………………………………………… 208
一、条件反射 ………………………………………………………………… 208
二、大脑皮层的抑制 ………………………………………………………… 211
三、皮层神经过程的活动规律 ……………………………………………… 214

四、大脑皮层的分析与综合能力 ·············· 215
  五、人类高级神经活动的特征 ················ 216
 思考与练习 ···································· 217

第九章　新陈代谢和体温 ·························· 218
 第一节　物质代谢 ································ 218
  一、糖代谢 ···································· 218
  二、蛋白质代谢 ································ 220
  三、脂肪代谢 ·································· 221
 第二节　能量代谢 ································ 222
  一、机体的能量来源和利用 ···················· 222
  二、能量代谢的测定 ···························· 222
  三、影响能量代谢的因素 ······················ 224
  四、基础代谢 ·································· 225
 第三节　运动时能耗量的计算及其意义 ·············· 227
  一、运动时能耗量的计算 ······················ 227
  二、计算运动时能耗量的意义 ·················· 228
 第四节　体温 ···································· 229
  一、体温的正常值及生理变动 ·················· 230
  二、机体的产热和散热 ························ 231
  三、运动时体温的变化和调节 ·················· 233
 思考与练习 ···································· 234

第十章　运动技能的形成与身体素质 ·················· 235
 第一节　运动技能的形成 ·························· 235
  一、运动技能形成的生理机制 ·················· 235
  二、运动技能形成的阶段性变化 ················ 235
  三、影响运动技能发展的因素 ·················· 236
 第二节　身体素质 ································ 237
  一、力量素质 ·································· 237
  二、速度素质 ·································· 239
  三、耐力素质 ·································· 240
  四、柔韧与灵敏素质 ···························· 241
  五、身体素质间的相互关系 ···················· 242
 思考与练习 ···································· 242

第十一章　运动过程中人体机能的变化规律 ············ 243
 第一节　赛前状态 ································ 243

一、赛前状态的概念 243
二、赛前状态的表现 243
三、产生机制 243
第二节 准备活动 243
一、准备活动的概念 243
二、准备活动的意义 244
三、如何进行准备活动 244
第三节 工作适应过程 244
一、工作适应过程的概念 244
二、工作适应过程的机制 244
第四节 疲劳 245
一、疲劳的概念 245
二、疲劳产生的原因 245
三、减轻或消除疲劳的方法 246
四、测定疲劳的方法 246
思考与练习 247

第十二章 运动性伤病的预防与处理 248
第一节 运动损伤的原因及预防 248
一、运动损伤的原因 248
二、运动损伤的预防 250
第二节 运动损伤的急救 253
一、休克和休克的现场处理 253
二、心肺复苏 254
三、溺水 257
四、出血和止血 259
五、绷带包扎法 262
六、骨折的临时固定 265
七、关节脱位的临时急救 270
第三节 常见运动损伤 272
一、擦伤 272
二、撕裂伤、刺伤与切伤 272
三、挫伤 273
四、肌肉拉伤 274
五、损伤性腱鞘炎 275
六、疲劳性骨膜炎 277
七、骨软骨炎 278
八、脑震荡 279

       九、肩袖损伤性肌腱炎（肩袖损伤） ……………………………………… 280
       十、网球肘 …………………………………………………………………… 282
       十一、肘关节内侧软组织损伤 ……………………………………………… 283
       十二、髌骨软化症 …………………………………………………………… 285
       十三、膝关节急性损伤 ……………………………………………………… 286
       十四、踝关节扭伤 …………………………………………………………… 290
       十五、腰椎间盘突出症 ……………………………………………………… 294
       十六、腰肌劳损 ……………………………………………………………… 297
    第四节　常见运动性疾病 ………………………………………………………… 298
       一、过度紧张 ………………………………………………………………… 298
       二、晕厥 ……………………………………………………………………… 299
       三、运动中腹痛 ……………………………………………………………… 301
       四、肌肉痉挛 ………………………………………………………………… 302
       五、中暑 ……………………………………………………………………… 304
    思考与练习 …………………………………………………………………………… 306

第十三章　少年儿童、女性及中老年人的体育卫生 ……………………………… 308
    第一节　少年儿童的体育卫生 …………………………………………………… 308
       一、少年儿童身体发育的特点 ……………………………………………… 308
       二、少年儿童的体育卫生要求 ……………………………………………… 311
    第二节　女性的体育卫生 ………………………………………………………… 313
       一、女性的解剖生理特点 …………………………………………………… 313
       二、女性的体育卫生 ………………………………………………………… 314
    第二节　中年人的体育卫生 ……………………………………………………… 316
       一、中年人各器官系统的解剖生理特点 …………………………………… 316
       二、中年人的体育卫生要求 ………………………………………………… 318
    第四节　老年人的体育卫生 ……………………………………………………… 319
       一、老年人各器官、系统的解剖生理特点 ………………………………… 319
       二、老年人的体育卫生要求 ………………………………………………… 320
    思考与练习 …………………………………………………………………………… 321

参考文献 ……………………………………………………………………………… 322

绪　　论

一、运动解剖生理学研究的内容

运动解剖学是正常人体解剖学的一个分支，它是在正常人体解剖学的基础上研究体育运动对人体形态结构产生的影响和发展规律，并探索人体结构的机械运动规律和体育技术动作关系的一门新兴学科。

运动生理学是人体生理学的一个分支。人体生理学是研究人体机能活动规律的科学，运动生理学则是研究人体在体育运动的影响下机能活动变化规律的科学，它是体育科学的一门基础理论学科。

运动解剖生理学是将运动解剖学和运动生理学的内容有机地结合在一起，研究人体的各系统、器官的形态结构及其生理功能，以及人体在体育运动影响下的变化规律的学科。

（1）研究体育运动对增强体质的良好作用。通过运动解剖生理学课程的学习，可以了解体育运动对身体各器官系统的良好作用和增强体质的道理。

（2）合理地安排体育教学与训练，更有效地增强学员体质。通过学习本课程，可以掌握人体结构与机能的基本知识和体育卫生知识，有利于将来对不同年龄、不同性别的人群合理地安排体育活动，有效地增强其体质。

（3）促进运动技术水平的提高。合理的运动技术必须符合人体的解剖生理学要求；合理的训练方法也必须符合人体运动时的身体变化规律，符合个人的身体特点。学习掌握运动人体科学知识，有助于改进技术，并为制定合理的训练手段和方法提供科学理论依据，有效地提高运动技术水平。

二、人体形态结构与机能概述

（一）人体是一个有机的整体

人体是由很多形态不同的细胞组成的，形态、结构和功能相似的细胞集合起来形成组织（人体有 4 种基本组织，即上皮组织、结缔组织、肌组织和神经组织），几种机能上有关的组织集合起来形成器官（如心、肺、胃、肠、肾、骨和肌肉等），若干执行同一生理活动的器官联合起来组成系统。人体共有运动系统、消化系统、呼吸系统、泌尿系统、生殖系统、循环系统、内分泌系统和神经系统八大系统。各系统都在大脑皮层的统一指挥下，紧密配合、互相联系、互相制约、协调工作，形成一个统一的整体。

（二）人体是一个不断发展变化的有机体

人的一生各器官、系统的结构与机能都在不断地发展变化中，如呼气与吸气、吸收与排泄、合成与分解，这种新陈代谢过程每时每刻都在进行，但人体的许多生理机能指标，如血压、脉搏、体温、血液成分等又维持着动态平衡。

人体结构和机能的发展变化也是相辅相成的，形态结构是机能变化的物质基础，结构的变化有赖于机能的变化，机能的变化又使结构得以改善。体育运动则促使人体的结构和机能都朝着增强健康的方向发展。我们就要应用形态结构和生理机能相互影响这一规律，有效地促进人体结构上的变化，发展人体运动机能，使运动技术水平不断提高。

三、常用的解剖学术语

（一）人体的标准解剖学姿势

人体的标准解剖学姿势是指身体直立，面向前方，两眼平视正前方，两足并拢，足尖向前，双上肢下垂于躯干的两侧，掌心向前（图0-1）。

（二）常用方位术语

（1）内侧：靠近正中面的一侧。
（2）外侧：远离正中面的一侧。
（3）尺侧：前臂的内侧。
（4）桡侧：前臂的外侧。
（5）胫侧：小腿的内侧。
（6）腓侧：小腿的外侧。
（7）近侧：肢体邻近躯干的一侧。
（8）远侧：肢体远离躯干的一侧。

此外，还有容易理解的"腹侧、背侧、深、浅"等术语，不另加说明。

（三）人体的基本面、基本轴

为了更清楚地说明人体各部的位置及其相互关系，运动乃至人体运动机能，我们在人体上定出3个基本面，并在3个基本面相交处的边界上定出3个基本轴，人体各部位都是沿着3个基本轴做运动的（图0-2）。

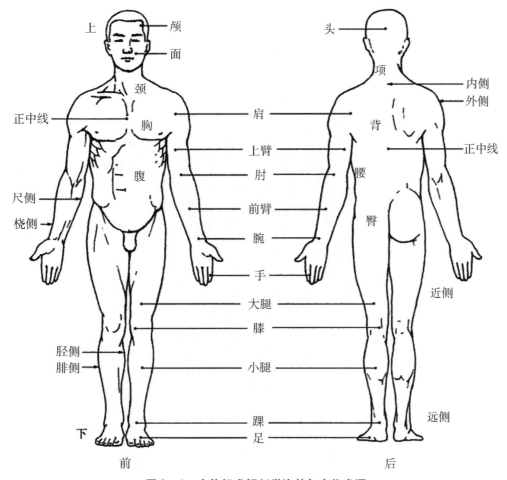

图 0-1　人体标准解剖学姿势与方位术语

1. 人体的 3 个基本面（它们互相垂直）

（1）矢状面：沿身体正中线对称地把身体分割成左右两半的正中面。其余和正中面平行的切面，称为矢状面。

（2）额状面：沿身体左右方向把人体分成前后两部分的一切平面，称为额状面。

（3）水平面：把直立的人体横向分成与地面平行的面，称为水平面。

2. 人体的 3 个基本轴（它们也相互垂直）

（1）额状轴：与矢状面垂直，呈左右方向的轴。关节（人体）沿该轴做屈、伸运动。

（2）矢状轴：与额状面垂直，呈前后方向的轴。关节（人体）沿该轴做内收、外展运动。

（3）垂直轴：与水平面垂直，呈上下方向的轴。关节（人体）沿该轴做旋转运动。

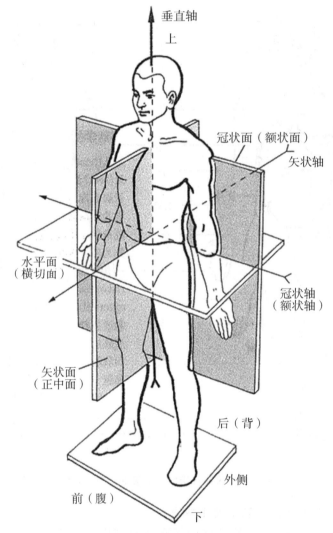

图 0-2 人体的基本面和基本轴示意

思考与练习

1. 从人体解剖学上来说，人体的八大系统包括哪些？
2. 试述标准的解剖学姿势及按照这一姿势确定的方位术语。
3. 人体的基本面和基本轴有哪几个？围绕 3 个基本轴可以做什么运动？

第一章 运动系统与运动

人体的各种运动,都是在神经系统支配下,以骨为杠杆、以关节为枢纽、以肌肉的舒缩为动力完成的。因此,运动系统包括骨、骨连结(关节)和肌肉三部分。它们占人体体重的绝大部分,决定了人体的基本轮廓,并有支持和保护功能。

第一节 骨和骨连结与运动

一、骨的概述

正常成人全身有骨206块,通过骨连结,形成骨骼(图1-1),构成人体的支架。

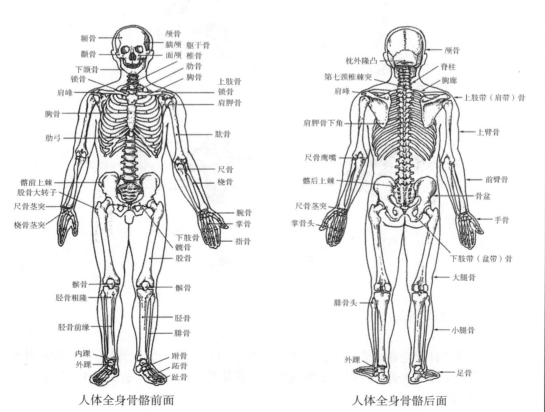

图 1-1 人体全身骨骼

骨骼按部位可分为中轴骨（颅骨、躯干骨）和四肢骨。按形态分，可分为长骨（分布在四肢，呈立方体，分为一体和上下端的膨大，体称为骨干，两端又称为骺）、短骨（分布在手腕、足踝处，各径略等，运动灵活）、扁骨（如颅顶骨和肩胛骨等，起保护作用或供肌肉附着）、不规则骨（分布在躯干和颅，如椎骨和颅底等）4 种。此外，还有含气骨（可减轻重量和起发声共鸣作用，如上颌骨）、籽骨（位于肌腱和韧带内的小骨，如髌骨，可改变肌肉牵引方向，减少摩擦和延长力臂）（图 1-2）。

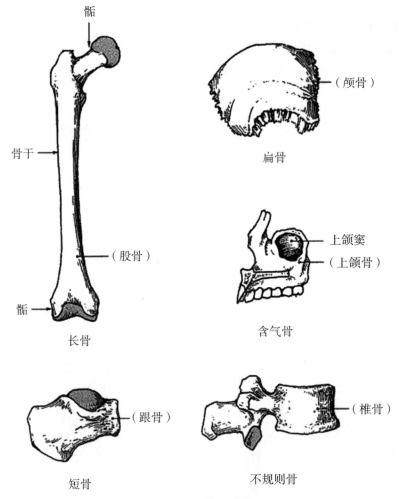

图 1-2 骨的形状

（一）骨的构造

活体骨是具有生命力的活器官（实验用的骨叫作枯骨，仅含骨质）。坚硬的骨组织中包含着丰富的血管、神经，不断地进行着新陈代谢。骨的构造如图 1-3 所示。

1. 骨膜

骨膜是一层坚韧的结缔组织膜，包于除关节面以外的骨表面，内含丰富的血管、

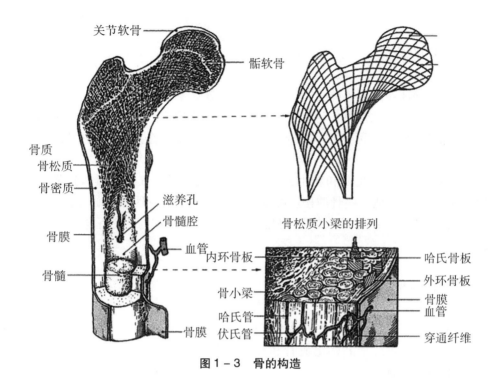

图1-3 骨的构造

神经和成骨细胞,对骨起营养、生长发育、修复作用,并供给肌肉附着。

2. 骨质

骨质是构成骨的主要成分,又分为骨松质和骨密质。

(1)骨松质:分布在长骨两端、短骨、扁骨和不规则骨内。骨松质由许多针状或片状的骨小梁相互交织构成,它的配布与承受的压力和张力一致,并随其变化而改变。

(2)骨密质:分布在长骨体和短骨、扁骨和不规则骨的外表面,它致密坚硬而富韧性,故能抗拉、抗压和抗扭转。

3. 骨髓

骨髓分布在长骨的管腔和骨松质的孔隙中。胎儿期和新生儿的骨内全是红骨髓,红骨髓具有造血功能。随着年龄的增长,长骨管腔内的红骨髓逐渐变为黄骨髓,失去造血功能。一旦人体因某些因素大量失血时,黄骨髓可逆转为红骨髓,恢复造血机能。

(二)骨的化学成分与物理特性

骨的化学成分主要是无机质(磷酸钙和碳酸钙等)和有机质(胶原纤维和糖蛋白等)。无机质使骨坚硬,有机质使骨有弹性和韧性。不同年龄段,两者的比例也有变化。成年人无机质占2/3,有机质占1/3;儿童期有机质多达1/2,无机质少,故骨的韧性大、硬度差、可塑性大;老年人无机质增多,超过2/3,有机质少,骨的脆性大,易骨折但不易愈合。

（三）骨的功能

（1）支持功能：组成人体支架，维持人体形态，承担体重。

（2）杠杆作用：长骨可作为杠杆，在肌肉收缩作用下，完成身体的各种运动。

（3）保护作用：骨可形成体腔壁，如颅腔、胸腔、骨盆等，保护脑、心、肺、膀胱、子宫等。

（4）造血功能：胎儿期和新生儿的骨内全是红骨髓，红骨髓具有造血功能。在长骨两端的骨骺及其他一些骨的松质网眼中有红骨髓，终生具有造血功能。

（5）钙、磷仓库：骨是人体矿物盐（主要是钙和磷）的储备仓库，供应人体需要。

（四）骨性标志

人体某些部位的骨，常在人的体表形成较明显的隆起或凹陷，称为骨性标志。应用这些体表标志，可以帮助确定血管和神经的走行，以及器官的位置等，对临床检查、治疗具有实用意义。

（五）体育运动对骨骼的良好作用

影响骨生长发育的因素很多，主要有遗传、营养、激素、运动和劳动等。其中，体育运动和劳动对后天骨的生长发育影响很重要。适宜的体育运动和劳动可促进骨的生长发育，可使骨松质中骨小梁排列更加明显（如压力曲线和拉力曲线更有规律）；骨密质增厚，肌肉附着处的骨结节和粗隆更加突出，能使骨更好地抗拉、抗压、抗弯曲、抗扭转；还可促进骨增粗、增长，尤其对于未成年的青少年更为有利（骨的增粗由骨膜成骨细胞和骨髓腔内表面的破骨细胞完成；18岁以前长骨两端的骨骺与骨干之间存在骺软骨，骺软骨细胞不断增生和骨化，使骨的长度不断增加）。但是，从事不适宜的体育运动和劳动，也会妨碍骨的生长发育，甚至造成骨骼畸形。

从事不同运动项目的训练时，对人体各部分骨的影响也不同。如经常从事下肢跑、跳的运动，对下肢骨的影响明显大于上肢骨；又如从事举重训练的运动，对上、下肢骨都有明显的影响；再如从事一侧上肢负荷量较大的投掷、击剑、网球等运动，负荷量大的那侧上肢骨所受的影响就比较明显；而从事两侧上肢负荷均匀的体操、游泳等的运动，两侧上肢骨所受的影响相似。运动训练停止后，骨所受到的影响也会慢慢消失。因此，从事体育运动应该经常化、多样化，使骨受到长期、全面的良好影响。

体育教学训练更要讲究方法，如果准备活动不足，不注意动作要领，会导致运动损伤，如关节韧带扭伤、肌肉拉伤、胫骨粗隆骨骺炎、关节脱位、骨折等。因此，要强调体育教学和运动训练的科学性。

二、骨连结概述

骨与骨之间借助结缔组织、软骨或骨组织相连，构成骨连结。骨连结的方式有两种，一种是骨与骨之间由纤维结缔组织、软骨组织或骨组织相连结，其间没有间隙，也叫作直接连结，活动度很小或不能活动，如前臂和小腿两骨之间的骨间膜、骶椎之间的椎间盘及髂骨、耻骨、坐骨之间的软骨骨化形成的骶骨和髋骨等（图1-4、图1-5）；另一种是骨与骨之间有空隙，相对的骨面（关节面）以外有结缔组织囊相连，活动性大，称为间接连结，又叫作关节，如肩关节、髋关节等。关节是人体骨连结的主要形式，在运动中，关节如同枢纽，作为杠杆装置的支点，骨骼以关节为轴心，在肌肉牵动下产生运动。

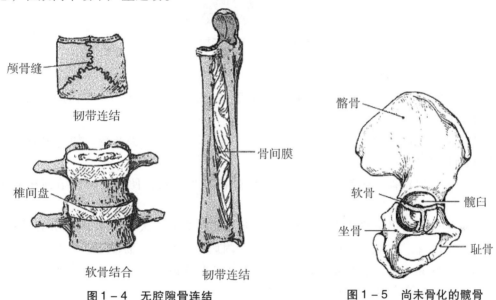

图1-4 无腔隙骨连结　　　图1-5 尚未骨化的髋骨

（一）关节的结构

1. 关节的主要结构

关节主要由关节面、关节囊和关节腔三部分组成（图1-6）。

（1）关节面：相连的两个关节面由关节头和关节窝组成。在相邻的关节头和关节窝表面都被覆一层软骨，叫作关节面软骨。关节面软骨表面光滑、具有弹性，可以减少摩擦，减轻冲击力和缓冲震荡。

（2）关节囊：是包绕在相邻的关节面周围的结缔组织囊，其两端附于关节面以外的骨面。关节囊分内、外两层，外层叫作纤维层，主要起连结作用；内层叫作滑膜层，可分泌滑液，润滑关节。

（3）关节腔：指关节囊与关节面之间的腔隙。腔内为负压，又有少量滑液，对关节起着重要的加固作用。

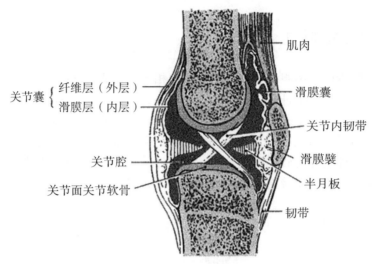

图1-6 关节的结构

2. 关节的辅助结构

关节的辅助结构包括关节唇、关节内软骨、韧带和滑膜囊等。主要作用是加固关节和增大关节的灵活性。

（1）关节唇：指附在关节窝周围的纤维软骨环，可加深关节窝，如肩关节和髋关节均有此结构。

（2）关节内软骨：在关节腔内的纤维软骨盘或半月板，使相邻两关节面相适应和缓冲震动，增加关节活动幅度。

（3）韧带：由呈带状或索状的致密结缔组织束构成，大多分布在关节囊外面，少数在关节囊内，起加固关节作用，如关节侧副韧带、膝交叉韧带等。

（4）滑膜囊：是关节滑膜层向关节囊外突出形成的结构，位于肌腱与骨之间，起减少肌腱与骨的摩擦、保护肌腱的作用。

（二）关节的运动形式

人体关节的运动都是围绕某一个基本轴进行的。关节的运动形式（图1-7）主要有屈伸运动、收展运动、回旋运动、环转运动和水平屈伸5种。

（1）屈伸运动：人或肢体围绕额状轴在矢状面内做的运动。一般地，向前为屈，向后为伸。但也有例外，膝关节和踝关节向后为屈，向前为伸。

（2）收展运动：肢体围绕矢状轴在额状面内做的运动。靠近正中面为收，远离正中面为展。整个人体向一侧的运动叫作侧屈。

（3）回旋运动：人或肢体围绕垂直轴在水平面内做的运动。向前向内为内旋或旋前，向外向后为外旋或旋后。

（4）环转运动：人或肢体围绕2个以上基本轴及它们的中间轴做的连续运动，其运动轨迹呈圆锥形。

（5）水平屈伸：上肢或下肢外展90°后再向前的运动叫作水平屈，外展90°后再向后的运动叫作水平伸。

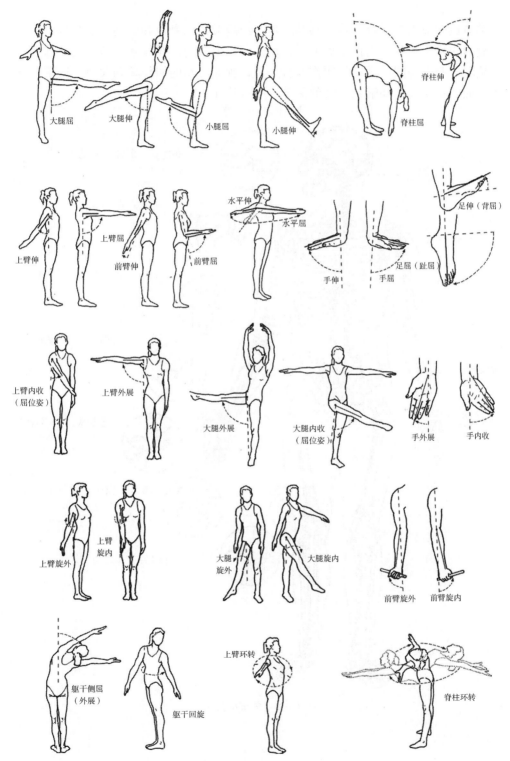

图1-7　关节的运动形式

（三）关节的分类

关节按关节面的形状、运动轴的数目、组成关节的骨数和运动方式分类，如一个关节囊内包裹两个骨，叫作单关节；包裹两个以上骨的，叫作复关节。两个独立的关节必须联合起来做同一运动的叫作联合关节，独立运动的叫作单动关节。以下是着重按关节面的形状和运动轴数归纳的关节分类（图1-8）。

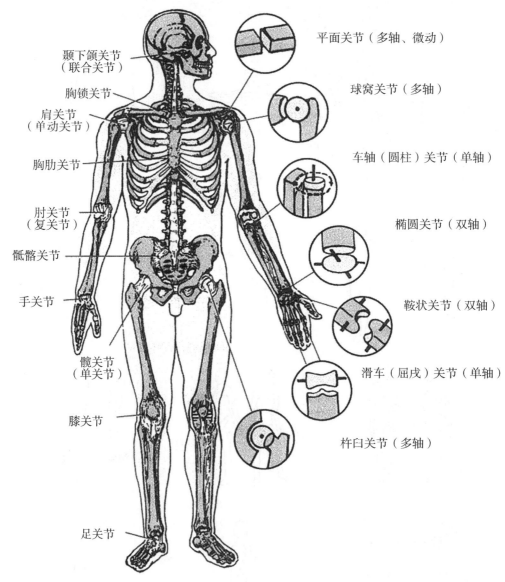

图1-8 关节的分类

1. 单轴关节

单轴关节只能绕1个轴运动。这类关节按关节头的形状分为滑车关节和圆柱（又叫作车轴）关节。

（1）滑车关节：关节头呈滑车状，另一骨上有相应的关节窝，如指关节、肱尺关节等，只能绕额状轴屈伸。

（2）圆柱关节：关节头为圆柱体的一部分，另一骨为相应的切迹，如桡尺近侧关节和桡尺远侧关节，只能绕垂直轴做回旋运动。

2. 双轴关节

双轴关节可以绕2个轴运动，包括椭圆关节和鞍状关节。

（1）椭圆关节：关节头为椭圆体的一部分，与相应的关节窝间只能绕额状轴屈伸，绕矢状轴收展，如桡腕关节。

（2）鞍状关节：两骨关节面均呈马鞍形，呈交叉接合状，绕额状轴屈伸，绕矢状轴收展，如拇指腕掌关节。

3. 多轴关节

多轴关节可绕3个轴运动，包括球窝关节和平面关节。

（1）球窝关节：关节头为球体的一部分，有一相应的浅窝，可绕3个基本轴做屈伸、收展、回旋和环转运动，比较灵活，如肩关节。

（2）平面关节：关节头和关节窝都可看作很大的球体的一部分，且大小一致，关节囊紧张而坚固，运动范围很小，又叫作微动关节，如骶髂关节。

（四）关节活动度

关节活动度（range of motion，ROM）又称为关节活动范围，是指关节活动时可达到的最大弧度。关节活动有主动与被动之分，关节活动范围分为主动活动范围和被动活动范围。主动的关节活动范围是指作用于关节的肌肉随意收缩使关节运动时所通过的运动弧；被动的关节活动范围是指由外力使关节运动时所通过的运动弧。关节活动范围的测定是评定肌肉、骨骼、神经病损患者的基本步骤，是评定关节运动功能损害的范围与程度的指标之一。

（五）影响关节运动幅度的因素

关节运动幅度指运动环节绕某一关节运动轴所能转动的极限角度，是评定柔韧素质的重要指标之一。关节运动幅度受下列因素的影响。

（1）两关节面面积大小差异：两关节面之间的差异越大，关节的运动幅度越大；反之则越小。

（2）关节囊的厚薄和松紧度：关节囊薄而松弛，关节的运动幅度大；反之则小。

（3）关节韧带的多少和强弱：关节周围韧带少而弱，关节的运动幅度大；反之则小。

（4）关节周围肌肉的体积、伸展性及弹性：关节周围肌肉的体积小、伸展性和弹性好，关节运动幅度大；反之则小。

（5）关节周围的骨结构：关节周围的骨结构小而不明显，关节运动幅度大；反之则小。

（6）对抗肌协调放松能力：原动肌工作时，对抗肌协调放松能力强，关节运动幅度大；反之则小。

此外，年龄、性别、训练水平、气温等因素也会影响关节的运动幅度，不同运动项目对关节运动幅度有不同的要求。尤其是体操、武术、跨栏等项目对全身或局部某些关节的运动幅度要求很高，训练时应充分重视。

（六）体育运动对关节功能的良好影响

关节的灵活性与稳定性是一对矛盾统一体，例如两关节面相差越大，关节运动幅度越大，即关节的灵活性大，必然缺乏稳定性；关节周围的肌腱、韧带越强，关节的稳定性固然好，但又限制了关节运动幅度。

长期的体育运动可增强关节囊周围肌腱、韧带的延展性和关节周围肌肉的弹性，提高关节的灵活性，从而增大运动幅度；还可以使关节囊周围的肌腱、韧带增粗增厚，关节周围的肌肉力量增强，从而增强关节的稳定性。尤其是柔韧性练习，不但可以加大身体各环节的运动幅度，还可以使动作优美协调，对提高运动技术和防止伤害事故都有很大帮助。

系统科学的运动训练，还可以使承受较大负荷的关节面骨密度增高、关节面软骨增厚，对增强关节负荷能力和缓冲震荡很有好处。

从事体育运动时，准备活动一定要充分，使关节滑液分泌增加，更好地润滑关节，防止损伤；注意训练方法和动作要领，循序渐进科学训练，这样才能避免关节损伤，增进健康，提高成绩。

三、上肢骨及其连结

（一）上肢骨

上肢骨由上肢带骨和自由上肢骨组成（图1-9）。上肢带骨包括锁骨和肩胛骨；自由上肢骨包括上臂的肱骨、前臂内侧的尺骨和外侧的桡骨，以及手部的腕骨、掌骨和指骨。

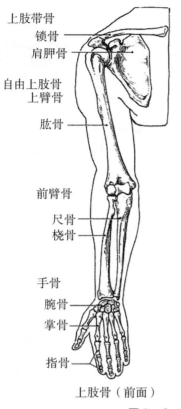
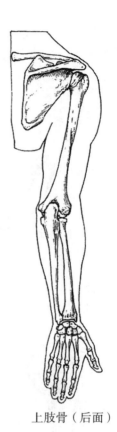

图 1-9　上肢骨

1. 上肢带骨

（1）锁骨（图 1-10）：呈"S"形的长骨，横位于胸廓前上方，内侧半向前突，外侧半向后突。锁骨分两端和体，内端粗大，叫作胸骨端，与胸骨的锁切迹相关节；外端扁平，与肩胛骨的肩峰关节面相关节。

图 1-10　锁骨

（2）肩胛骨（图 1-11）：肩胛骨是三角形扁骨，位于胸廓后外侧上方，分前后面、三个角、三个缘。肩胛骨的前面凹陷，后面有一横位突起，叫作肩胛冈；外上方膨大，叫作肩峰，肩峰内侧有一小关节面。肩胛冈将肩胛骨背面分为上下两部分，分别叫作冈上窝和冈下窝。肩胛下角平第 7 肋骨。外侧角肥厚，有一椭圆形关节叫作关节盂，与肱骨头构成肩关节，关节盂的上下方各有一结节，为肌肉附着点。肩胛骨 3 个缘的上缘外侧有一弯曲的指状突起叫作喙突。

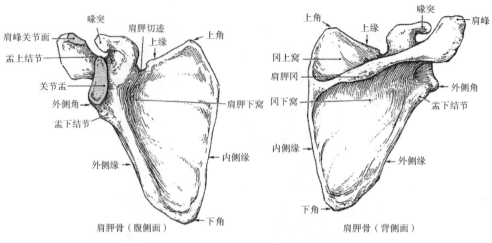

图 1-11 肩胛骨

2. 自由上肢骨

1) 肱骨（图1-12）：位于上臂，是典型的长骨，分为上下端和体。

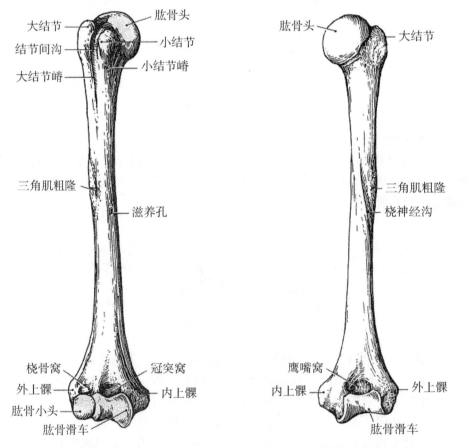

图 1-12 肱骨

上端内侧有一半球形的肱骨头，肱骨头外侧前方有 2 个突起，外侧大的叫作大结节，前方小的叫作小结节，两结节间有一沟。

肱骨体的中部外侧有一粗糙隆起叫作三角肌粗隆，粗隆后下方有一斜行的桡神经沟。

肱骨下端前后略扁，两侧各有一突起，内侧的叫作内上髁，外侧的叫作外上髁。下端下面有内外 2 个关节面，内侧呈滑车状，叫作肱骨滑车，与尺骨构成肱尺关节；外侧呈球状，叫作肱骨小头，与桡骨构成肱尺关节。肱骨滑车上方有一小窝叫作冠突窝，肱骨小头上方有一浅窝叫作桡骨窝，肱骨下端后方有一大窝叫作鹰嘴窝，伸肘时容纳尺骨鹰嘴。

2）尺骨和桡骨（图 1-13）。

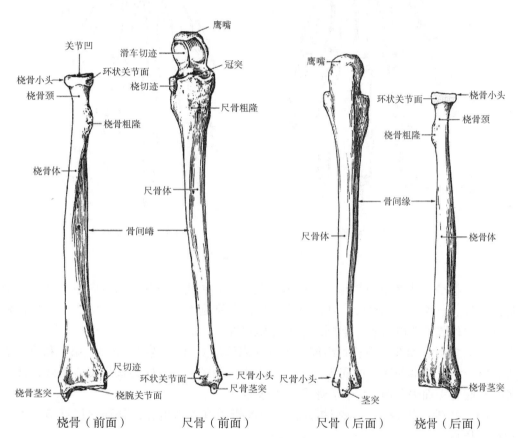

图 1-13　尺骨和桡骨

（1）尺骨：位于前臂内侧，长骨，分上下端和体。尺骨上端粗大，有一半月形切迹与肱骨滑车相关节，切迹上方的突起叫作鹰嘴，切迹下方的突起叫作冠突，冠突前下方粗隆叫作尺骨粗隆，切迹外侧有与桡骨头相关节的关节面，叫作桡切迹。尺骨体呈三棱柱形，外侧面有骨间嵴。尺骨下端较细小，有呈圆柱形的关节面叫作尺骨小头，小头内侧有一小突起叫作茎突。

（2）桡骨：位于前臂外侧，长骨，分上下两端和体。桡骨上端较小，呈圆柱形，叫作桡骨小头，其周围有环状关节面，与尺骨构成桡尺近侧关节。桡骨小头上方有凹窝，叫作桡骨头凹，与肱骨构成肱桡关节。桡骨小头内侧下方有粗隆，叫作桡骨粗隆。桡骨体呈三棱柱形，内侧面有骨间嵴。桡骨下端肥大，外侧有一向下突起叫作桡骨茎突，下方有腕关节面，关节面内侧有尺切迹。

3）手骨——腕骨、掌骨、指骨（图1-14）。

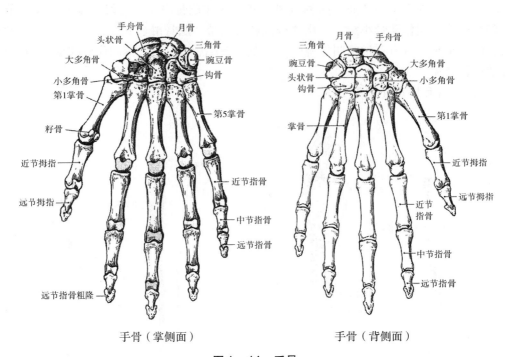

图1-14 手骨

（1）腕骨：由8块短骨组成，排成2列，每列4块。近侧列由外向内分别是手舟骨、月骨、三角骨和豌豆骨；远侧列由外向内分别是大多角骨、小多角骨、头状骨和钩骨。两列腕骨背侧隆起，掌侧凹陷叫作腕穹隆。

（2）掌骨：由5块小长骨组成。由外向内依次为第1、第2、第3、第4和第5掌骨，每个掌骨近端为底，中间为体，远端为头。除第1掌骨底为鞍状关节面外，其余各掌骨底为平面关节面。5个掌骨头均为球形。

（3）指骨：共14块，除拇指外，其余各指均有3节指骨，分别叫作近节、中节和远节指骨。

自由上肢骨的大结节、小结节，肱骨外上髁、内上髁，尺骨鹰嘴、尺骨小头和茎突，桡骨茎突及下端的前后面，手骨的手舟骨、豌豆骨、钩骨、掌骨和指骨背面均可在体表触及。

（二）上肢骨连结

1. 上肢带骨的连结

（1）胸锁关节（图1-15）：是上肢与躯干连结的唯一关节，由锁骨的胸骨端关节面与胸骨锁切迹构成，呈马鞍形，关节腔内有关节盘，关节囊坚韧，囊外有韧带加固。因关节盘的存在，关节改变成球窝状，可绕3个基本轴做运动，可以增大上肢的运动幅度。

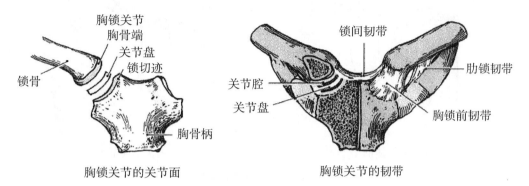

图1-15 胸锁关节

（2）肩锁关节（图1-16）：由锁骨的肩峰关节面与肩胛骨肩峰关节面组成，平面形关节，关节囊上下有韧带紧固，活动性很小。

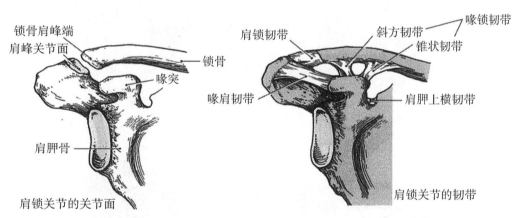

图1-16 肩锁关节

2. 自由上肢的连结

1）肩关节（图1-17、图1-18）：是典型的球窝关节，由肱骨头和肩胛骨关节盂组成，两关节面相差较大，关节囊松弛，故很灵活。加固关节的有关节盂唇，加深关节窝；韧带有关节囊上部的喙肱韧带和位于肩关节上方的喙肩韧带，有防止肩关节向上脱位的作用。此外，上方有肱二头肌长头腱自关节囊壁内通过（自结节间沟穿出），也有加固作用。

肩关节可绕3个基本轴做屈伸、收展和回旋运动，还可做水平屈伸和环转运动。

肩关节灵活性大，它的上方及前后有韧带、肌肉加固，而下方缺少韧带和肌肉的保护，关节囊松弛，故在上臂外展上举时跌倒，容易脱位。

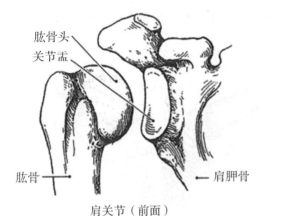
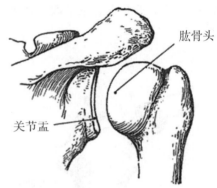

图 1-17 肩关节的主要结构

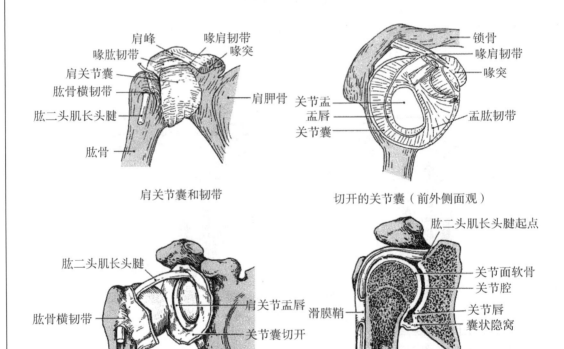

图 1-18 肩关节辅助结构

2）肘关节（图 1-19、图 1-20）：肘关节由肱骨下端和尺骨、桡骨上端组成了内侧的肱尺关节、外侧的肱桡关节和桡尺近侧关节，三者包在一个关节囊内，是个复关节。

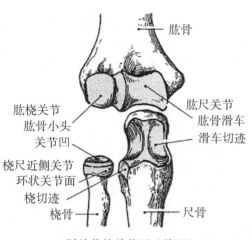
肘关节的关节面（前面）

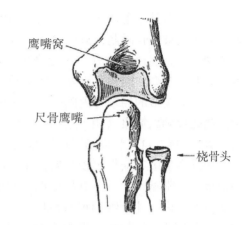
肘关节的关节面（后面）

图1-19　肘关节的主要结构

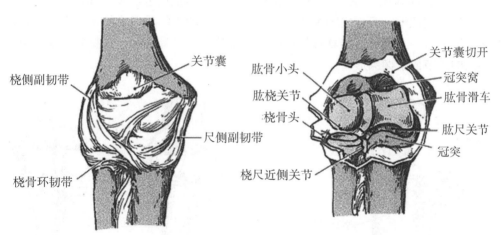

肘关节韧带（前面）　　　　肘关节切开关节囊（前面观）

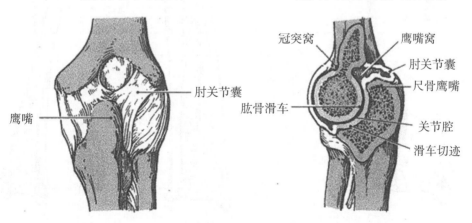

肘关节韧带（后面）　　　　肘关节的矢状锯开面

图1-20　肘关节的辅助结构

肱尺关节是个滑车形关节，围绕额状轴屈伸；肱桡关节是球窝形关节，但在矢状轴上的运动被尺骨限制，只可绕额状轴屈伸，绕垂直轴旋内（前）和旋外（后）；桡尺近侧关节是圆柱形关节，只能绕垂直轴旋前和旋后。整个肘关节可以做屈伸、回旋，在肘关节弯曲时还可以做环转运动。

加固肘关节的韧带有内侧的尺侧副韧带（由肱骨内上髁抵达尺骨半月切迹内侧）和外侧的桡侧副韧带（由肱骨外上髁分为前后两束包绕桡骨小头，止于尺骨桡切迹前后缘）。还有自尺骨桡切迹前后缘起，呈环状包绕桡骨小头的环状韧带。

运动中肘关节损伤比较多见，如投掷、体操、举重中伤及尺侧副韧带等。肘关节脱臼也比较常见，学习中应注意观察和触摸活体肘关节正常形态、结构。当屈肘时，可触及肱骨内、外上髁和尺骨鹰嘴，三者呈倒三角形；肘关节伸直时，三者呈一直线。孩童时期，桡骨小头发育未全，单臂提拉时容易使之脱出环状韧带，称为"提拉肘"。

3）前臂骨的连结（图1-21）：前臂桡尺两骨借桡尺近侧关节和桡尺远侧关节相连结，均呈圆柱形，两骨之间由致密结缔组织构成的骨间膜形成韧带联合。在远侧桡尺关节下方有一三角形纤维软骨板由桡骨尺切迹伸向尺骨茎突，使桡骨远端与近列腕骨相接的关节面呈椭圆形。

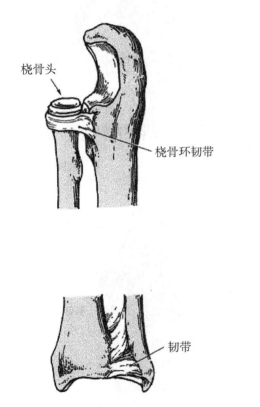
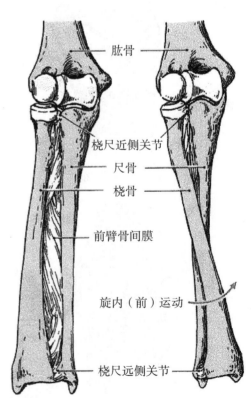

图1-21　前臂骨连结

前臂两骨形成的两个独立关节是联合关节，运动时尺骨不动，桡骨围绕尺骨（垂直轴）做旋前和旋后运动。由于是联合关节，当一个关节受损伤时，整个前臂运动也受限。如摔倒手撑地时损伤纤维软骨板或远侧桡尺关节，腕部疼痛，拧不动手巾。

4）桡腕关节：由桡骨远端关节面与三角关节盘形成的椭圆形关节窝与近侧列腕骨的舟状骨、月骨和三角骨形成的关节头组成。近侧列三腕骨由韧带紧密连结成一整体，尺骨不参加桡腕关节的组成。该关节掌、背面及两侧均有韧带加固，但掌、背面关节囊松弛，关节绕额状轴做屈伸幅度较大，关节绕矢状轴内收、外展，但外展时有桡骨茎突限制，故幅度小于内收。此外，关节还可做环转运动。

运动中摔倒用手撑地是与生俱来的保护反射，但很容易伤及桡腕关节，尤其是造成腕舟骨骨折，如果能及时过渡到滚翻动作则可避免。向后摔倒时撑地手的手形直接影响滚翻动作。如果手尖向后就很难做到，只有手尖向前才容易完成，如像足球运动员漂亮的倒钩球着地时，都是手尖向前然后后倒过渡到后滚翻。因此，学生学习运动技术时还要注意改变一些习惯性动作。

5）手的其他连结（图1-22）。

（1）腕骨间关节：两列腕骨间形成一个关节，即近侧列3个腕骨呈一整体，远侧列4个腕骨也形成一个整体，中间只有一个关节腔。两列腕骨排成穹隆状，掌侧横架一坚韧的腕横韧带，中间形成腕管，可以保护里面通过的神经、血管、肌腱等，并在手撑地时有缓震功能。腕骨间关节和桡腕关节共同构成手关节，近侧列腕骨可视为一个骨性关节盘，可以补充桡腕关节的运动，增加手腕灵活性。

（2）腕掌关节：有2个，一个是远侧列腕骨与第2～5掌骨底形成的微动关节；一个是大多角骨和第1掌骨底组成的鞍状关节。

（3）掌指关节：由5个掌骨头与5个指骨基节底形成的5个独立球窝形关节，但受周围韧带限制，又没有回旋肌，故只有额、矢2个运动轴。

（4）指关节：共9个，拇指1个，其余指各2个，都是滑车形关节。

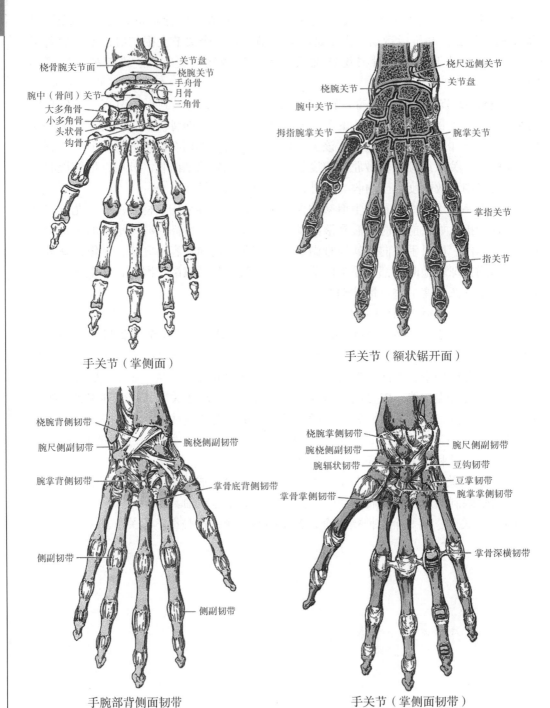

图1-22 手关节

（三）上肢主要关节活动度

上肢主要关节活动度见表 1-1。

1. 肩部关节的运动

肩部关节的运动主要是由盂肱、胸锁、肩锁、肩胛胸壁四关节配合协调共同完成的。盂肱关节是全身活动范围最大的一个关节，分别可在 3 个面围绕 3 个基本轴进行屈伸、内收、外展、内旋、外旋运动。

2. 肘部关节的运动

肱尺关节：肘关节的主要部分，完成屈伸运动。肱桡关节：协助近端桡尺关节的运动。桡尺近端关节：完成前臂旋前、旋后运动。

3. 腕部关节的运动

桡腕关节可行掌屈、背伸、尺、桡偏 4 种运动；桡尺近、远端关节共同完成旋前、旋后运动；腕骨间关节协助桡腕关节的屈伸运动，掌屈以桡腕为主，背伸以腕骨间关节为主。

表 1-1 上肢关主要关节活动度

关节	运动	受检体位	测角计放置方法			正常值
			轴心	固定臂	移动臂	
肩	屈伸	坐或立位，臂置于体侧，肘伸直	肩峰	与腋中线平行	与肱骨纵轴平行	屈 0°～180° 伸 0°～50°
	外展	坐和站位，臂置于体侧，肘伸直	肩峰	与身体中线平行	同上	0°～180°
	内旋外旋	仰卧，肩外展 90°，肘屈 90°	鹰嘴	与腋中线平行	与前臂纵轴平行	各 0°～90°
肘	屈伸	仰卧或坐或立位，臂取解剖位	肱骨外上髁	与肱骨纵轴平行	与桡骨纵轴平行	0°～150°
桡尺	旋前旋后	坐位，上臂置于体侧，肘屈 90°，前臂中立位	尺骨茎突	与地面垂直	腕关节背面（测旋前）或掌面（测旋后）	各 0°～90°
腕	屈伸	坐或站位，前臂完全旋前	尺骨茎突	与前臂纵轴平行	与第 2 掌骨纵轴平行	屈 0°～90° 伸 0°～70°
	尺侧偏移桡侧偏移	坐位，屈肘，前臂旋前，腕中立位	腕背侧中点	前臂背侧中线	第 3 掌骨纵轴	桡偏 0°～25° 尺偏 0°～55°

四、下肢骨及其连结

(一) 下肢骨

下肢骨由下肢带骨和自由下肢骨组成（图1-23）。

下肢带骨是一块髋骨，自由下肢骨包括大腿的股骨和髌骨，小腿的胫骨和腓骨，足部的跗骨、跖骨和趾骨。

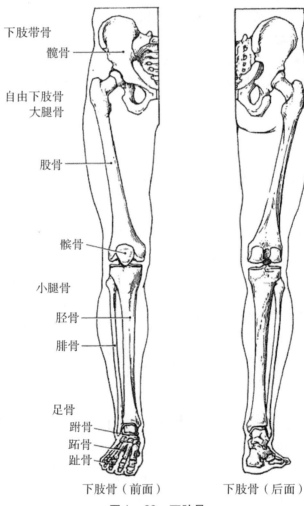

图1-23 下肢骨

1. 下肢带骨——髋骨（图1-24、图1-25）

髋骨在未成年前由髂骨、耻骨、坐骨3块骨借软骨结合在一起，成年后骨化为一块骨，属不规则骨。髋骨呈"8"字形，上部为髂骨，呈扇形，扁而薄，边缘较厚，下方有一大孔,叫作闭孔;孔的前方为趾骨,后方为坐骨;髂、耻、坐骨结合部的外面有一大的深窝,叫作髋臼,与股骨头组成髋关节。

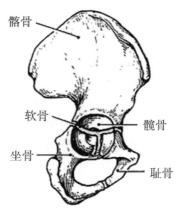

图1-24 小儿髋骨

(1) 髂骨:分为上方的髂骨翼和下部肥厚的髂骨体,它们之间有一弓状线,是大、小骨盆的分界,弓状线上方略凹,叫作髂窝(活体右髂窝内有盲肠,左髂窝内有乙状结肠);弓状线后方有耳状关节面与骶骨构成骶髂关节;髂骨翼上缘肥厚,叫作髂嵴,髂嵴前方和后方均有突起,前上方的骨突为髂前上棘,是重要的骨标志。

(2) 耻骨:位于髂骨前下方,分为较肥厚的体和较细的耻骨上、下支(与坐骨上、下支围成闭孔,活体闭孔上有闭孔膜封闭),上、下支结合部为耻骨结节,内侧有耻骨联合面,它与对侧髋骨的耻骨联合面借软骨相结,叫作耻骨联合。

(3) 坐骨:位髂骨后下方,也有上支和下支,上、下支相接处呈粗大肥厚的骨结节,叫作坐骨结节。人在坐位时,两侧坐骨结节与后方的尾骨呈"三足鼎立"状支撑上体重量。

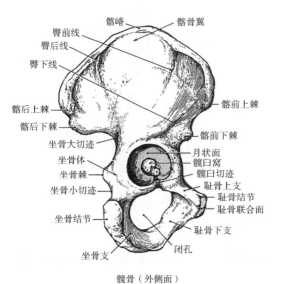
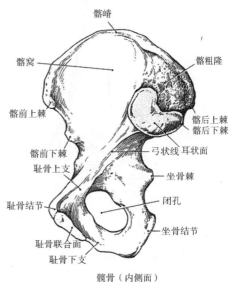

图1-25 髋骨

2. 自由下肢骨

1）大腿骨——股骨（图1-26）：是人体最大的长骨，分上下端和体。

股骨上端有近似球状的股骨头（头上有一凹陷，当与髋臼形成关节时，与髋臼关节面当中的凹陷相对应，避免神经血管受压迫），股骨头向外下方有变细的股骨颈。股骨颈与体结合部外侧有一粗大突起叫作大转子，内下方有一较小的突起叫作小转子，大小转子之间的后方有粗糙面，叫作臀肌粗隆，该粗隆向下移行，到股骨体后方，成为股骨粗线。

股骨体前面光滑，略向前弯曲，后方有上下开放、中部靠近的2条股骨粗线。

股骨下端粗大，内、外侧各有一向下向后的膨大，分别叫作内侧髁和外侧髁。两髁前方有一滑车状关节面与髌骨相关节，两髁侧面各有突出的内上髁和外上髁，后者可于皮下触及。

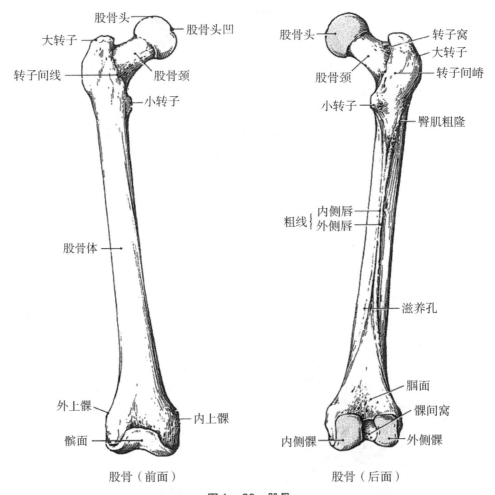

图1-26 股骨

2）膝盖骨——髌骨（图1-27）：呈倒板栗形，尖朝下，是人体最大籽骨，后面与股骨髌面相关节，皮下可触及。

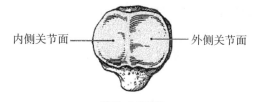

图 1-27 髌骨

3）小腿骨——内侧为胫骨，外侧为腓骨。

（1）胫骨（图 1-28）：胫骨上端向两侧膨大，分别叫作内侧髁、外侧髁，可于皮下触及，上面与股骨内、外侧髁相关节，前方有一粗糙隆起叫作胫骨粗隆，外侧髁外面与腓骨小头相关节。

胫骨体呈三棱柱状，内侧面和前缘可于皮下触及。

胫骨下端有一向内下方的突起叫作内踝，可于皮下触及。内踝的外侧及下端的下面为关节面，与足骨的距骨相关节，下端外面接腓骨。

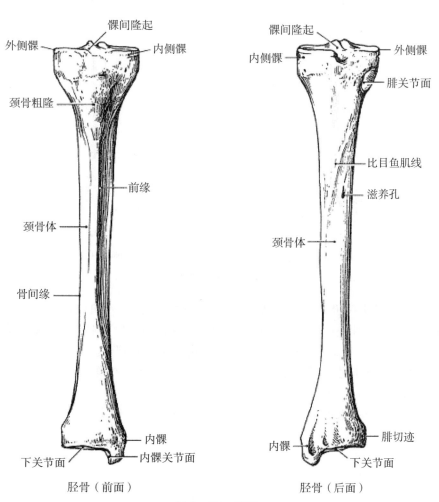

图 1-28 胫骨

(2) 腓骨（图 1-29）：腓骨细长，上端为一膨大的腓骨小头，可于皮下触及；下端为内外略扁之膨大，叫作外踝。外踝内面为关节面，与胫骨下端共同构成叉状（滑车）关节窝，与足之距骨构成踝关节。

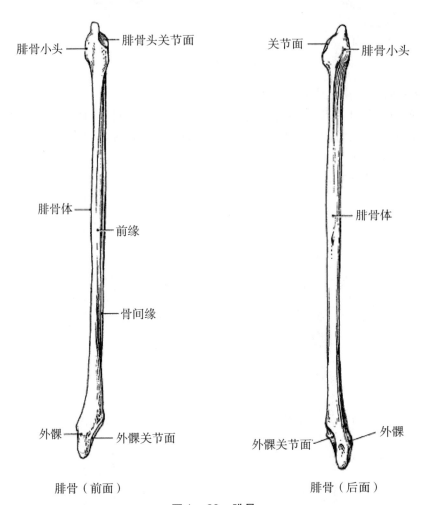

图 1-29 腓骨

4）足骨（图 1-30）——包括 7 块跗骨、5 块跖骨和 14 块趾骨。

(1) 跗骨：跗骨中最大的叫作跟骨，跟骨上面接距骨，跟骨前面接骰骨；距骨上面与小腿构成踝关节，前面接足舟骨，舟骨前面接 3 块楔骨。

(2) 跖骨：位于足中部（足背）的 5 块小长骨，内侧的第一跖骨短而粗，外侧第 5 跖骨底向外突出，可于皮下触及。

(3) 趾骨：与手指骨对应，拇趾 2 节，其余 3 节，共 14 块。

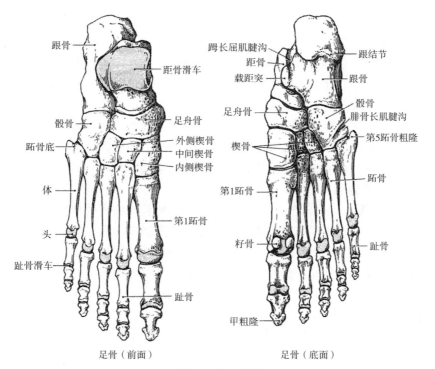

图 1-30 足骨

（二）下肢骨的连结

1. 下肢带骨的连结

两侧髋骨借后方 2 个骶髂关节和前方的耻骨联合，与骶骨、尾骨构成骨盆（图 1-31）。

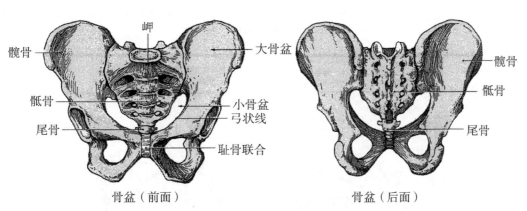

图 1-31 骨盆

（1）骶髂关节：由髂骨和骶骨上的耳状面借紧密的关节囊和强韧的韧带连结成平面关节。

（2）耻骨联合：由两侧耻骨联合面借纤维软骨板和韧带紧密结合，软骨板中间有裂隙，可以缓冲震荡。

（3）骨盆：由2块髋骨和1块骶骨、1块尾骨，借关节和周围的韧带共同组成，又由两侧弓状线分为上方的大骨盆和下方的小骨盆。小骨盆上口向前倾斜，站立位时呈拱形结构，落地时向上的作用力借拱形及耻骨联合缓冲震动。

骨盆可于两侧髋关节处，围绕3个基本轴运动：绕额状轴做前倾或后倾运动；身体向前屈时骨盆前倾，背伸时后倾。绕矢状轴做侧倾，如单腿支撑时，一腿悬空时骨盆向对侧侧倾。绕垂直轴做回旋，如跑步时可加大步幅。

2. 自由下肢的连结

1）髋关节（图1-32、图1-33）：由髋臼和股骨头组成的球窝关节，关节头和关节窝面积相差不大，故不如肩关节灵活，加之周围辅助结构，如有髋臼唇及周围强大的髂股韧带，耻股韧带和坐股韧带等加固，髋关节脱臼的机会不多，一旦跌倒、外伤、骨折，大多数为股骨颈骨折或股骨体骨折。髋关节可做屈、伸、外展、内收、旋内、旋外和环转运动。

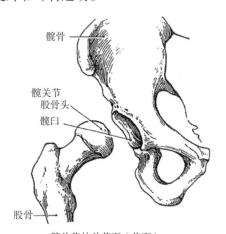
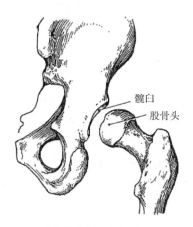

图1-32 髋关节的主要结构

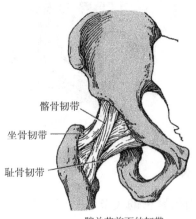
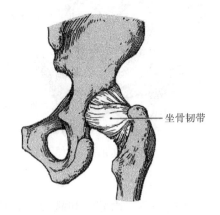

图1-33 髋关节的辅助结构

2）膝关节（图1-34、图1-35）：由股骨下端和胫骨上端的内外侧髁及髌骨组成的复关节。由于股骨下端的关节头呈前滑车后椭圆形，胫骨上端关节窝较浅，故需要较多辅助结构来加固。

膝关节辅助结构有半月板（加深关节窝），外面前方有髌韧带，两侧有胫侧副韧带、腓侧副韧带，内腔里有交叉韧带和滑膜皱襞等。

膝关节在伸的位置呈滑车形关节，可绕额状轴屈伸，且较稳定，此时髌骨做上、下滑动；膝关节处于半屈位时，股骨内外侧髁后方2个椭圆形关节面与胫骨上面形成2个椭圆形关节还可绕垂直轴回旋，此时除前方的髌韧带紧张外，其余韧带及关节囊较松弛，关节稳定性差，从侧方加力时容易造成半月板和侧副韧带损伤。

此外，膝关节又是最大、承受身体重量较多，周围缺乏肌肉包裹（裸露）的关节，运动中应多加保护，如运动间歇要注意保暖、戴护膝等。

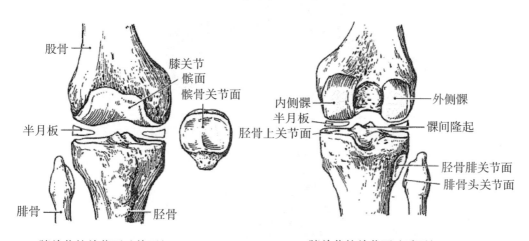

图1-34 膝关节的主要结构

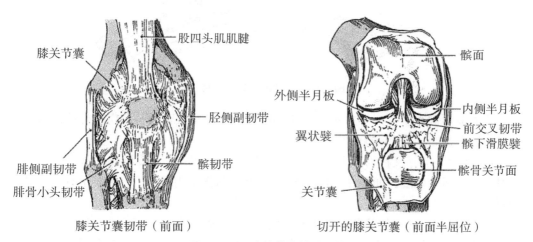

图1-35 膝关节的辅助结构

3）踝关节（图1-36、图1-37）：又称为距上关节，由胫骨下端关节面和内踝、外踝关节面共同组成叉状关节窝,与距骨上关节面构成滑车形关节。距骨上关节面属前宽后窄的滑车状关节头,当踝关节跖屈时,窄的一方进入宽松的关节窝。踝关节具有2个以上运动轴,即绕额状轴屈伸,绕矢状轴向两侧运动和环转,很不稳定,容易扭伤。

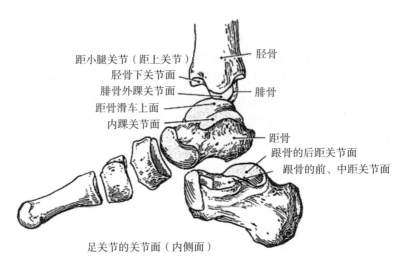

足关节的关节面(内侧面)

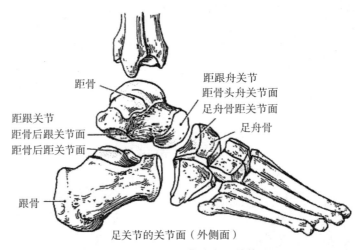

足关节的关节面(外侧面)

图1-36 踝关节的主要结构

踝关节两侧有多条韧带加固,足在落地时若处跖屈状态时容易伤及外侧前方的韧带(距腓前韧带)。只有脚前掌落地才安全。

4)距跗关节:又称为距下关节,是由距跟关节和距舟关节组成的联合关节,可以加大足的运动幅度,如足在跖屈时足底朝内(叫作足内翻);足在背屈时足底朝外(叫作足外翻)。

5)下肢和足的其他关节:①小腿两骨间由上端胫腓关节、下端的胫腓韧带联合及骨间膜紧密连结,无活动性。②跗骨中除距骨、跟骨、舟骨外,其余跗骨借韧带连结为跗骨间关节。其余足骨构成跗跖关节、跖趾关节和趾关节。

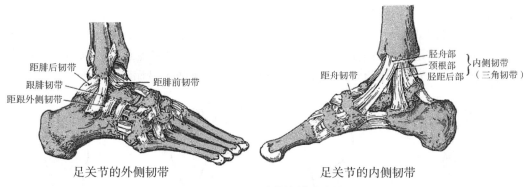

图 1 - 37　踝关节的辅助结构

6）足弓（图 1 - 38）。

（1）组成：由 7 块跗骨、5 块跖骨及其骨连结、韧带组成的上凸下凹的穹隆状结构，人站立时两侧足弓合成倒扣的碗状空隙。

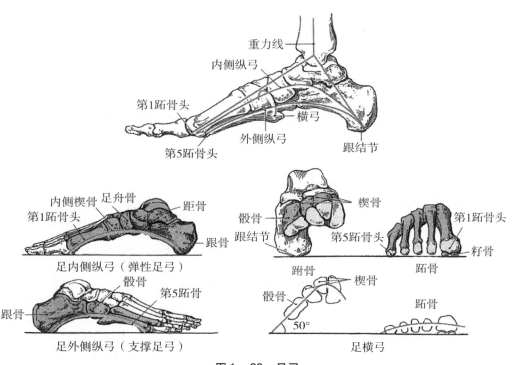

图 1 - 38　足弓

（2）结构：足弓分为内侧和外侧 2 个纵弓及 1 个横弓。内侧纵弓由跟骨、距骨、舟骨、3 个楔骨和第 1、2、3 跖骨组成，较高的又叫作弹性足弓；外侧纵弓由跟骨、骰骨和第 4、5 跖骨组成，较低的又叫作支撑足弓；横弓由骰骨和 3 个楔骨组成。

（3）足弓的功能：足弓有许多关节和关节面软骨及具有弹性的大量韧带，肌肉肌腱加固，使足具有轻便、坚固和良好弹性的特点。当人站立时，两足呈 2 个三脚支架（着力点为跟骨和第 1、5 跖骨头），十分稳定；当走、跑、跳跃落地时，足弓的拱形结构起到很好的缓冲作用。

足弓也可因某些先天因素、后天损伤，尤其是不注意运动后恢复等变得低平，称为扁平足。测量足弓可用足印法（图1-39）。少年儿童要避免运动负荷过大和注意运动后恢复，如双脚踩鹅卵石、足底滚木棒等，都可预防足弓塌陷。

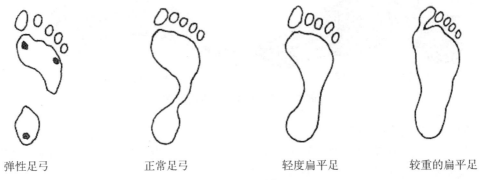

图1-39　足印

（三）下肢主要关节活动度

下肢主要关节活动度见表1-2。

1. 髋关节的运动

髋关节围绕额状轴做屈、伸运动；围绕矢状轴做内收、外展运动；围绕垂直轴做旋内、旋外运动。

2. 膝关节的运动

膝关节做屈伸运动，屈膝时轻度旋转。

3. 踝关节的运动

下胫腓关节可做上下、前后、旋转、侧方运动，距小腿关节可做背伸、跖屈运动。

表1-2　下肢主要关节活动度

关节	运动	受检体位	测角计放置方法			正常值
			轴心	固定臂	移动臂	
髋	屈	仰卧或侧卧，对侧下肢伸直	股骨大转子	与身体纵轴平行	与股骨纵轴平行	0°～125°
	伸	侧卧，被测下肢在上	同上	同上	同上	0°～15°
	内收外展	仰卧	髂前上棘	左右髂前上棘连线的垂直线	髂前上棘至髌骨中心的连线	各0°～45°
	内旋外旋	仰卧，两小腿于床沿下垂	髌骨下端	与地面垂直	与胫骨纵轴平行	各0°～45°

续上表

关节	运动	受检体位	测角计放置方法			正常值
			轴心	固定臂	移动臂	
膝	屈伸	俯卧、侧卧或坐在椅子边缘	膝关节或腓骨小头	与股骨纵轴平行	与胫骨纵轴平行	屈：0°～150° 伸：0°
踝	背屈跖屈	仰卧，踝处于中立位	腓骨纵轴线与足外缘交叉处	与腓骨纵轴平行	与第5跖骨纵轴平行	背屈：0°～20° 跖屈：0°～45°
	内翻外翻	俯卧，足位于床沿外	踝后方两踝中点	小腿后纵轴	轴心与足跟中点连线	内翻：0°～35° 外翻：0°～25°

五、躯干及其连结

（一）躯干骨

躯干骨包括24块椎骨、1块骶骨、1块尾骨、1块胸骨和12对肋骨。

1. 椎骨

1）一般椎骨的表面结构（图1-40）：每个椎骨前方都有1个形似圆柱的椎体，后方有一弧形的椎弓，椎弓与椎体围成椎孔，上、下椎骨的椎孔串联起来形成椎管，

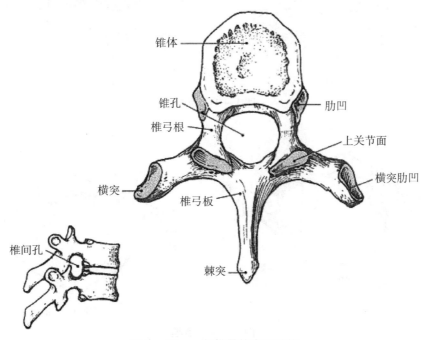

图1-40　一般椎骨的表面结构

管内容纳脊髓。自椎弓上伸出7个突起，1对向侧方伸出的横突，1个向后伸出的棘突，在椎弓根部各有1对向上和向下的突起，分别为上关节突和下关节突，上、下关节突间形成椎间关节，并于侧方围成椎间孔，脊神经由此穿出。

2) 各部椎骨的特征。

（1）颈椎（图1-41）：共7块，主要特征是横突上有孔，其中有椎动脉和椎静脉通过；棘突分叉，但第1颈椎缺乏椎体和棘突，呈环形，又称为寰椎（图1-42）；第2颈椎的椎体上多1个齿突，又称为枢椎（图1-43）；第7颈椎的棘突长，末端不分叉，可在皮下触及，是重要的骨标志。

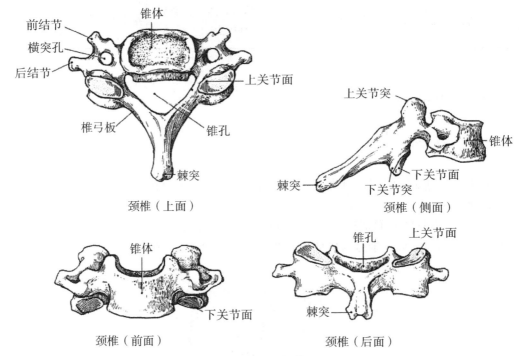

图1-41　颈椎

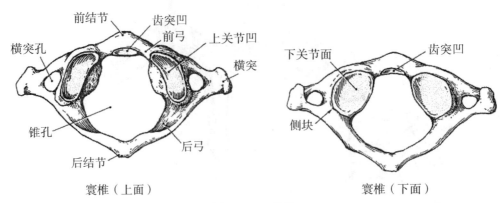

图1-42　寰椎

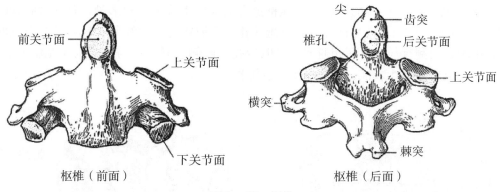

图1-43 枢椎

(2) 胸椎（图1-44）：共12块，是典型的椎骨，椎体两侧及横突末端有肋凹，棘突长而且斜向后下方，彼此掩盖呈叠瓦状。

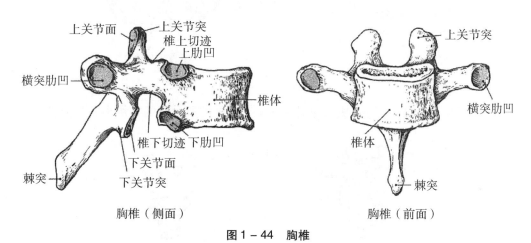

图1-44 胸椎

(3) 腰椎（图1-45）：共5块，其特点是椎体粗大，棘突板状水平伸向后方，相邻棘突之间间隙宽，可用作腰椎穿刺。

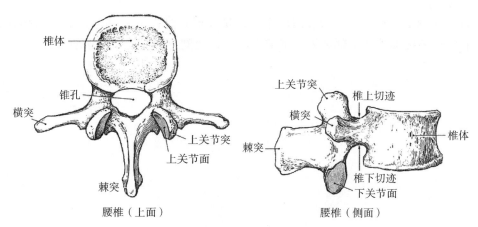

图1-45 腰椎

（4）骶骨（图1－46）：由5块骶椎愈合而成的1块大三角形骨，直立时骶骨向前倾斜约45°，前面光滑略凹，有4对骶前孔，后面粗糙，中线处有棘突融合而成的骶正中嵴，两侧有与骶前孔相通的4对骶后孔，两侧有耳状面与髋骨构成骶髂关节。骶骨上面宽，接第5腰椎，下面缩小，接尾骨。

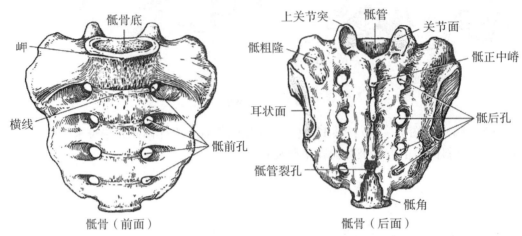

图1－46　骶骨

（5）尾骨（图1－47）：成人尾骨由3～5块尾椎融合成的1块小三角形骨。

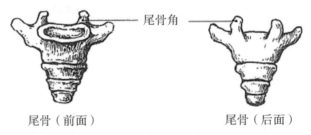

图1－47　尾骨

2. 胸骨

胸骨（图1－48）位于胸廓前面中央，是长形扁骨，分三部分，上方为胸骨柄，两侧有锁切迹接锁骨；中部为体，下部为剑突，两侧有7对肋切迹接肋软骨。

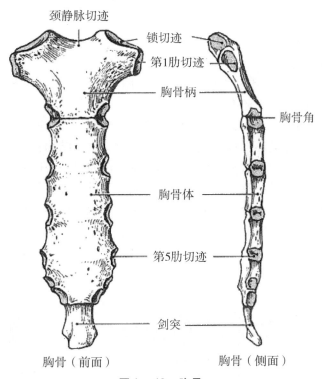

图 1-48　胸骨

3. 肋骨

肋骨（图 1-49）共 12 对，呈"C"字形的扁骨，分为前端、体和后端三部分，后端有肋骨头、肋骨颈和肋结节，分别与胸椎椎体和横突相关节。12 对肋骨中以第 7、8 肋最长，于此处测胸围。

体表可触及的躯干骨有：①第 7 颈椎棘突；②胸骨全长，胸骨柄、体之间的交角叫作胸骨角，约与第 4 胸椎平齐；③第 2～12 肋骨；④第 7 颈椎棘突以下各部椎骨棘突和骶尾骨后面。

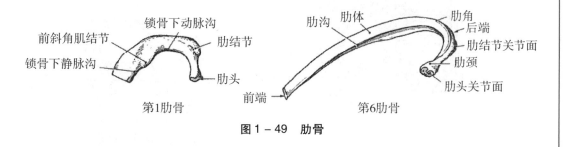

图 1-49　肋骨

（二）躯干骨的连结

1. 椎骨间的连结

1）椎体间的连结：主要由 23 个椎间盘（图 1-50）将各部椎骨的椎体连结起来。此外，在椎体前、后方还有前纵韧带和后纵韧带加固。

椎间盘位于相邻椎体之间，由周围的纤维软骨环和周围的髓核构成。髓核是可变形的胶状物质，纤维环呈环形包绕髓核以防其外溢，整个结构富有弹性，使脊柱运动且能缓冲震荡。如脊柱运动时髓核可呈楔形变形，前屈时被挤压到后方，背伸时被挤压到前方，侧屈时向对侧位移，直立时可被压扁，平卧时又恢复原状。当人弯腰提起重物或提拉杠铃时，必须充分利用下肢蹬伸的力量，否则很容易迫使髓核自纤维环脱出，挤压脊神经，引起腰腿痛，俗称为"椎间盘突出症"。

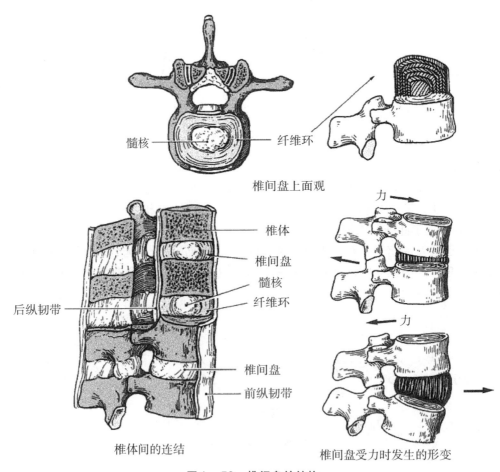

图 1-50 椎间盘的结构

2）关节突间的连结（图 1-51）：是相邻椎骨上、下关节突构成的联合关节，关节面较平，大小相适，关节囊紧，活动度小，但 24 对椎间关节同时运动时，仍可使脊柱产生较大幅度的运动。

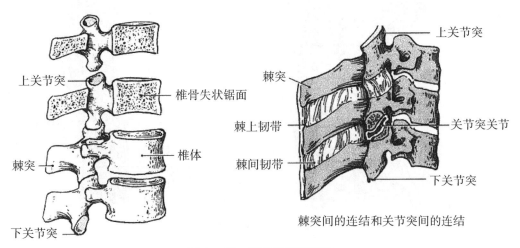

图 1-51　关节突间的连结

3）椎弓间、棘突间和横突间均有韧带连结（图 1-52）：尤其是由第 7 颈椎连向颅骨枕外隆突处的棘上韧带特别增厚，形成坚韧的项韧带（图 1-53），在人较长时间低头工作时承担头部相当一部分重量，大大减轻了颈后肌肉负担。

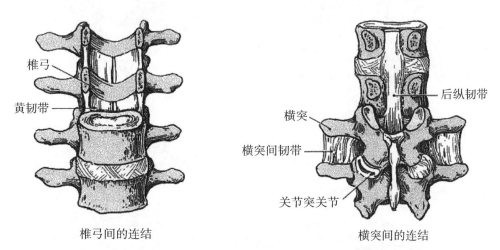

图 1-52　椎骨间的连结

4）寰枕关节和寰枢关节（图 1-54）。

（1）寰枕关节：由第 1 颈椎的上关节面与颅骨底的枕骨髁构成，是一对椭圆形的联合关节，使头部绕额状轴前屈后伸、绕矢状轴向两侧侧屈。

（2）寰枢关节：第 1 颈椎与第 2 颈椎的上、下关节面和枢椎的齿突与寰椎的前弓后方，形成 3 个独立关节，这些独立关节联合运动，使头部绕垂直轴左右回旋。

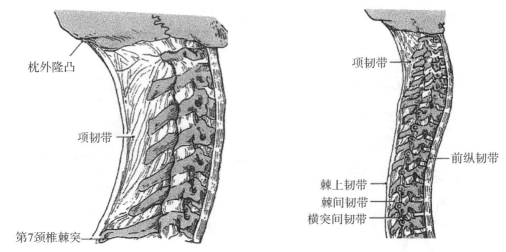

图 1-53 项韧带

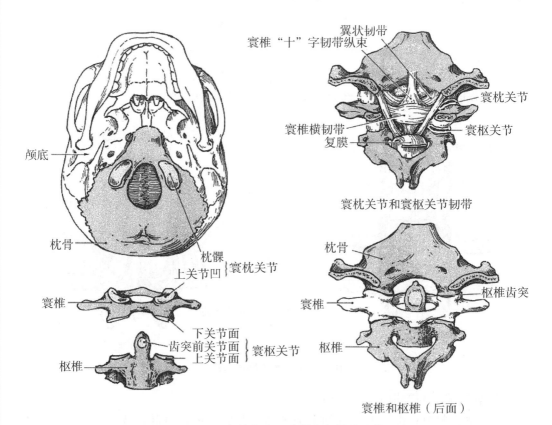

图 1-54 颅底枕髁、寰椎和枢椎的关节

2. 脊柱的整体观

1）构造：脊柱（图 1-55）是人体的中轴支柱，由 24 块椎骨、1 块骶骨、1 块尾骨、23 个椎间盘和相应的关节、韧带紧密连结而成。成人长约 70 cm，约占身高的 40%。

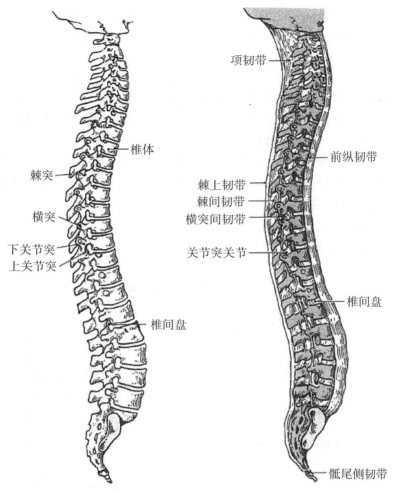

图 1-55 脊柱的整体观

2）形态。

（1）前面观：椎体列成上小下大的直柱，到骶骨以下又渐行缩小。

（2）后面观：棘突两侧形成两条纵沟，容纳背部深层肌。

（3）侧面观：脊柱有颈、胸、腰、骶 4 个生理弯曲，其中颈弯和腰弯凸向前，胸弯和骶弯凸向后。脊柱在胚胎期只有一个向后的弯曲，新生儿只有胸弯和骶弯（容纳胸腔和盆腔脏器），3 个月龄时婴儿会抬头，出现颈弯，6 个月龄时能坐到会走时，出现腰弯。脊柱生理弯曲是直立行走的人的特征，既可保护内脏，又可缓冲震荡。

长期不良的坐姿或不合理的运动，可致脊柱产生病理性弯曲。例如，弯腰弓背可成驼背，长期背负重物可致直背，长期使用单侧上肢击球或投掷可致脊柱侧弯，等等。病理性弯曲可在少儿期预防或通过体育锻炼矫正。

椎间盘的存在（它的总厚度约占脊柱长度的1/4）不但对脊柱的缓震起重要作用，还可因髓核负重大小影响人的身高。一般人一天早、晚身高可相差 1～3 cm，举重运动员早、晚身高可相差可达 5～7 cm；老年人由于骨质疏松、椎间盘退行性变，脊柱弯曲加大，可比青年期矮 10～15 cm；宇航员由于失重，髓核膨胀，身高可有较大增长。故年度阶段性体检时，测量身高应注意要定在一天的某个时段里进行，否则有较大误差。

3）功能：脊柱上承头颅，下连骨盆，支持体重，故为人体中轴支柱；脊柱是构成胸腔、腹腔和盆腔后壁的重要组成部分；脊柱当中的椎管保护脊髓，颈椎的横突孔保护供脑血液的血管；脊柱及其弯曲是一个传递压力和减轻震荡的缓冲装置；脊柱可以增大人体头颈部、上肢和下肢的运动幅度。

4）运动：脊柱可绕 3 个基本轴运动，即绕额状轴前屈和后伸，绕矢状轴向两侧侧屈，绕垂直轴向左向右回旋；此外，人体还可在腰部做顺时针和逆时针的环转运动。

5）脊柱活动度（表 1-3）。

（1）颈部的运动：颈部可做前屈、后伸、侧屈和旋转。

（2）胸腰部的运动：胸腰部可做前屈、后伸、侧屈和旋转。

表 1-3 脊柱颈部和腰部活动度

关节	运动	受检体位	测角计放置方法			正常值
			轴心	固定臂	移动臂	
颈部	前屈	坐或立位，在侧方测量	肩峰	平行前额面中心线	头顶与耳孔连线	0°～60°
	后伸	同上	同上	同上	同上	0°～50°
	左旋右旋	坐或仰卧，于头顶测量	头顶后方	头顶中心矢状面	鼻梁与枕骨结节的连线	各 0°～70°
	左侧屈右侧屈	坐或立位，于后方测量	第 7 颈椎棘突	第 7 颈椎与第 5 腰椎棘突的连线	头顶中心与第 7 颈椎棘突的连线	各 0°～50°
胸腰	前屈	坐位或立位	第 5 腰椎棘突	通过第 5 腰椎棘突的垂线	第 7 颈椎与第 5 腰椎棘突连线	0°～45°
	后伸	同上	同上	同上	同上	0°～30°
	左旋右旋	坐位，臀部固定	头顶部中点	双侧髂嵴上缘连线的平行线	双侧肩峰连线的平行线	0°～40°
	左侧屈右侧屈	坐位或立位	第 5 腰椎棘突	两侧髂嵴连线中点的垂线	第 7 颈椎与第 5 腰椎棘突连线	各 0°～50°

3. 肋的连结

肋是肋骨与前端衔接的肋软骨的总称。

(1) 肋与胸椎的连结（图1-56）：每对肋骨的肋头与胸椎椎体两侧的肋头凹构成肋头关节，肋骨结节与胸椎横突构成肋横突关节，两关节沿肋骨颈联合运动，使肋产生前端上提与下降的运动。

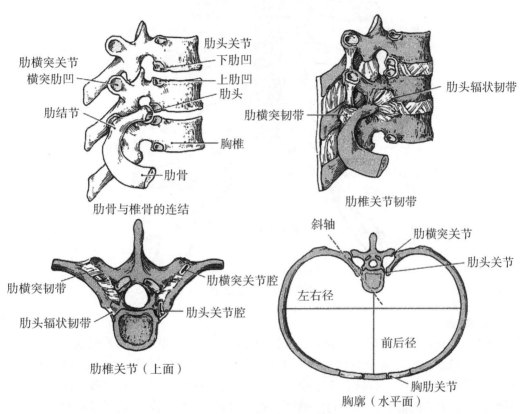

图1-56 肋与椎骨的连结

(2) 肋与胸骨的连结（图1-57）：第1肋与胸骨柄之间为软骨结合，第2～7肋与胸骨体构成胸肋关节；第8～10肋与上位肋构成软骨间关节并形成肋弓；第11～12肋前端游离。

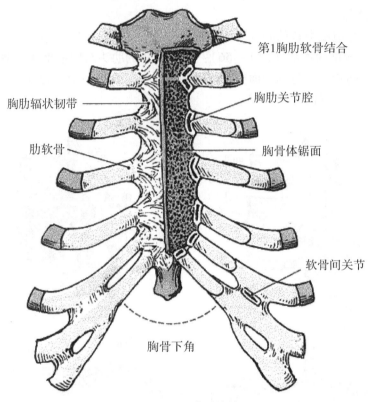

图 1－57 胸肋连结

4. 胸廓

（1）组成：胸廓（图 1－58）由 12 个胸椎、12 对肋和 1 块胸骨组成。

（2）形态：胸廓略呈圆锥形，分上口和下口。上口有气管、食管、神经和血管通过，下口由膈封闭。胸廓有 3 个径，左右径大于前后径，上下径在吸气时随膈下降而加长。新生儿的前后径和左右径略等，胸廓呈桶形。幼儿期左右径逐渐增大，13～15 岁出现性别差异。成年男性胸廓上窄下宽，下口向下开放；女性胸廓各径均小于男性，短而下口钝圆。老年人因肋软骨弹性减小，运动减弱，胸廓长而扁。故胸廓是评定人体健康和发育程度的重要指标。体育锻炼对胸廓发育有良好影响，如体操、划船、游泳、投掷、举重和全能运动员的胸围、呼吸差等各项指标都较高。

（3）胸廓的功能：构成胸腔骨性框架，保护心、肺、大血管等重要器官。此外，胸廓还参与呼吸运动，在肋间肌作用下，肋的前部上提，肋骨体向两侧扩张，使胸廓的前后径和左右径加大；膈肌收缩其圆顶下降，使胸廓垂直径加大，产生吸气；在重力作用下和肌肉放松时，胸廓恢复原状，产生呼气。

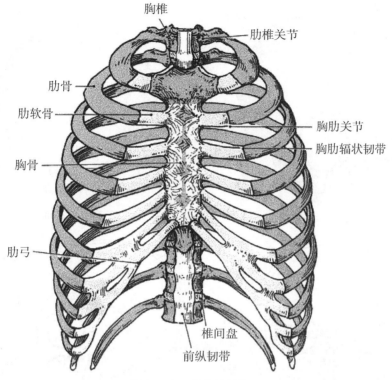

图 1-58 胸廓的整体观

六、颅骨及其连结

(一) 颅骨

颅骨(图 1-59)共 29 块。包括脑颅骨 8 块、面颅骨 15 块和 6 块听小骨。

1. 脑颅骨

脑颅骨由 1 块额骨、2 块顶骨、1 块枕骨、2 块颞骨、1 块蝶骨和 1 块筛骨,共同围成 1 个颅腔组成,其内盛重要器官——脑。

2. 面颅骨

面颅骨由 2 块上颌骨、2 块颧骨、2 块鼻骨、2 块泪骨、2 块腭骨、2 块下鼻甲骨、1 块犁骨、1 块下颌骨、1 块舌骨组成,主要构成颜面。

3. 听小骨

听小骨由人体最小的骨,位于中耳,每侧各有 1 块锤骨、砧骨和镫骨,共 6 块。

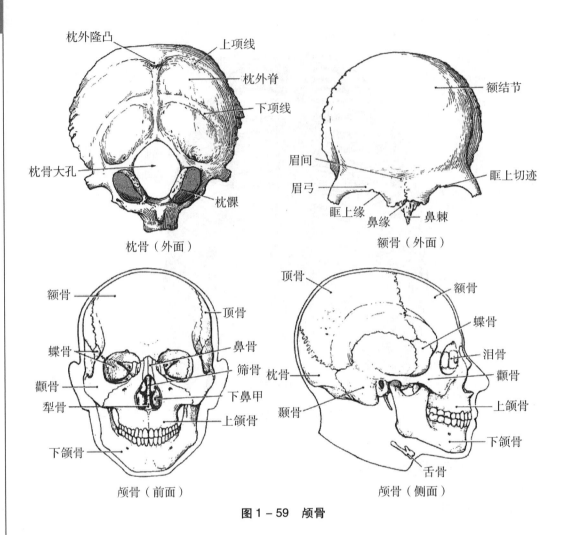

图1-59 颅骨

（二）颅骨的连结

颅骨之间大多数是由无腔隙的骨连结，以结缔组织或软骨直接连结。有腔隙的骨连结只有1对下颌关节。

下颌关节由下颌骨髁状突与颞骨的下颌窝组成，两侧独立的关节联合运动（图1-60）。下颌关节囊外有韧带加固，关节腔内有关节盘，呈球窝形关节性质，使下颌骨做上下、左右和前后运动，但当一侧关节受损（外伤、骨折、脱位或炎症）对侧关节运动也受累。

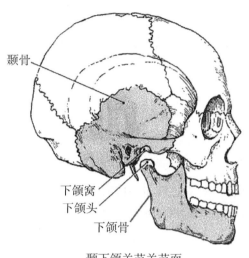
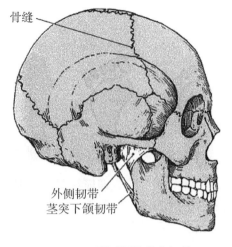

颞下颌关节关节面　　　　　　　　颞下颌关节的韧带

图1-60　颞下颌关节

　　脑是人体一切活动的指挥中心，虽有坚硬的颅骨外壳和脑周围的脑膜和脑脊液保护，但直接击打或碰撞时仍会发生脑损伤，如脑震荡等。体育运动中不乏对颅脑不利的情况，如由较高处落地的跳跃运动等。只要落地姿势正确，即用脚前掌着地，下肢依次弯曲，上体略为前倾，保持平衡，尽管多次重复也不会损伤颅脑，这是因为人体本身存在一套良好的缓震机制。

　　如今全身206块骨及其连结学习完毕，应该总结一下人体参与缓冲震荡的缓震系统：足弓→足骨各关节的关节面软骨→下肢膨大的骨骺（如膝关节）→向前弯曲的股骨体→股骨颈的弯曲→骨盆的拱形结构及耻骨联合→脊柱的生理弯曲和椎间盘。力是直线传导的，力或支撑反作用力，凡是遇到弯曲都会产生并消耗一定的分力，故传达到颅底时已微乎其微了。因此，在体育运动和体育教学中首先一定要掌握动作要领，这是预防损伤的首要环节。

　　参与人体缓冲机制的，还有下肢肌和背部肌肉的适度紧张，故应对下面的肌学有明确认识，注意掌握相关知识。

第二节　骨骼肌与运动

一、骨骼肌总论

（一）肌肉概述

人体有3种肌，即横纹肌、平滑肌和心肌。平滑肌分布在内脏、血管壁上；心肌分布在心脏；横纹肌附着在骨骼上，故称为骨骼肌。通称的肌肉（图1-61）指骨骼肌，由它牵引骨和关节产生人体各种运动。

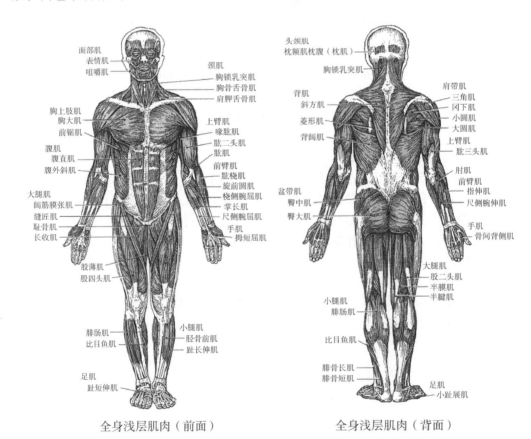

图1-61　全身浅层肌肉

人体骨骼肌有400多块，占体重的35%（女性）～40%（男性），从事重竞技的运动员全身骨骼肌重占体重的50%以上，女运动员骨骼肌重量也可超过普通男性。

由于要维持人体直立，背部、臀部、大腿前面和小腿后面的肌肉特别发达，下肢肌重占到全身肌重的50%，上肢肌重占全身肌重的30%，其余肌重占全身肌重的

20%。又由于人类语言、文化交流等需要，有了发达的喉肌、舌肌和面部表情肌。

（二）骨骼肌的形状及分类

骨骼肌的形状各异，通常按肌肉的形状和功能分类及命名。按肌肉的形状可分为长肌、短肌、扁肌和轮匝肌（图1-62）。

长肌可据其肌束的排列方向分为梭形肌、羽状肌、半羽状肌、多羽肌，也可按一块肌肉具有的头数分为二头肌、三头肌和四头肌等。

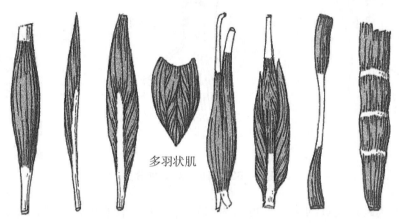

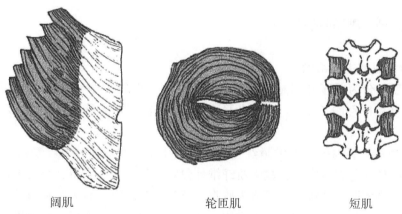

图 1-62 骨骼肌的形状

按肌肉的功能可分为屈肌、伸肌、展肌、收肌、旋前肌和旋后肌等（图1-63），如拇收肌、肩胛提肌等。

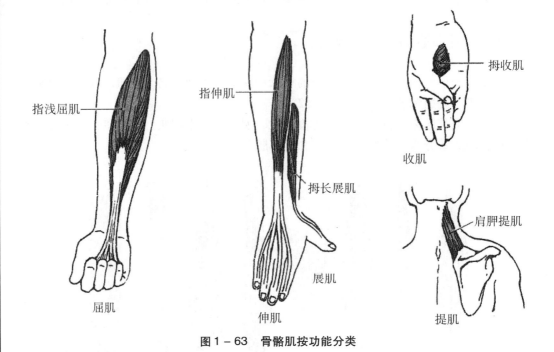

图 1-63 骨骼肌按功能分类

根据肌肉跨过关节的多少，可分为只跨过 1 个关节的单关节肌，如肱肌、肘肌等，以及跨过 2 个或 2 个以上关节的多关节肌，如股直肌、指浅屈肌等。

（三）骨骼肌的构造

1. 骨骼肌的主要结构

每块肌肉分为肌腹和肌腱两部分，由肌纤维（即肌细胞）和结缔组织组成，有丰富的血管和神经分布，所以 1 块肌肉就是 1 个器官。骨骼肌的主要结构见图 1-64。

（1）肌腹：肌肉中部膨大呈红色的部分，主要由肌纤维组成。肌纤维具有收缩性。肌纤维外面包有肌内膜，数条肌纤维外包肌束膜成为小肌束，小肌束再集合成较大的肌束，许多肌束外包肌外膜成为肌腹。所有的肌内膜、肌束膜和肌外膜都是薄层结缔组织，对肌纤维起保护、支撑作用，并赋予肌腹独立的外形，其纤维向肌肉两端延伸，与肌腱紧密结合。肌腹中有感觉、运动神经纤维和交感神经纤维分布，传导肌肉的感觉和调节肌肉的运动。

（2）肌腱：位于肌肉两端，由致密的纤维结缔组织构成，肌腱仅有感觉神经纤维分布，没有收缩性，极强韧，紧密地附着在骨与骨膜上，将肌腹收缩时产生的张力传递于骨，从而牵拉骨绕关节运动。由于肌纤维不与肌腱的纤维直接相连，只是肌膜末端增厚部分与肌腱的纤维相连，故当肌肉突然猛力收缩时，可致肌纤维断裂、肌腹与肌腱相接的地方断裂，或将肌腱附着于骨的骨膜撕裂，甚至造成骨质撕脱。然而，

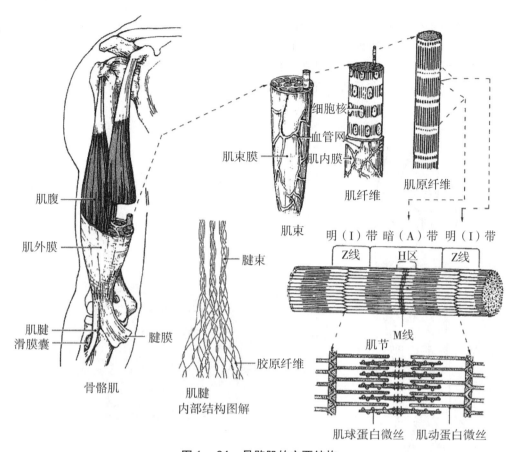

图 1-64 骨骼肌的主要结构

肌腱本身少有断裂。

肌纤维无增生能力，通过锻炼可使每根肌纤维内部的肌丝（收缩蛋白）增粗和肌浆含量增多而变粗，使肌腹增粗、肌力增强；肌腱的纤维却可通过锻炼增多，变得更结实。故体育锻炼要注意经常化和循序渐进，每次锻炼前要做好准备活动，准备活动可以使肌肉中的毛细血管扩张数目增多。例如，安静时每平方毫米肌肉中毛细血管只有数十条开放，直径也小；按摩可使之增加到 1000 多条，直径也变大；运动时增加到 2000 多条，直径更大；最大运动时可增加到 3000 条，直径增加 2 倍以上。充分的准备活动使肌肉血液和氧气营养供应改善，温度提高，减少肌纤维之间的摩擦，预防肌肉拉伤。由于肌纤维再生能力差，拉伤（断裂）后只能由结缔组织修补，后者没有收缩性，往往容易被再次拉伤。

2. 肌肉的辅助结构

肌肉周围的结缔组织在肌肉活动影响下形成一些结构，对肌肉起支持保护作用，便于肌肉快速和独立收缩或增大肌肉力臂、增加肌力等，包括筋膜、滑膜囊、腱鞘和籽骨。

（1）筋膜（图 1-65）：又有深浅之分。浅筋膜即皮下组织，内含浅静脉、皮下神经和脂肪等。深筋膜由致密结缔组织构成，包绕每块肌肉或在肌群间形成隔，以保证肌肉和肌群单独活动；也可供肌肉附着，增大附着面以增加肌力。大腿的深筋膜又叫作阔筋膜，它于大腿外侧增厚形成髂胫束，附着在髂骨到胫骨外侧髁之间，不但对大腿外侧肌起保护支持作用，而且在人体"稍息"站立时绷紧，使支持腿肌肉放松，减少体能消耗。筋膜还在手腕、足踝部增厚，约束肌腱，宛如运动员的"护腕"和"护踝"。

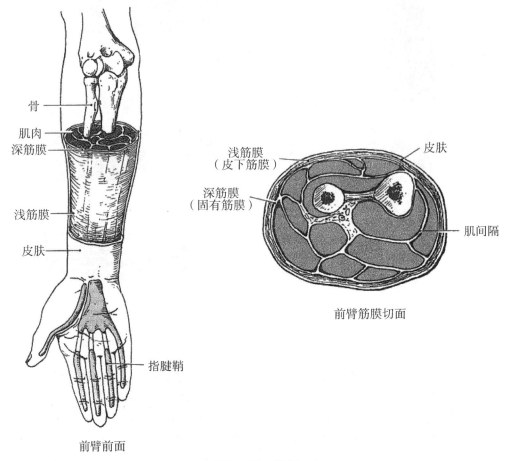

图 1-65　筋膜

（2）滑膜囊（图1-66）：由薄层结缔组织形成的扁囊，内含滑液，位于肌腱与骨面、肌肉与肌肉之间，减少肌腱与骨和肌肉相互间的摩擦。人体滑膜囊有数百个，武术、体操等运动员的滑膜囊数目更多。

（3）腱鞘（图1-67）：是包在手、足长腱周围的双层结缔组织长套管，内层紧包肌腱表面，叫作脏层；外层叫作壁层。脏壁两层于两端呈封闭状，其间有滑液，可减少肌腱与骨面的摩擦。

（4）籽骨：由肌腱骨化而成，位于肌肉抵止处的腱与骨之间。籽骨的存在增大了肌腱抵止角，从而增大了肌肉的拉力臂，有利于肌肉发力。籽骨于手指与足趾关节处较常见，击剑运动员的手指、足球运动员的脚趾籽骨多于常人。人体最大的籽骨为髌骨。

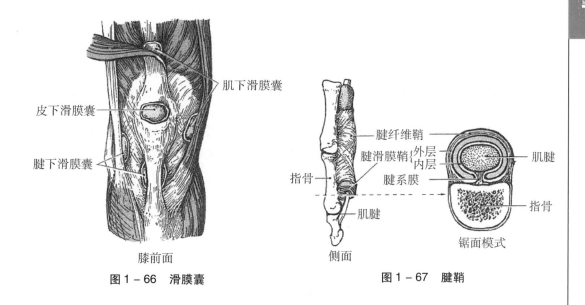

图 1-66　滑膜囊　　　　　　图 1-67　腱鞘

（四）骨骼肌的特性

1. 物理特性

（1）伸展性和弹性：肌肉在外力作用下可被拉长，即肌肉的伸展性；当外力去除后，肌肉又恢复原来长度，即弹性。在生理范围内，肌肉被拉得越长，弹力就越大，如投掷运动中的最后用力和纵跳前的屈膝下蹲，都是预先拉长参加工作的肌肉，以增加肌肉工作中的肌力。加强肌肉伸展性练习，可以增大关节运动幅度，发展柔韧素质；肌肉的伸展性好，还可防止肌肉拉伤。

（2）黏滞性：肌肉收缩时，肌纤维之间、肌纤维内部胶体物质分子间摩擦产生一种阻力，表现为黏滞性。肌肉的黏滞性既妨碍肌肉快速舒缩，也是肌肉拉伤的原因。肌肉黏滞性随温度变化，温度越低黏滞性越大，反之，体温升高时黏滞性降低，所以外界气温降低时更应注意做好准备活动，防止肌肉拉伤。

2. 生理特性

肌肉具有兴奋性、传导性和收缩性。每块肌肉都受神经支配。适宜的刺激由神经传至肌肉，肌肉产生反应的特性叫作兴奋性；肌肉兴奋时能产生缩短反应的特性叫作收缩性；这种反应能从局部很快传至整块肌肉（从而引起收缩）的特性叫作传导性。

肌肉接受刺激的装置叫作感受器，感受器将刺激传向神经中枢的神经叫作感觉神经（传入神经），中枢神经对刺激分析综合后，通过运动神经（传出神经）将冲动传到效应器，支配肌肉收缩。肌肉的效应器叫作运动终板（神经肌肉接头）。运动神经包含许多神经纤维，每根神经纤维的末梢又有许多分枝，分枝末端膨大为运动终板，后者达到每根肌纤维。通常把每根运动神经纤维及其运动终板所支配的一组肌纤维，叫作一个运动单位。当肌肉收缩时，动员的运动单位越多，肌肉产生的肌力越大。在生理范围内，动员的能力取决于刺激的强度。

（五）肌肉工作的术语

1. 肌肉工作的解剖学术语

（1）起点和止点（图 1-68）：通常 1 块肌肉的两端都要跨过 1 个以上的关节，附着在骨上。如果是躯干肌，就将靠近正中线的一端叫作起点，远离正中线的一端叫作止点；对于四肢肌，靠近上端为起点，靠近下端为止点。肌肉的起点和止点，通常是固定不变的。

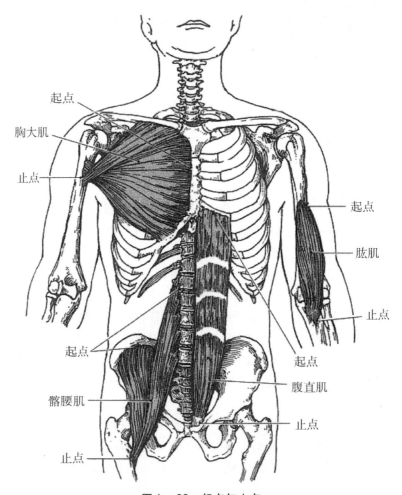

图 1-68 起点与止点

（2）定点和动点（图 1-69）：肌肉收缩时，相对固定或运动幅度较小的附着端为定点；肌肉收缩时，相对运动或运动幅度较大的附着端为动点。肌肉的动点与定点可随肌肉的工作条件变化而发生改变。

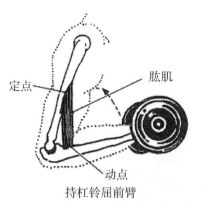 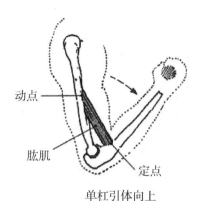

图 1-69　定点与动点

（3）近、远固定与上下固定（图 1-70、图 1-71）：肌肉收缩时，所跨关节的两骨起、止点中，总有一端固定，另一端向固定方靠拢。如上肢屈肘关节的单关节肌——肱肌，在手握重物肘向上屈时，附着在肱骨一方的起点固定，止点一方的前臂向上运动，叫作近固定；同一块肌肉做单杠引体向上时，前臂的止点固定，上臂向前臂靠拢，叫作远固定。又如躯干上的腹直肌在做"肋木举腿"时，上端的肌肉起点相对固定，叫作上固定；同一块肌肉做仰卧起坐时，肌肉止点一方固定，叫作下固定。

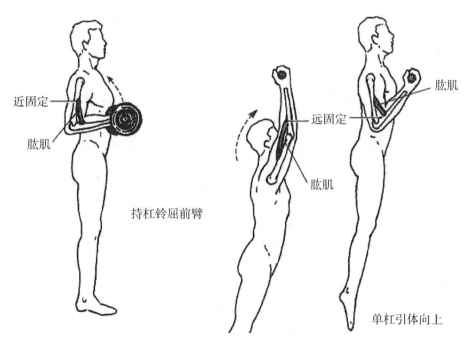

图 1-70　近固定与远固定

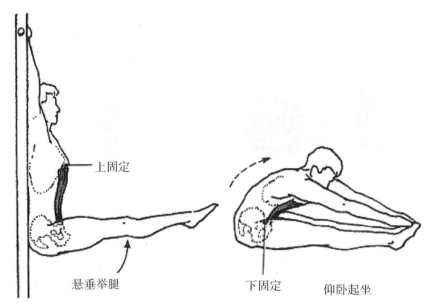

图1-71 上固定与下固定

（4）无固定（图1-72）：肌肉收缩时，起点、止点相互靠拢。如"仰卧直角坐"和"俯卧两头起"，上体在挺身跳远的空中动作，等等。

图1-72 无固定

（5）肌肉拉力线（图1-73）：肌肉两端附着点中心的连线，或肌肉合力作用线。肌拉力线是一个矢量，它表示肌拉力线的方向，其方向总是指向定点，并与环节运动的方向一致。

2. 肌肉工作的生理学术语

（1）肌紧张：在中枢神经作用下，即使在很放松的情况下，也有部分肌纤维轮流处于紧张状态，使肌肉经常保持一定的紧张度，这种现象叫作肌紧张。肌紧张能使人体在较长时间内维持某种姿势不显疲劳，如伸直颈项和脊背以保持人体坐姿。即使处于睡眠当中，人体仍保持着最低限度的肌紧张。

（2）等张收缩和等长收缩：刺激一端被固定的离体蛙肌，肌肉收缩时其长度发

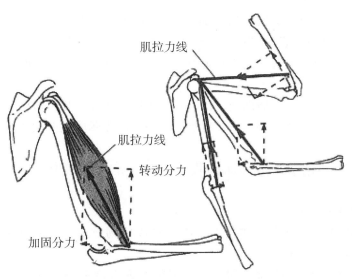

图 1-73 肌肉收缩拉力线

生变化（肌腹缩短）而张力不变，叫作等张收缩；将肌肉两端固定时，肌肉受刺激收缩，尽管用力收缩，长度不再变化，只有张力加大，叫作等长收缩。在人体内，当肌肉收缩时长度和张力都要发生变化，因此不存在单纯的等长或等张收缩。不过在完成动力性练习，如跑、跳等运动时，肌肉的收缩接近于等张收缩；在进行静力练习时，如手倒立、举重、吊环"十"字支撑、武术马步等，肌肉的收缩接近于等长收缩。利用这些特性，人们可以依照不同的运动项目的要求，选择不同的训练手段。

长期从事静力练习，往往肌腹变粗变短而肌腱延长，不如从事动力练习者肌肉外形匀称。

（3）肌肉向心收缩（克制工作）和离心收缩（退让工作）：肌肉的收缩力大于阻力，肌肉收缩时肌腹向中心缩短，即向心收缩，又叫作克制工作，如"弯举""悬垂举腿"等，可以发展肌肉力量；阻力大于肌肉收缩力，肌肉收缩但被向两端拉长，即离心收缩，又叫作退让工作。后者在落地时逐渐屈膝拉长大腿前面的股四头肌等，对人体起到重要的缓冲作用，也是一种发展肌肉力量的练习法。

（六）肌肉的协同与对抗作用

肌肉的缩短与舒张，使身体各环节（2个关节之间的部分）绕着3个基本轴完成屈伸、内收、外展、回旋等各种动作。即使是一个简单的动作，也不是单纯一块肌肉能够完成的，往往是成群的肌肉共同作用的结果。

以屈肘关节为例，分布在肘关节额状轴前面的屈肘肌是完成这个动作的主要肌肉，叫作原动肌；这些在肘关节额状轴前面的屈肘肌在完成这个动作时是彼此合作的，叫作协同肌；此时分布在肘关节额状面后面的伸肘肌，作用与屈肘肌相反，叫作对抗肌；做屈肘动作时伸肘肌必须舒张才能完成动作。当伸肘时，伸肘关节肌成了原动肌，屈肘肌又成了对抗肌，此时也必须舒张。但是，两组对抗的屈肘和伸肘肌，在保持肘关节伸直固定时，又成了协同肌，唯有这样才能完成"手倒立"动作。又如屈肘和伸肘的上臂肌都起于肩带上，当它们进行工作时，肩带周围的许多肌肉必须同时收缩保证肩带固定，上臂才能完成更有力的屈臂或伸臂动作，这些肩带肌又叫作固定肌。

协同与对抗本是一对矛盾的统一体，看似矛盾，实际上相互协调，在神经系统的统一支配下，协同肌完成主要工作；对抗肌以一定的紧张度调节动作的快慢和方向。

（七）肌肉的化学组成和肌肉收缩过程中的化学变化

1. 肌肉的化学组成

肌肉中75%是水，固体物质仅占25%。在固体物质中，80%为蛋白质。固体物质按功能可分为以下4类：

（1）具有收缩性质的物质：肌纤维里平行排列着许多肌原纤维，肌原纤维里含有许多肌微丝（由肌球蛋白和肌动蛋白形成的细丝）。肌肉接受刺激时肌微丝即缩短，整个肌腹产生收缩。

（2）供给肌肉收缩能量的物质：包括三磷酸腺苷（ATP）、磷酸肌酸和肌糖原3种物质。

（3）携带氧气和促进代谢的物质：包括能够存储氧气的肌红蛋白和促进肌肉物质代谢的各种酶类。

（4）其他：无机物（钙、钾、钠等）和代谢产物。

2. 肌肉收缩的化学变化

肌肉中的能源物质在肌肉收缩过程中发生十分复杂的化学变化。大体上可以分为无氧分解阶段和有氧分解阶段。

（1）无氧分解阶段：首先是三磷酸腺苷分解成二磷酸腺苷和磷酸，同时释放出能量。这时产生的能量直接供肌肉收缩利用。然后是磷酸肌酸分解成磷酸和肌酸，同时释放出能量，其中一部分能量供给肌肉收缩，另一部分能量供给二磷酸腺苷与磷酸还原为三磷酸腺苷。接着是肌糖原分解成许多分子的乳酸和能量，一部分能量供给二磷酸腺苷与磷酸再合成三磷酸腺苷，另一部分可以使磷酸和肌酸再合成磷酸肌酸。

上述3种变化过程可用下式简单表示（图中号码表示化学变化的顺序）如下：

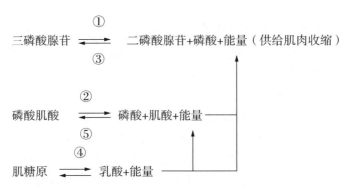

以上三部分变化过程都不需要氧气参加,所以叫作无氧分解阶段。人体在无氧或氧气不足的环境中,仍能进行一段时间的运动,这取决于肌肉收缩所需要的能量大小。无氧阶段供能的时间有限,肌肉中储备的肌糖原也有限,而且在其分解后,乳酸积累过多,也会阻止上述化学变化的进行。因此,较长时间的肌肉收缩还需要有充足的氧气供应。

(2) 有氧分解阶段:在需氧量较小的运动结束之后,有较充足的氧气供给时,肌肉中的化学变化才能继续进行,这时就进入有氧分解阶段。这时少量乳酸(约 1/5) 与氧结合,分解为二氧化碳、水和大量能量。该能量使剩余的乳酸(约 4/5) 还原成肌糖原。重新合成的肌糖原又可继续分解,供给肌肉收缩能量。见下式:

$$\frac{1}{5}乳酸 + O_2 \xrightarrow{⑥} CO_2 + H_2O + 能量$$
$$\downarrow$$
$$\frac{4}{5}乳酸 + 能量 \xrightarrow{⑦} 肌糖原$$

可见,有足够的氧气供给是保持肌肉长时间收缩的条件。

进行剧烈运动(最典型的是 100 m、200 m 短跑)时,由于运动强度大,每分需氧量大大超过人体吸氧的极限,这时肌肉收缩所需的能量主要靠无氧分解提供,所以积累下大量乳酸,需要待运动结束再吸收氧气来偿还,叫作"氧债"。进行不太剧烈的运动(如超长距离跑、竞走等)时,肌肉运动强度较小,每分钟氧气吸入量大体等于需氧量,即氧的供应比较充足,所以在运动的大部分时间里,肌肉收缩是由有氧分解提供的。

(八) 肌纤维类型

依据肌纤维的颜色、收缩速度和肌纤维机能、代谢特点等可将肌纤维划分为不同的类型(表 1-4)。

表 1-4 肌纤维分类对应

速度	颜色	肌球蛋白重链亚型	颜色和速度	速度和代谢特征
		MHC-Ⅱb	快缩白	FG
快肌	白肌	MHC-Ⅱ		
		MHC-Ⅱa	快缩红	FOG
慢肌	红肌	MHC-Ⅰ	慢缩红	SO

1. 根据肌纤维的收缩速度划分

根据肌纤维的收缩速度可将肌纤维划分为快肌纤维(fast-twitch, FT)和慢肌纤维(slow-twitch, ST)。

2. 根据肌肉的色泽划分

根据肌肉的色泽可将肌纤维划分为红肌和白肌 2 种肌纤维。如果再结合肌肉的收缩速度，可将肌纤维划分为快缩白、快缩红和慢缩红 3 种类型。

3. 根据肌纤维的收缩速度及代谢特征划分

皮特（Peter，1997）利用肌原纤维 ATP 酶、琥珀酸脱氢酶或 α-磷酸甘油脱氢酶染色的方法，根据肌纤维的收缩速度及代谢特征将肌纤维划分为快缩-糖酵解型（fast glycolytic，FG）、快缩-氧化-糖酵解型（fast oxidative glycolytic，FOG）和慢缩-氧化型（slow oxidative，SO）。

4. 根据肌球蛋白重链同功型划分

肌球蛋白（myosin）由 2 条分子量约为 220 ku 的重链（myosin heavy chain，MHC）和 2 对分子量为 16～27 ku 的轻链（myosin light chain，MLC）组成。肌球蛋白重链决定肌球蛋白性状。成年哺乳动物骨骼肌中有 4 种不同的 MHC 异形体，它们是 MHC-Ⅰ、MHC-ⅡⅡa、MHC-Ⅱx（或 MHC-Ⅱd）和 MHC-Ⅱb 异形体。一般认为 MHC-Ⅱx（或 MHC-Ⅱd）是一种过渡型。肌纤维表现型的变化和肌纤维组成的变化，形成了肌肉功能对环境适应性的基础。现在已经很明确肌球蛋白重链（MHC）同功型是反映肌纤维类型的标志性蛋白。某些因素或者特殊环境，如运动、衰老、电刺激、微重力环境、模拟失重、肌肉激素水平的变化等，均可引起 MHC 表型的变化。

（九）体育运动对肌肉的良好作用

长期从事体育运动，能使肌肉在形态结构和生理机能方面都产生明显良性变化。

（1）肌纤维变粗，肌纤维周围的结缔组织增厚，整体肌肉体积变大，肌腱变粗，显得肌肉发达，外形美观，结实有力。

（2）肌纤维中的线粒体增多。线粒体是肌纤维中的细胞器，产生三磷酸腺苷（ATP），是肌肉的供能中心。这对从事肌肉快速收缩的短跑、短距离游泳、举重等项目的运动员（他们的肌肉里白色快收缩肌比例高）比较重要。

（3）肌纤维中肌糖原含量增多。肌糖原是重要的能源物质，这在从事长距离跑、竞走、公路自行车运动员等耐力项目运动员（他们肌肉里红色的慢收缩肌比例高）比较明显。

（4）肌肉里毛细血管增多，肌纤维里肌红蛋白含量增多，肌红蛋白是结合和储备氧的物质，通过丰富的血运可以提高运动员的耐久力（包括速度耐力）。

（5）肌纤维里的收缩蛋白——肌球蛋白和肌动蛋白增加，使肌肉收缩更加有力。

（6）肌肉表面和肌肉之间的脂肪含量减少，降低了肌肉收缩时的摩擦阻力，提高肌肉工作效率，对耐力性项目运动员十分有利。

（7）动员肌纤维参加活动的能力增强，训练水平低的运动员能快速动员 60% 的肌纤维参加活动，有训练的高水平运动员可快速动员 90% 的肌纤维参加活动，肌肉发力更大。这对举重、摔跤、跆拳道等项目更显重要。

二、骨骼肌各论

（一）上肢各关节运动的肌群

1. 肩带运动的肌肉

（1）上肢带的运动：肩胛骨被周围肌肉所包围，通过胸锁关节，肩胛骨可以绕3个基本轴做运动。绕额状轴可做上提（如耸肩或提铃耸肩）和下降运动；绕垂直轴做前伸（肩胛骨脊柱缘远离脊柱）和后缩（肩胛骨脊柱缘向脊柱靠拢）；绕矢状轴做上回旋（肩胛骨下角转向外上方，助上臂向上举起）和下回旋（肩胛骨下角转向内下方，如篮球背后传球）。

（2）使上肢带运动的肌群，见表1-5。

表1-5 使上肢带运动的肌群

肩胛骨的运动	上提	下降	前伸	后缩	上回旋	下回旋
肌肉名称	斜方肌上部 菱形肌 肩胛提肌 胸锁乳突肌	斜方肌下部 前锯肌下部	前锯肌	斜方肌 菱形肌	斜方肌上、下部 前锯肌下部	菱形肌 胸小肌

由表1-5可以看出，在肩带运动的肌肉里，参与最多的是斜方肌和前锯肌。

（1）斜方肌及其起止点（图1-74）。

位置：斜方肌位于背部上方浅层，每块肌肉呈三角形，两侧合起来呈斜方形，故名。用力挺直脊背时，可以清楚地看出该肌轮廓。

起点：起于枕外隆凸、项韧带、颈椎棘突和胸椎棘突。止点：锁骨外侧1/3，肩胛骨的肩胛冈和肩峰。

当脊柱固定（近固定）时，斜方肌上部收缩上提肩胛骨，与肩胛提肌、菱形肌和胸锁乳突肌一道做提拉杠铃耸肩；斜方肌下部收缩使肩胛骨下降；斜方肌上部和下部同时收缩是肩胛骨上回旋，如做负重直臂侧上举；斜方肌上、中、下部一起收缩，与菱形肌一道使肩胛骨向脊柱靠拢（肩胛骨内收），如做持哑铃扩胸（飞鸟展翅）。

当肩胛骨固定（远固定）时，斜方肌收缩，可使脊柱挺直，纠正驼背。单侧收缩使头向对侧转。做提拉杠铃、负重扩胸等运动，可以发展斜方肌的力量（图1-75）。

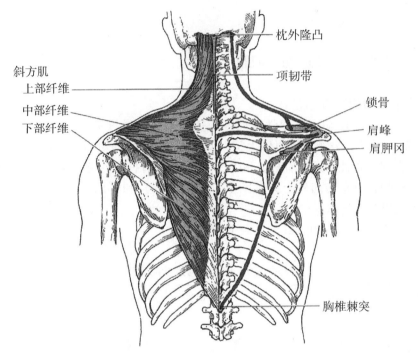

图 1-74 斜方肌及其起止点

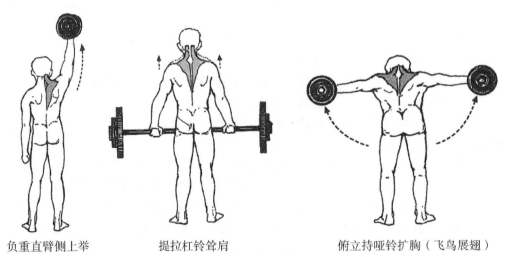

负重直臂侧上举　　　提拉杠铃耸肩　　　俯立持哑铃扩胸（飞鸟展翅）

图 1-75 发展斜方肌肌力的辅助练习举例

（2）菱形肌及其起止点（图 1-76）。

位置：菱形肌位于斜方肌深面，位于肩胛骨脊柱缘与脊柱棘突之间，肌纤维由内上向外下斜行。

起点：起于第 6～7 颈椎和第 1～4 胸椎的棘突。

止点：止于肩胛骨内侧缘。

菱形肌近固定时使肩胛骨上提、后缩和下回旋。远固定时，两侧收缩使脊柱伸。

（3）肩胛提肌及其起止点（图1-76）。

位置：肩胛提肌窄长，位于肩胛骨内上角与颈椎棘突间，斜方肌上部深层。

起点：起于第1~4颈椎横突。

止点：止于肩胛骨上角。

肩胛提肌近固定时，使肩胛骨上提和下回旋。远固定时，一侧收缩使头和脊柱向同侧屈和回旋；两侧收缩使脊柱颈段伸。

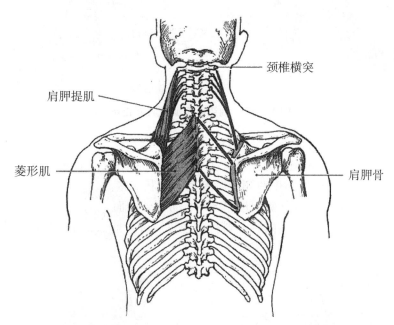

图1-76 菱形肌、肩胛提肌及其起止点

（4）胸锁乳突肌及其起止点（图1-77）。

位置：胸锁乳突肌位于颈部两侧，近似圆柱形。

起点：起于胸骨柄和锁骨胸骨端。

止点：止于颞骨乳突（两耳后面的骨突）。

胸锁乳突肌除上提肩带外还可上提胸廓助吸气，睡眠姿势不良或颈部受凉引起的"落枕"与该肌和斜方肌上部有关。

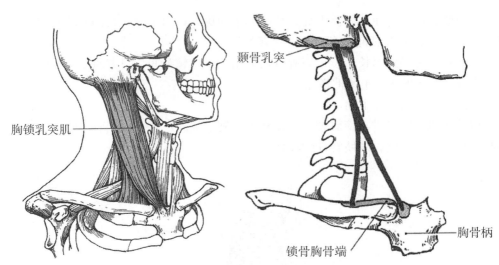

图 1-77 胸锁乳突肌及其起止点

（5）前锯肌及其起止点（图 1-78）。

位置：前锯肌位于胸壁侧面上方，上部被胸大肌掩盖，下部与腹外斜肌"犬牙交错"，肌肉发达的人可见胸壁两侧处两者呈锯齿状交接。

起点：前锯肌起于胸壁外侧上位第 8~9 肋骨外侧面。

止点：肌纤维紧贴胸壁向内后上斜行，越过肩胛骨前面，止于肩胛骨脊柱缘和下角前面。

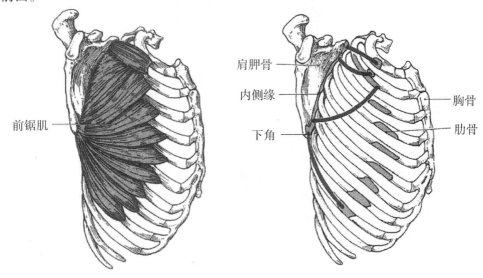

图 1-78 前锯肌及其起止点

当躯干（胸廓）固定时，前锯肌收缩可使肩胛骨外展，如做俯卧撑时前锯肌全体收缩；前锯肌下部收缩，与斜方肌上部产生的力偶使肩胛骨上回旋（此时肩胛骨外角的肩关节面朝外上方移动，上臂才能上举），如做实力推时由前锯肌、斜方肌共同完成。此外，前锯肌下部与斜方肌下部共同使肩胛下降。肩胛骨固定时（远固定）

可提肋助吸气。当上肢在器械上做支撑时，与其余肩带肌共同固定肩胛骨，帮助动作完成。

做俯卧撑、实力推可发展前锯肌的力量（图 1 – 79）。肩胛骨外展，在上肢前伸运动中起很大作用，像拳击运动员击沙袋等均可发展前锯肌。青少年做俯卧撑等可增加肺活量。

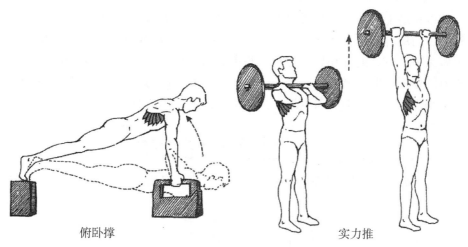

俯卧撑　　　　　　　　　　　实力推

图 1 – 79　发展前锯肌肌力的辅助练习举例

（6）胸小肌及其起止点（图 1 – 80）。

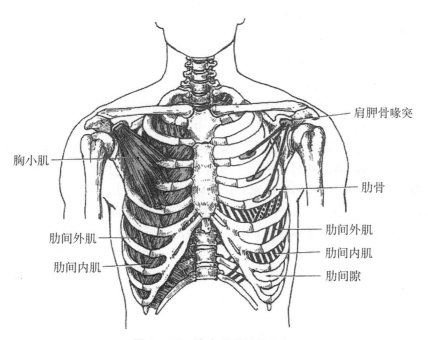

图 1 – 80　胸小肌及其起止点

位置：胸小肌位于胸壁前方，胸大肌深面。

起点：起于第3～5肋骨前面。

止点：止于肩胛骨喙突。

胸小肌除与菱形肌下部使肩胛骨下回旋外，也可提肋帮助吸气。

2. 肩关节运动的肌肉

1）肩关节的运动和参与的肌肉（表1-6）。起于躯干骨或肩带骨，止于肱骨的肌肉。可以拉动上臂肱骨于肩关节处绕3个基本轴做屈和水平屈、伸和水平伸、内收、外展、内旋、外旋及环转运动。其中，最大最重要的有胸大肌、三角肌和背阔肌；于肩关节上方、前方和后方各有一些小肌肉，除了参加上述运动外，还有包围加固肩关节的作用，叫作肩袖肌。此外，位于上臂前后面的肱二头肌和肱三头肌除参加肩关节运动外，主要参加肘关节运动，故于肘关节运动的肌肉中叙述。

表1-6 肩关节的运动和参与的肌肉

上臂在肩关节处的运动	屈和水平屈	伸和水平伸	内收	外展	旋内	旋外
肌肉名称	胸大肌 三角肌前部 肱二头肌	背阔肌 三角肌后部 冈下肌 小圆肌 大圆肌 肩胛下肌	胸大肌 背阔肌 冈下肌 小圆肌 大圆肌 肩胛下肌	三角肌 冈上肌	胸大肌 背阔肌 三角肌前部 肩胛下肌 大圆肌	三角肌后部 冈下肌 小圆肌

2）肩关节运动的主要肌肉。

（1）胸大肌（图1-81）。

位置：胸大肌位于胸廓前壁上方，呈扇形，纤维向外上方集中。成年男性裸露上体时，其外形突显于皮下。

起点：胸大肌起于锁骨的内侧半，胸骨两侧，上位肋软骨和腹直肌鞘前壁上部。

止点：胸大肌纤维向外后集中后止于肱骨大结节嵴，其特点是上部纤维止点靠下，下部纤维止点居上，这样在抬起上臂时可以展现全貌并均匀发力。

当胸廓固定（近固定）时，胸大肌收缩可拉上臂前屈（屈和水平屈）和内旋，如拳击的出拳动作；当上臂固定（远固定）时，可以引体向上和提肋助吸气、卧推和引体向上（图1-82）。青少年做单杠引体向上，上肢向前拉橡皮筋等练习，可以发展胸大肌和增加肺活量。专项练习还有"仰卧飞鸟展翅""向前拉橡皮筋"等近固定练习。

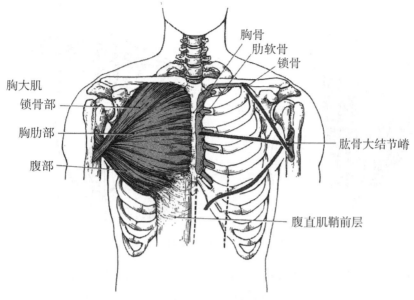

图 1-81 胸大肌及其起止点

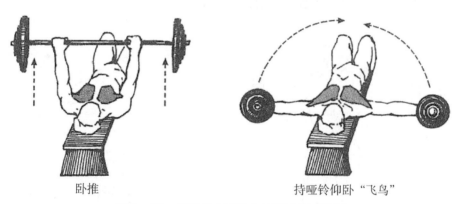

卧推　　　　　　　　　　持哑铃仰卧"飞鸟"

图 1-82 发展胸大肌肌力的辅助练习举例

（2）三角肌及其起止点（图 1-83）。

位置：三角肌位于肩部，由前向后包围肩关节，该肌肉发达的人突显肩部圆润的外形，且肩部宽阔。

起点：三角肌起于锁骨外侧半、肩峰和肩胛冈。

止点：肌纤维向外下集中后止于肱骨体中部的三角肌粗隆，全部展开呈三角形，故名"三角肌"。

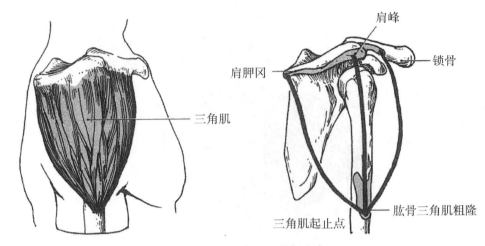

图1-83 三角肌及其起止点

三角肌前部纤维与胸大肌协同，后部纤维与肩胛骨后面的肌肉协同，使上臂屈和水平屈、伸或水平伸，三角肌整体收缩时，是上臂外展的主要肌肉。

做负重侧上举，胸前提拉杠铃等练习可以发展三角肌力量（图1-84）。青少年将橡皮条踩在脚下，直臂向上提拉也有同样效果。

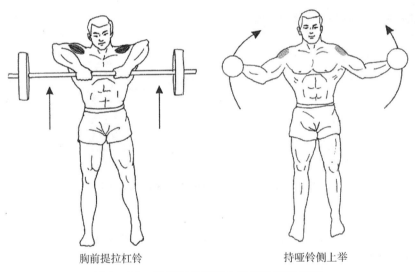

图1-84 发展三角肌肌力的辅助练习举例

（3）背阔肌及其起止点（图1-85）。

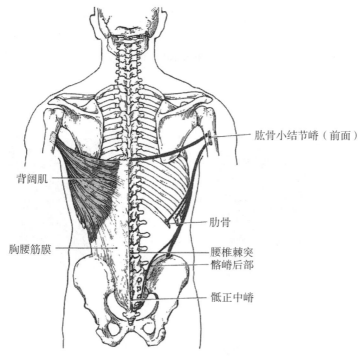

图 1 - 85 背阔肌及其起止点

位置：背阔肌位于躯干背面下方和胸部后外侧，两侧背阔肌构成背部宽阔的外形，是人体中最大的扁阔肌。

起点：背阔肌起于第 7～12 胸椎、全部腰椎、骶骨背面、髂嵴后部及第 10～12 肋骨背面。

止点：肌纤维向外上方集中，经过肩关节下方，止于肱骨小结节嵴。

当躯干固定（近固定）时，背阔肌收缩使上臂伸、水平伸和内旋如划船；当上臂固定时，与胸大肌协同引体向上，也可提肋助吸气（图 1 - 86）。

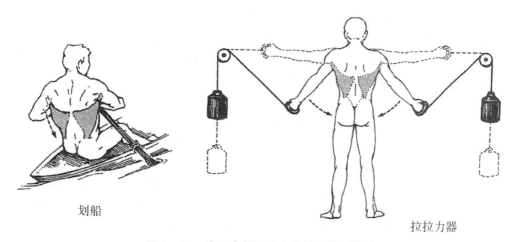

图 1 - 86 发展背阔肌肌力的辅助练习举例

(4) 肩袖肌及其起止点（图 1-87）。肩袖肌包围在肩关节周围的小肌肉，包括冈上肌、肩胛下肌、冈下肌、小圆肌、大圆肌。它们分别起于肩胛骨前面、肩胛骨的冈上窝和冈下窝；止于肩关节囊前面、上方和后面及肱骨上端。保护肩关节和关节囊，并与上述大肌肉协同完成肩关节各种运动。直接或间接的原因引起的损伤，叫作肩袖损伤。

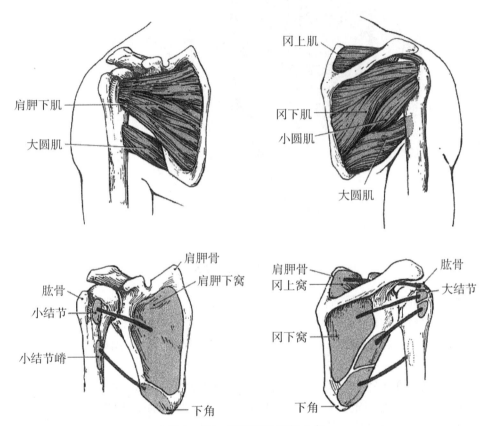

图 1-87 肩袖肌及其起止点

3. 肘关节运动的肌群

1）肘关节的运动和参与的肌肉（表 1-7）。肘关节只能使前臂绕肘关节额状轴屈伸，使前臂在肘关节处绕垂直轴旋前和旋后（即内旋和外旋）。使肘关节运动的肌肉大部分在上臂周围（屈肘、伸肘），也有一部分在前臂上（前臂旋前和旋后）。

表 1-7 肘关节的运动和参与的肌肉

前臂在肘关节的运动	屈	伸	旋前	旋后
肌肉名称	肱肌 肱二头肌 旋前圆肌	肱三头肌	旋前圆肌 旋前方肌	肱二肌长头 旋后肌

2）使前臂在肘关节处运动的主要肌肉。

（1）肱二头肌及其起止点（图1-88）。

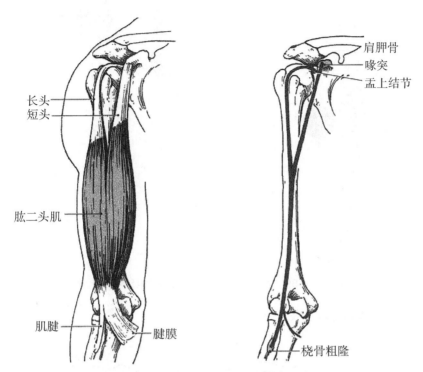

图1-88　肱二头肌及其起止点

位置：肱二头肌位于上臂前面浅层，屈肘时肌腹高高凸起，很容易辨识。

起点：肱二头肌长头起于肩胛骨盂上结节，短头起于肩胛骨喙突。由于起于关节盂上方长头的肌腱细长且穿过肩关节囊，又自肱骨上端大、小结节间穿出，有保护加固肩关节作用。

止点：长头与短头合并后组成一个肌腹，止于桡骨上端内下方的桡骨粗隆。

肱二头肌收缩时，先要拉动桡骨旋后，然后屈肘（使肌拉力线与肘关节额状轴正交），这个动作正如单杠上反握时做屈肘动作。由于肌肉张力在旋后过程中已被削弱，屈肘时肌力会受影响，不如正握时肌力发挥作用强。

肱二头肌上固定时和肱肌一起参加屈肘时，采用负重弯举发展肌力；下固定时可以采用引体向上发展肌力（图1-89）。

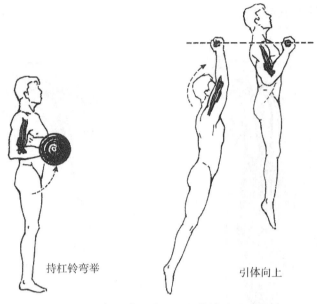

图1-89 发展肱二头肌肌力的辅助练习举例

（2）肱肌及其起止点（图1-90）。

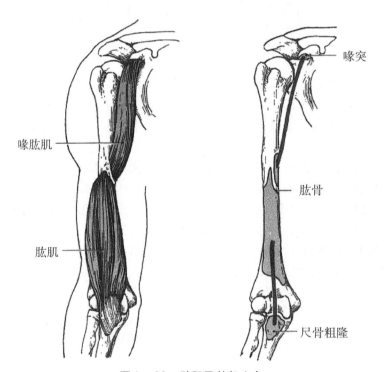

图1-90 肱肌及其起止点

位置：肱肌位于上臂深层。

起点：起于肱骨前面下方。

止点：止于尺骨上端前面的尺骨粗隆，由肘关节额状轴前方通过。

肱肌是专职的屈肘肌，是肘关节屈负荷最大的屈肌。

（3）肱三头肌、肘肌及其起止点（图1-91）。

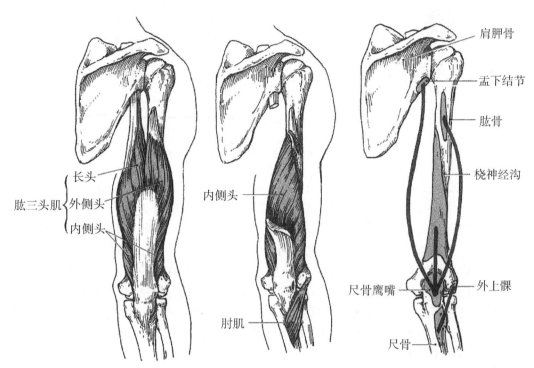

图1-91 肱三头肌、肘肌及其起止点

位置：肱三头肌位于上臂后侧，是上臂唯一的伸肘关节肌。

起点：长头起于肩胛骨盂下结节，外侧头起于肱骨体后面桡神经沟外上方，内侧头起于肱骨体后面桡神经沟内下方。

止点：三头合并后以强韧的肌腱止于尺骨鹰嘴后面。

肌拉力线与肱尺关节额状轴正交，故只有一个伸肘作用。拳击出拳、卧推、俯卧撑、所有投掷出手动作都要用到它，在上臂后方可明显分辨。

肱三头肌在上固定时除完成上述投掷出手等动作、专门练习卧推外，下固定还有一专门练习，即"倒立臂屈伸"（图1-92）。

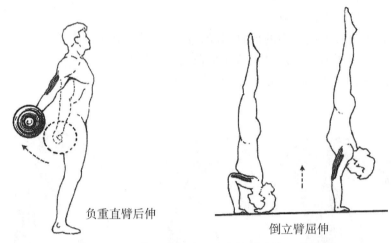

图1-92 发展肱三头肌肌力的辅助练习举例

多关节肌的工作特点：上、下肢都有一些肌肉跨过2个以上的关节，叫作多关节肌。上臂3块肌肉中，肱肌是典型的单关节肌，而肱二头肌长头和肱三头肌长头都跨过了肩关节和肘关节2个关节，谓多关节肌。前臂和大腿、小腿更有跨过多个关节的多关节肌。多关节肌有个共同的特点：当肌肉充分在一个关节处发挥作用后，于第二个关节处作用会减弱。2组对抗的多关节肌，在一个关节处被动拉长后，于第二个关节处伸展性受限，会形成动作的阻力，甚至会被拉伤。这两种情况是同时出现的，前者叫作"多关节肌的主动不足"，后者叫作"多关节肌的被动不足"。因此，在遇到多关节肌时，不但要注意发展力量，还要注意发展其伸展性（柔韧性）练习。

4. 手关节运动的肌群

桡腕关节和腕骨间关节合称为手关节，后者是前者的补充。手在腕部做屈和伸、内收和外展，是在这两个关节处实现的。

手关节运动的肌肉，分布在前臂两骨前、后两侧，分别叫作前臂前群肌和前臂后群肌，都分深浅两层。

前臂前群肌（图1-93）：大多起于肱骨内上髁，分别止于前臂骨（旋前圆肌）、腕骨、掌骨、指骨掌面，使手关节屈、前臂旋前、屈指、屈拇等，如乒乓球、羽毛球、网球等做正手扣杀的动作。当肌肉受伤时，痛点往往出现在肱骨内上髁及其附近。

前臂后群肌（图1-94）：大多起于肱骨外上髁和前臂骨背面，止于掌骨，指骨背面，使手关节伸、前臂旋后、伸指、伸和外展拇指等，如球类的反拍击球动作。当肌肉受伤时，痛点往往出现在肱骨外上髁附近，俗称为"网球肘"。

腕关节的内收与外展，由关节矢状轴两侧的前群肌与后群肌协同完成。

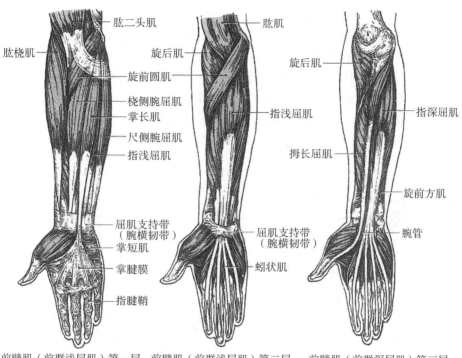

前臂肌（前群浅层肌）第一层　前臂肌（前群浅层肌）第二层　前臂肌（前群深层肌）第三层

图 1-93　前臂前群肌

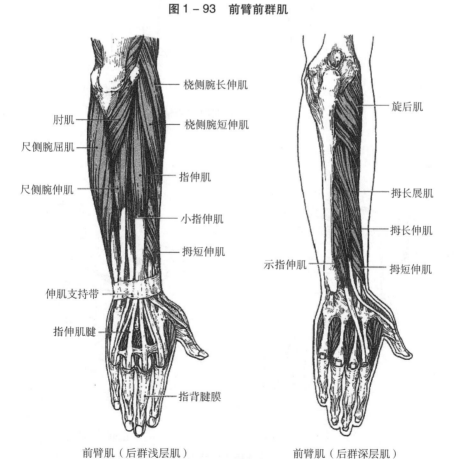

前臂肌（后群浅层肌）　　　　　前臂肌（后群深层肌）

图 1-94　前臂后群肌

前臂前、后两群肌肉，都是多关节肌，手屈指握物时，又迫使屈腕、屈肘，肯定握不紧，因为此时的屈指肌出现了"多关节肌主动不足"和伸指肌出现了"多关节肌被动不足"情况。例如，遇到手握匕首的歹徒向前逼近，有经验的武警战士只要紧握其前臂，迫使其手腕弯曲，匕首便会铛然落地。

发展前臂前群肌肌力，采用反缠重锤、反握杠铃腕屈伸（图1-95）；发展前臂后群肌肌力，采用正缠重锤、正握哑铃屈伸（图1-96）。

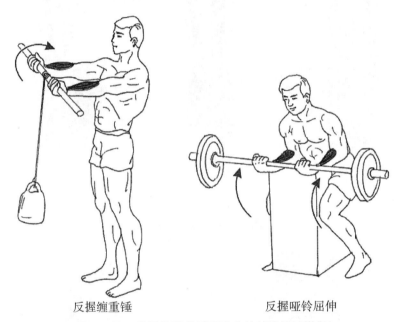

反握缠重锤　　　　　　　　　反握哑铃屈伸

图1-95　发展前臂前群肌肌力的辅助练习举例

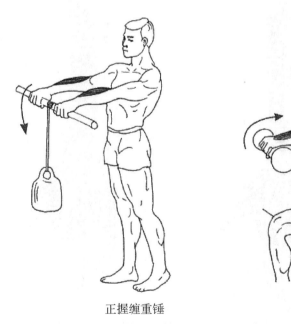

正握缠重锤　　　　　　　　　正握哑铃屈伸

图1-96　发展前臂后群肌肌力的辅助练习举例

5. 手肌

手掌的肌肉分三群，靠拇指一侧形成大鱼际，靠小指的一侧形成小鱼际，中间形成掌心（图1-97）。掌骨之间有蚓状肌和骨间肌等帮助屈指，对于体操运动员有积极的意义。

手指上没有肌肉分布，但有屈指、伸指肌腱的腱鞘分布，手部腱鞘炎症多发生于这些部位。手掌屈肌腱虽有腱鞘，但有腕管和肌肉保护，伤病不如伸肌腱鞘频繁。

手指在排球运动的拦网中，有机会伤及肌腱、关节。如果末端手指不能伸直，使伸肌腱断裂；末端手指不能屈是屈肌腱断裂造成。应注意保护，受伤后要及时治疗。

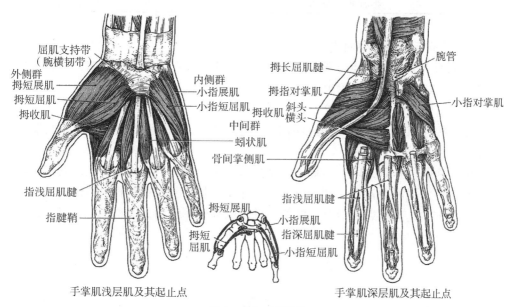

图1-97 手掌肌

（二）下肢各关节运动的肌群

1. 髋关节运动的主要肌群

1）髋关节运动和参与的肌肉（表1-8）。（近固定）大腿绕髋关节3个基本轴做屈伸（水平屈伸）、内收、外展大腿，大腿内旋、外旋，以及环转运动。远固定做骨盆前倾、后倾和侧倾运动。

运动髋关节的肌肉大多起于躯干骨的椎骨、骶尾骨、髋骨（骨盆）包在臀部和大腿周围，止于大腿和小腿上方。

表1-8　髋关节运动和参与的肌肉

髋关节的运动	屈大腿或骨盆前倾	伸大腿或骨盆后倾	内收大腿	外展大腿或骨盆侧倾	内旋大腿	外旋大腿
肌肉名称	髂腰肌 股直肌（见后） 阔筋膜张肌 耻骨肌等	臀大肌 大收肌 股二头肌（见后） 半膜肌（见后） 半腱肌（见后）	大腿内收肌群 臀大肌下部	臀大肌上部 臀中肌 臀小肌 阔筋膜张肌	臀中肌前部 臀小肌前部 阔筋膜张肌	髂腰肌 臀大肌 大腿内收肌群

2）髋关节运动的主要肌肉。

（1）髂腰肌及其起止点（图1-98）。髂腰肌是最主要的屈大腿肌，由腰大肌和髂肌组成，完成跑、跳中高抬大腿动作。

位置：髂腰肌位于腹腔后壁、脊柱两侧。

起点：腰大肌起于第12胸椎和第1～5腰椎椎体侧面和横突；髂肌起自髂骨翼的盆面。

止点：两肌合并后，以一强腱出骨盆前沿，止于股骨上端内下方的小转子上。

收缩时将大腿屈曲高抬并外旋大腿，动作如同"里拐踢毽子"动作。善跑的动物该肌特别发达，其起点可沿脊柱两侧上延至胸椎椎体侧面，又称为"里肌"。

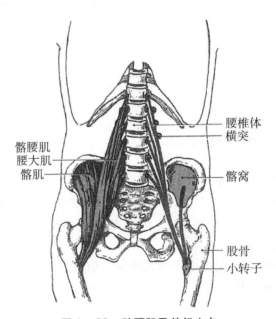

图1-98　髂腰肌及其起止点

髂腰肌上固定时收缩主要是屈大腿，采用"肋木悬垂举腿"或"负重高抬大腿跑"都是很好的练习方法；下固定时收缩可将躯干下拉，骨盆前倾，做弯腰动作，采用仰卧起坐、负重高抬腿跑或足部抬高的斜板仰卧起坐都可发展肌力（图1-99）。

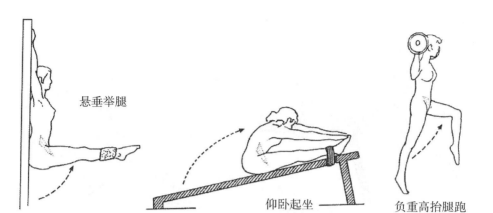

图1-99 发展髂腰肌肌力的辅助练习举例

（2）臀大肌及其起止点（图1-100）。臀大肌是主要的伸大腿肌，由于它在伸髋和维持人体直立中起重要作用，凸显粗大厚实的肌肉外形，也赋予了人类特有的臀部形状。

位置：臀大肌位于髋关节后方，近似四方形。

起点：起于骨盆后方、髂骨外面和骶尾骨，纤维粗大，向外下行走。

止点：止于股骨上端后面的臀肌粗隆。

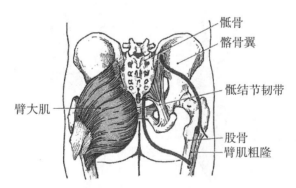

图1-100 臀大肌及其起止点

当臀大肌整体上固定收缩时，可使大腿后伸同时外旋；上部纤维还可使大腿外展，下部纤维使大腿内收。下固定收缩，向后拉骨盆（躯干）后倾，维持人体直立。

锻炼臀大肌的方法很多，如负重半蹲、负重深蹲等，是与其他肌肉联合完成的。专门的练习有俯卧背腿、后蹬跑等（图1-101）。

跑时后蹬充分，可以有效地拉长髂腰肌，后者再收缩时，又可使大腿抬得更高，步幅加大；高抬的大腿又使臀大肌被拉长，收缩有力，在跑步时才有充分的后蹬，可取得更大的支撑反作用力，跑得更快。

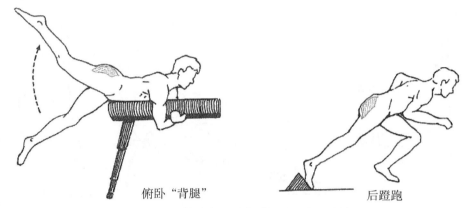

图 1-101 发展臀大肌肌力的辅助练习举例

（3）大腿内收肌群及其起止点（图 1-102、图 1-103）。大腿内收肌群包括内侧群的耻骨肌、短收肌、长收肌、大收肌和股薄肌，除股薄肌外，前4块单关节肌主要使大腿内收并外旋；除大收肌伸大腿外，其余屈大腿。在武术里，合腿、跳马分腿腾跃动作中及时内收大腿等起主要作用。用横劈腿、直腿拉橡皮筋内收可发展柔韧性和力量（图 1-104、图 1-105）。

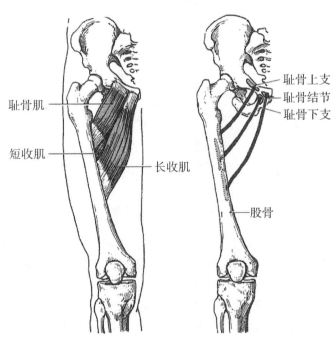

图 1-102 大腿内收肌群（一）及其起止点

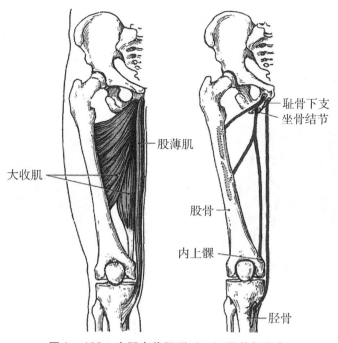

图 1-103 大腿内收肌群（二）及其起止点

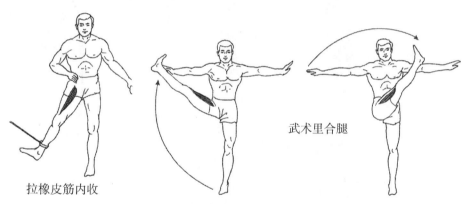

图 1-104 发展大腿内收肌群肌力的辅助练习举例

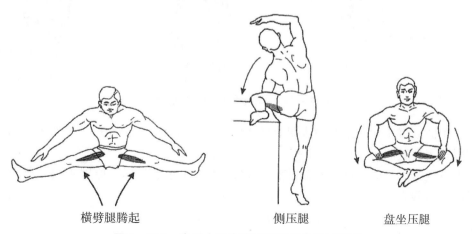

图 1-105 发展大腿内收肌群伸展性练习举例

（4）大腿外展肌群。大腿外展的肌肉包括臀大肌上部纤维、臀大肌深面的臀中肌（图1-106）和臀中肌深面的臀小肌（图1-107）。此外，大腿上方外侧还有一短小的阔筋膜张肌（图1-108）。

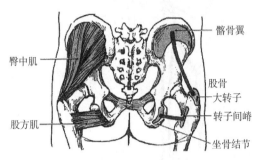

图1-106 臀中肌及其起止点

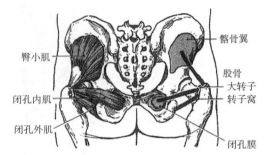

图1-107 臀小肌及其起止点

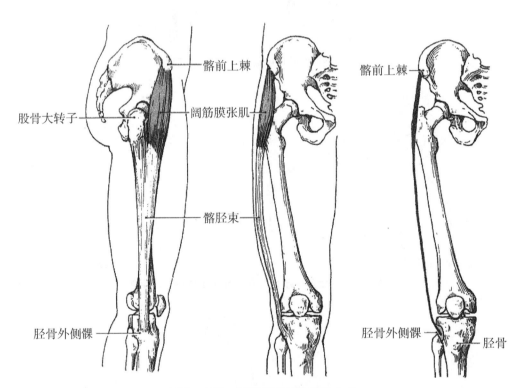

图1-108 阔筋膜张肌及其起止点

臀中肌、臀小肌和阔筋膜张肌有使大腿内旋的作用。远固定时可使骨盆侧倾，采用侧踢腿可发展肌力（图1-109）。

人在通常站立时，两脚前端多向外移，呈"外八字"形，原因主要是外旋大腿的肌肉多且强大。

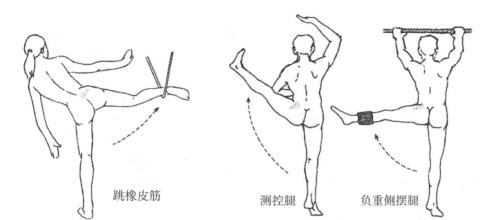

图 1-109　发展大腿外展肌群肌力的辅助练习举例

（5）髋袖肌群（图 1-110）。髋袖肌群主要由上孖肌、下孖肌、闭孔外肌、闭孔内肌、股方肌、梨状肌组成，位于臀大肌深层，它们形成一个类似肩部肩袖一样的结构，将髋关节稳稳地固定于大转子之上，其主要功能是外旋髋部并加固与保护髋关节，是日常髋关节运动中关节内核稳定的重要肌群。

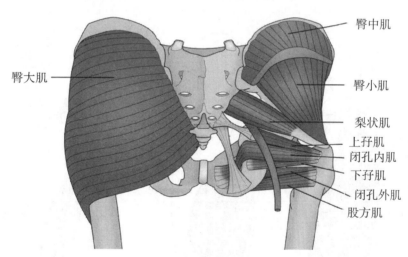

图 1-110　髋袖肌群

2. 膝关节运动的肌群

1）膝关节运动与参与肌肉（表 1-9）。膝关节由股骨下端内外侧髁上不对称的滑车关节面及后方的略呈球形的 2 个关节面与胫骨上端较平的关节窝构成股胫关节，前面还有股髌关节，股骨、胫骨、髌骨包在 1 个关节囊里，是个复关节，除绕额状轴屈伸小腿外，在膝弯曲时，小腿还可绕垂直轴内旋和外旋。参加膝关节运动的肌肉大部分位于大腿前、后和内侧面，个别位于小腿后面。

表 1 – 9　膝关节运动与参与肌肉

小腿在膝关节处的运动	小腿伸	小腿屈	小腿屈曲内旋	小腿屈曲外旋
肌肉名称	股四头肌	股二头肌 半膜肌 半腱肌 股薄肌 缝匠肌 腓肠肌（见后）	半膜肌 半腱肌 骨薄肌 缝匠肌 腓肠肌内侧头	股二头肌 腓肠肌外侧头

2）膝关节运动的主要肌肉。

（1）股四头肌及其起止点（图 1 – 111）。

位置：股四头肌位于大腿前面，并向两侧包绕大腿。发达的股四头肌和臀大肌一样是维持人体直立的肌肉。

起点：它有 4 个头，除股直肌起于髋臼上方跨过髋关节外，其余 3 个头分别起于股骨后面和股骨前面，即股内肌、股外肌和股中肌。

止点：4 个头合并后形成一腱包裹髌骨后，成为强大的髌腱止于胫骨粗隆。

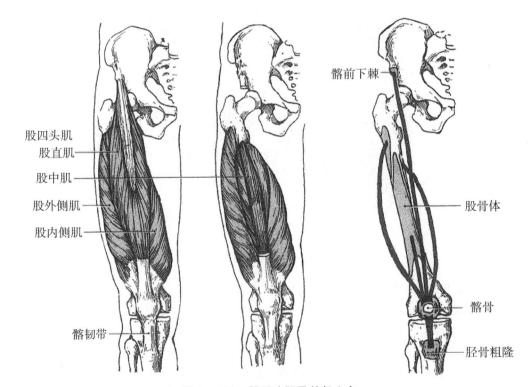

图 1 – 111　股四头肌及其起止点

股四头肌下固定维持人体直立或使人从下蹲位起立，该肌肉萎缩无力时，人不敢下蹲或蹲下去起不来，上、下楼梯困难。运动员发展股四头肌力量最有效的方法是负重深蹲或负重半蹲跳（图1-112）。股四头肌上固定时收缩是伸小腿的唯一肌肉，足球正脚远射踢球就靠股四头肌发力。

负重深蹲起　　　　负重半蹲跳

图1-112　发展股四头肌肌力的辅助练习举例

股四头肌里的股直肌是个多关节肌，可以屈髋和伸膝，它和股后肌群是一组对抗肌，都是多关节肌，都有必要发展其伸展性，即柔韧性。发展股直肌柔韧性的方法是跪撑后倒、"后耗"腿（图1-113）。

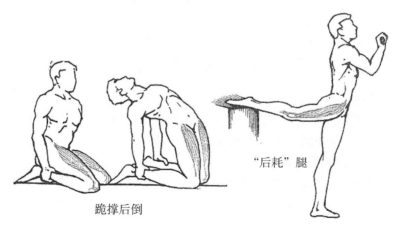

跪撑后倒　　　　"后耗"腿

图1-113　发展股四头肌伸展性的辅助练习举例

（2）缝匠肌及其起止点（图1-114）。

缝匠肌位于大腿前面浅层，细长，由大腿外上斜向内下，跨过髋、膝两关节，是人体最长的肌肉。

起点：起于髂前上棘。

止点：止于胫骨粗隆内侧面。

它和股直肌都跨过髋关节和膝关节，是双关节肌，近固定时，使大腿屈和外旋，并使小腿屈和内旋。远固定时，两侧收缩，使骨盆前倾。练习方法同股直肌。

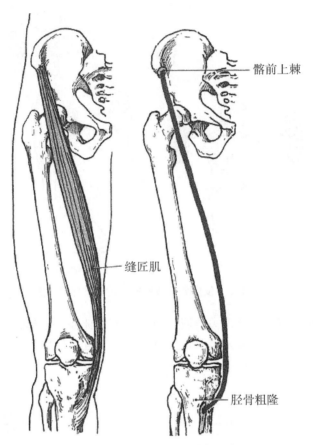

图1－114　缝匠肌及其起止点

（3）股后肌群。

位置：股后肌群又称为腘绳肌，位于大腿后面，包括内侧的半腱肌和它深面的半膜肌（图1－115）及外侧的股二头肌（图1－116）3块肌肉。

起点：它们共同起于坐骨结节。

止点：向两侧分开后，内侧的半腱、半膜肌止于胫骨上端内侧；外侧的股二头肌止于腓骨小头。

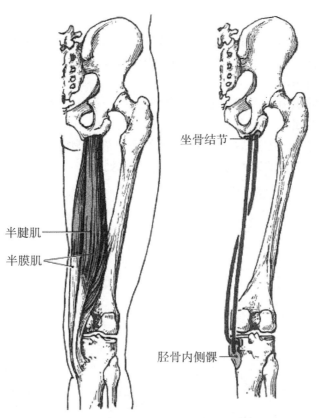

图 1-115 半腱肌和半膜肌及其起止点

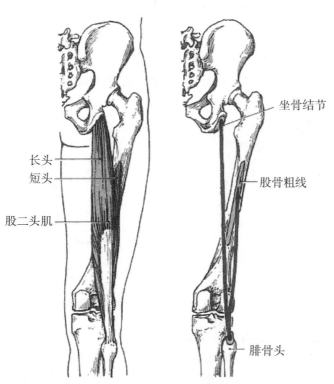

图 1-116 股二头肌及其起止点

当骨盆固定时，3块肌肉同时收缩可以伸大腿屈小腿；当小腿屈曲后，半腱、半膜肌内旋小腿，股二头肌外旋小腿。当小腿固定时，三肌同时收缩可拉骨盆后倾，完成下腰、背桥等动作。

发展大腿后群肌力量可采用俯卧拉橡皮筋屈小腿、负重后踢腿等练习（图1-117）；由于该肌群属于多关节肌，往往在剧烈跑、跳中，尤其当大腿向前摆动跨栏时产生"被动不足"，很容易被拉伤，严重的还可撕脱坐骨结节，所以发展该肌群的柔韧性非常重要。主要的练习方法有正压腿、纵劈腿等（图1-118），练习中注意膝关节一定要伸直。

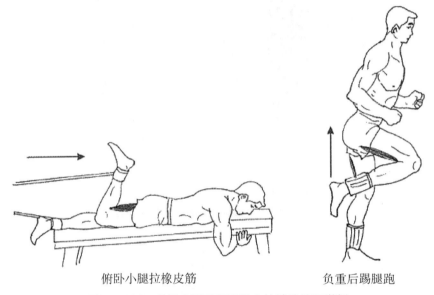

俯卧小腿拉橡皮筋　　　　　　　负重后踢腿跑

图1-117　发展大腿后群肌肌力的辅助练习举例

正压腿　　　　　　　　　　　纵劈腿

图1-118　发展大腿后群肌伸展性的辅助练习举例

3. 踝关节、跖趾关节和趾关节运动的肌群

1）小腿肌肉的分布（群）特点。小腿肌肉分为前群、外侧群和后群，但小腿前内侧缺乏肌肉保护，于皮下可清楚地摸到胫骨内面和前嵴，该处很容易受伤，上场踢

足球，一定要戴好"护腿"。

小腿肌虽分了三群，功能却分为两种，一为屈足、屈跖趾关节和趾关节的屈足肌群，二为伸足、伸跖趾关节和伸趾的伸足肌群。由功能可知，它们大多是多关节肌，容易产生"主动不足"和"被动不足"的情况，所以在发展力量的同时，也要注意其柔韧性的发展，否则容易发生肌肉拉伤。

2）小腿肌功能与分群见表1-10。

表1-10 小腿肌功能与分群

小腿肌的功能	屈足、屈跖趾关节和趾关节		伸足伸跖趾和趾关节
小腿肌的分群	后群	外侧群	前群
肌肉名称	小腿三头肌 胫骨后肌 踇长屈肌 趾长屈肌	腓骨长肌 腓骨短肌	胫骨前肌 踇长伸肌 趾长伸肌

（1）小腿三头肌。小腿三头肌位于小腿后方，特别肥厚隆突，它和臀大肌、股四头肌一道维持人体直立，是人体下肢最重要的4块肌肉之一。小腿三头肌又分深浅两部分，浅部叫作腓肠肌（图1-119），深部叫作比目鱼肌（图1-120）。

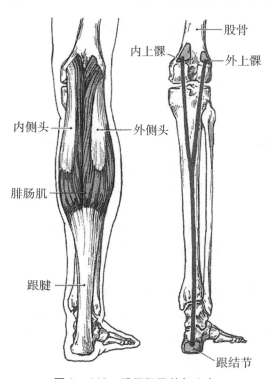

图1-119 腓肠肌及其起止点

起点：腓肠肌以内、外两个头分别起于股骨下端后方股骨内、外侧髁；比目鱼肌起于胫腓两骨后上部。

止点：两者肌腹合并后组成强大的跟腱，止于跟骨后面。

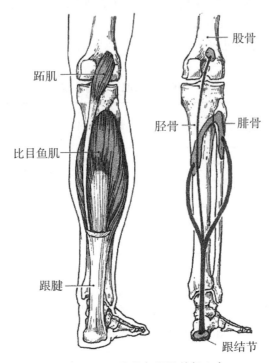

图1-120　比目鱼肌及其起止点

当大腿固定时，小腿三头肌收缩使小腿在膝关节处屈（如蛙泳之"收腿"）；当小腿固定时，使足跖屈（提起脚后跟）；当足固定时，拉小腿上端和股骨下端向后（伸膝），维持人体直立。小腿三头肌在跑步"后蹬"和跳跃"起跳"中起着重要作用。

采用负重半蹲跳起、负重提踵和杠铃压腿提踵等（图1-121）可以发展肌肉力量；采用"前压腿"等可增加柔韧性（图1-122）。

(2) 屈足肌群。屈足肌群包括小腿后群深层肌（图1-123）和小腿外侧群肌（图1-124）。

小腿后群深层有4块肌，腘肌在上方，另3块在下方。

腘肌：斜位于腘窝底，起自股骨外侧髁的外侧部分，止于胫骨的比目鱼肌线以上的骨面。作用：屈膝关节并使小腿旋内。

下方外侧的拇长屈肌、中间的胫骨后肌、内侧的趾长屈肌，起于胫腓骨后面，三肌肌腱经内踝通向足底，在屈拇趾与屈踝关节、屈趾的同时，使足内翻（脚底向内）。屈拇和屈趾时两肌肌腱在内踝下方交叉换位，如同拧绳索样，既防脱位，又加强提足跟力量。

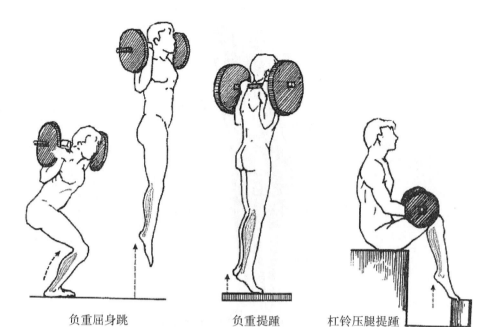

图 1 – 121　发展小腿三头肌肌力的辅助练习举例

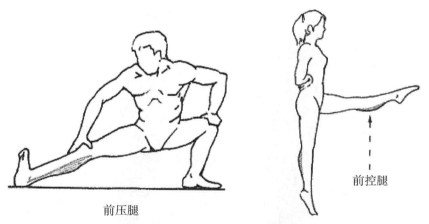

图 1 – 122　发展小腿三头肌伸展性的辅助练习举例

小腿外侧肌群包括腓骨长肌和腓骨短肌，均起于腓骨，两腱由外踝下方通向足底，有使足跖屈和外翻（足底向外）的作用。两群肌肉的锻炼方法同小腿三头肌。

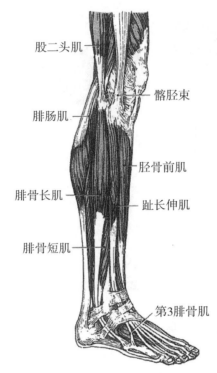

图1-123 小腿后群深层肌

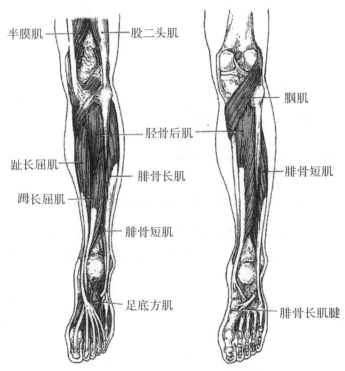

图1-124 小腿外侧群肌

（3）伸足肌群是小腿前群肌的作用，（图 1-125）。伸足肌群位于胫、腓骨前面，胫骨前嵴外侧。它包括胫骨前肌、趾长伸肌和踇长伸肌。

胫骨前肌：起自胫骨外侧面，肌腱向下经踝关节前方，至足的内侧缘止于内侧楔骨和第 1 跖骨底。作用：伸踝关节，使足内翻。

趾长伸肌：起自胫骨内侧面的上 2/3 和小腿骨间膜，向下至足骨分为 4 条肌腱，分别止于第 2～5 趾背移行为趾背腱膜，止于中节和远节趾骨底。由此肌另外分出 1 个腱，经足背外侧止于第 5 跖骨底，称为第 3 腓骨肌。作用：伸踝关节，伸第 2～5 趾，使足外翻。

踇长伸肌：位于前二肌之间，起自腓骨内侧面的中段和骨间膜，肌腱经足背，止于足踇趾远节趾骨底。作用：伸踝关节（背屈）中，伸足踇趾。

胫骨前肌的长腱经足内缘行向足底，与腓骨长肌腱会合，形成提携足弓的腱襻。小腿固定时，这群肌肉收缩可伸足（足背屈）伸趾，伸即钩脚尖；足固定时，拉引小腿向前。频繁跑、跳或长行军后胫骨前肌牵拉胫骨骨膜引起腿痛，有时可在胫骨内面有凹陷性水肿，继而还可在趾长伸肌和踇长屈肌的应力作用下引发疲劳性骨膜炎等。

采用负重钩脚尖可发展肌肉力量，跪撑后倒可发展其柔韧性。

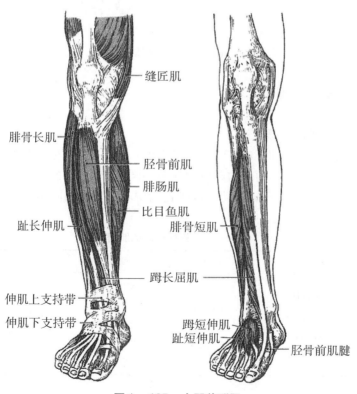

图 1-125　小腿前群肌

3）足肌（图 1-126）。足肌可分为足背肌和足底肌。足背肌较弱小，为伸拇趾和第 2～5 趾的小肌。足底肌的配布情况和作用与手掌肌相似，例如，足底肌也分为内侧群、外侧群和中间群，但没有与足拇指和小趾相当的对掌肌。在中间群中，足底有1块足底方肌，它与其他足底肌一起维持足弓，在跖骨间隙也有骨间足底肌3块和骨间背侧肌4块，它们以第2趾的中线为中心，分别使足趾相互靠拢或彼此分开。

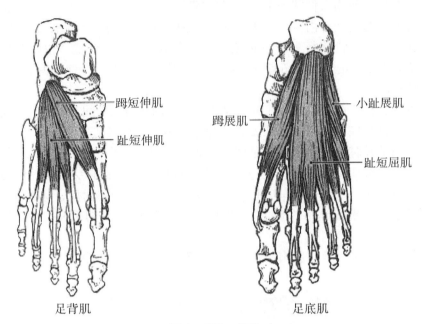

图 1 - 126　足肌

（三）躯干运动的肌群

1. 脊柱运动的肌群（表1-11）

脊柱可以做前屈（胸廓下口与骨盆上口靠近）、后伸（背弓、"桥"、头后仰等），向两侧侧屈（由躯干正中面两侧的屈肌和伸肌协同完成），回旋（向左或向右转动躯干），还可在下肢固定时做环转运动（以骨盆为中心，头顶划圆圈）。

表 1 - 11　脊柱运动的肌群

脊柱的运动	前屈	后伸	侧屈	回旋
肌肉名称	腹直肌 腹外斜肌 腹内斜肌 髂腰肌	竖脊肌 斜方肌 菱形肌等	同侧竖脊肌 腹直肌 腹内斜肌 腹外斜肌 髂腰肌	转动方向同侧的腹外斜肌 对侧腹内斜肌

2. 脊柱运动的主要肌肉

（1）腹直肌及其起止点（图 1 - 127）。腹直肌位于腹部正中线两侧，肌肉呈上宽下窄扁长形，中间有3～4条腱划连于皮下，收缩时腹部呈现3～4段突起。

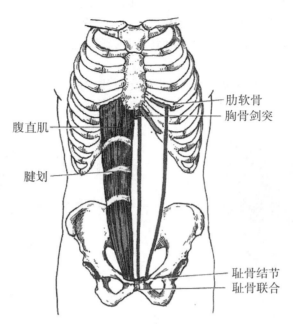

图 1 – 127 腹直肌及其起止点

起点：起于耻骨上缘。

止点：止于第 5～7 肋软骨前面及胸骨剑突。

上固定时肌肉收缩使骨盆后倾（如做双杠直角支撑的收腹动作）。下固定时双侧收缩使脊柱前屈（鞠躬）；一侧收缩使脊柱侧屈，并降肋帮助呼气，是辅助呼气肌。

悬垂举腿、仰卧直角坐（无固定）、屈腿或斜板仰卧起坐可发展腹直肌力量（图 1 – 128）。

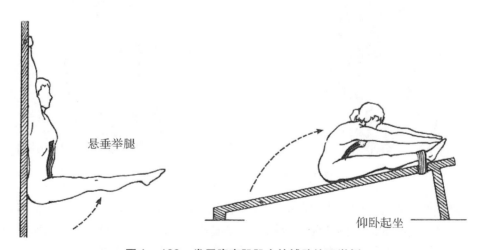

图 1 – 128 发展腹直肌肌力的辅助练习举例

（2）腹外斜肌和腹内斜肌。

位置：腹外斜肌和腹内斜肌位于腹壁外侧，腹外斜肌在浅层，起于胸壁外侧，纤维向内下方行，成为腱膜于腹中线汇合，下部止于髂骨嵴等，两侧纤维呈"V"字形（图1-129）。腹内斜肌纤维走向与之相反，呈倒"V"形（图1-130）。

起点：腹外斜肌起于下8肋骨外侧面；腹内斜肌起于胸腰筋膜、髂嵴及腹股沟韧带外侧2/3。

止点：腹外斜肌止于髂嵴、耻骨结节及白线；腹内斜肌止于第10～12肋及白线。

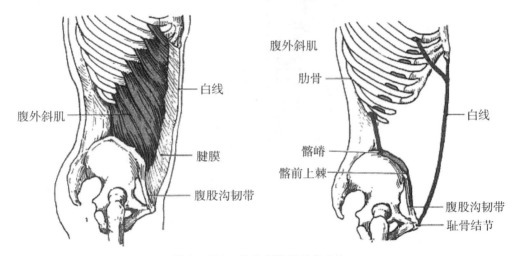

图1-129 腹外斜肌及其起止点

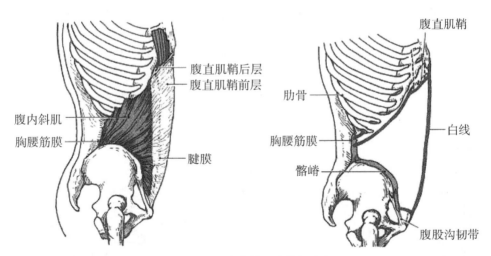

图1-130 腹内斜肌及其起止点

一侧腹外斜肌与对侧腹内斜肌的纤维恰呈自胸廓侧壁抵达对侧髂前上棘的肌螺旋线，收缩时一侧胸廓向对侧髂前上棘靠近，完成转体动作。两侧腹内、外斜肌同时收缩，无论上固定还是下固定都与腹直肌协同。单侧收缩也可使体侧屈。

采用负重转体、负重体侧屈等可发展腹内、外斜肌肌力。其余发展练习同腹直肌（图1-131）。

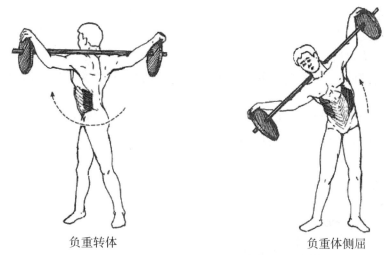

负重转体　　　　　　　　　　　负重体侧屈

图1-131　发展腹内、外斜肌肌力的辅助练习举例

（3）竖脊肌及其起止点（骶棘肌）（图1-132）。

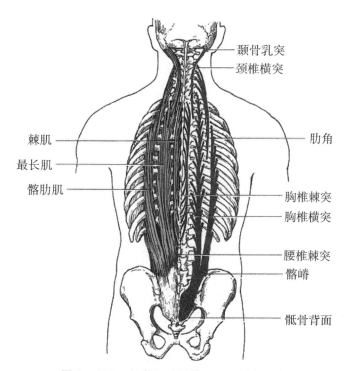

图1-132　竖脊肌（骶棘肌）及其起止点

位置：竖脊肌位于脊柱棘突两侧，自骶骨后方紧贴肋骨后面直上颅骨后面，充满脊椎骨两侧棘突与横突间的凹槽，肌肉发达的人背部见不到隆起的棘突，反而背部中央形成一条沟槽。

起点：起于骶骨背面、髂嵴后部、腰椎棘突和胸腰筋膜。

止点：止于颈、胸椎的棘突与横突、颞骨乳突和肋角。

竖脊肌是竖直躯干、维持人体直立姿势的主要躯干肌。下固定时，两侧收缩使脊柱和头伸（抬头挺胸、挺胸塌腰和完成背桥）；单侧收缩使脊柱向一侧侧屈。上固定时与臀大肌等做俯卧背腿或负重体屈伸；无固定时做俯卧两头起（俯卧臂腿上振）（图1-133）。

上述练习均可发展竖脊肌力量，足球运动员掷界外球须有较强的竖脊肌做"背弓"，然后才能有力地屈体，将球抛出。

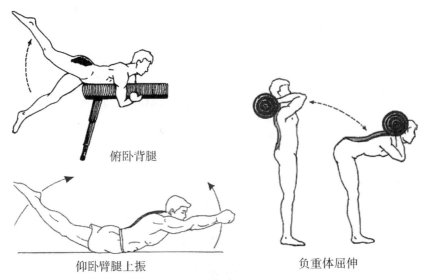

图1-133 发展竖脊肌肌力的辅助练习举例

3. 胸廓运动的肌群

胸廓运动主要是实现呼吸运动，主要肌肉有肋间肌和膈肌。

（1）肋间肌及其起止点（图1-134）。肋间肌位于11个肋间隙之间，左右共11对。分肋间外肌和肋间内肌2层，肋间外肌位于各肋间隙的浅层，起于肋骨下缘，肌束斜向前下，止于下一肋骨的上缘。功能：提肋，辅助吸气。肋间内肌位于肋间外肌深面，肌束方向与肋间外肌相反。功能：降肋，辅助呼气。

（2）膈及其起止点（图1-135）。膈肌位于胸腔和腹腔之间，形如倒扣的锅，即穹隆状，封闭胸廓下口。中间为肌腱，叫作中心腱，纤维向四周辐射。中心腱上有3个孔：后面靠脊柱的地方有主动脉裂孔，其稍前方有食管裂孔，右侧有腔静脉孔（图1-136）。收缩时膈的圆顶下降，使胸廓的垂直径加大，引起吸气；呼气时膈恢复原状（图1-137）。

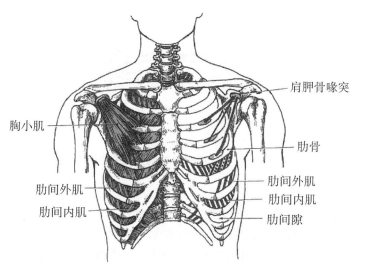

图 1-134　肋间肌及其起止点

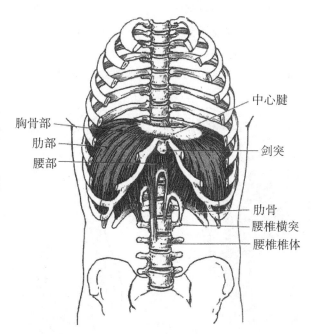

图 1-135　膈肌及其起止点

图 1-136　膈肌上面

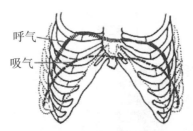

图 1-137 呼吸时膈肌位置的变化

4. 腹压肌

腹腔指膈以下,小骨盆出口的盆底肌以上,后有脊柱和腹后壁肌肉,前面及两侧有腹肌围绕的范围,内有重要的脏器,一定的腹压可维持各脏器的位置。除前述的腹腔顶、腹后壁及前壁、侧壁肌肉可以形成腹压外,还有专司腹压的腹横肌(图 1-138)。

腹横肌位于腹内斜肌深面,纤维横行,于腹正中线汇合,收缩时腹壁后缩,腹压加大,在呕吐、排便、分娩时都要用到它。腹压增大使躯干固定利于上肢带肌固定肩带,上肢肌更好地发力,举起重物或有力"鞭打"。

小骨盆下口的盆底肌也是腹压肌的重要组成部分,不再详述。

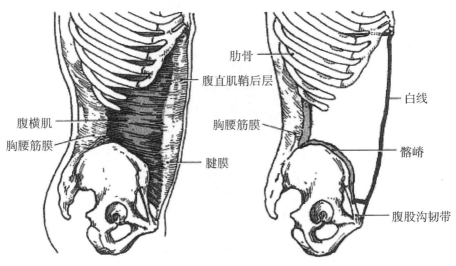

图 1-138 腹横肌及其起止点

(四) 头颈肌

1. 头肌

头肌包括面部表情肌和咀嚼肌。

面部表情肌(图 1-139)为扁薄的皮肌,位置浅表,大多起自颅骨的不同部位,

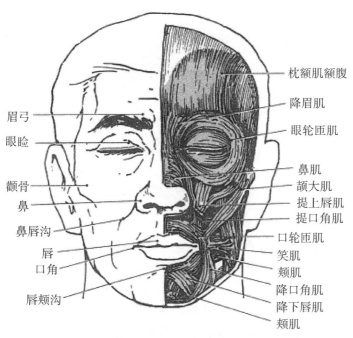

图 1-139 面部表情肌

止于面部皮肤，主要分布于面部孔裂周围，如眼裂、口裂和鼻孔周围，可分为环形肌和辐射肌两种，有闭合或开大上述孔裂的作用，同时牵动面部皮肤显示喜、怒、哀、乐等各种表情。人类面肌较其他动物发达，这与人类大脑皮质的高度发展、思维和语言活动有关，人耳周围肌已明显退化。面部表情肌一端或两端都附着在皮肤上；围在眼裂和口裂周围的叫作眼轮匝肌和口轮匝肌。

（1）眼轮匝肌。眼轮匝肌位于眼裂周围，呈扁椭圆形。收缩使眼裂闭合。由于少量肌束附着于泪囊后面，故当肌收缩闭眼时，可同时扩张泪囊，促使泪液经鼻泪管流向鼻腔。

（2）口周围肌。口周围肌位于口裂周围，包括辐射状肌和环形肌。辐射状肌分别位于口唇的上、下方，能上提上唇、降下唇或牵拉口角向上、向下或向外。在面颊深部有1对颊肌，此肌紧贴口腔侧壁，可使唇、颊紧贴牙齿，帮助咀嚼和吸吮，还可以外拉口角。环绕口裂的环形肌称为口轮匝肌，收缩时关闭口裂（闭嘴）。

咀嚼肌（图1-140）包括咬肌、颞肌、翼内肌、翼外肌，均配布于下颌关节周围，参加咀嚼运动。

咀嚼肌一端附着在下颌骨，牵动下颌骨运动。下颌可做上下、前后及两侧运动。咬肌起自颧弓的下缘和内面，向后下止于下颌支和下颌角的外面。颞肌起自颞窝，肌束如扇形向下会聚，通过颧弓的深方，止于下颌骨的冠突。翼内肌起自翼窝，向下外方止于下颌角的内面。翼外肌在颞下窝内，起自蝶骨大翼的下面和翼突的外侧，向外方止于下颌颈。

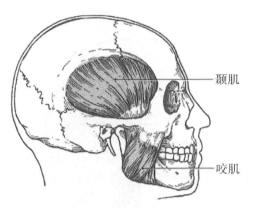

图 1 – 140 咀嚼肌

2. 颈肌（图 1 – 141）

颈部肌肉分浅层、中层和深层，除运动头颈外，对发声、吞噬、呼吸也有密切关系。和运动关系较密切的是胸锁乳突肌，已在上肢带肌述及。它在颈部两侧浅层，纤维自近中线的胸锁关节向外上斜行，止于耳后乳突，单侧收缩使头转向对侧。

颈阔肌位于颈部浅筋膜中，为一皮肌，薄而宽阔，起自胸大肌和三角肌表面的筋膜，向上止于口角。收缩拉口角向下，并使颈部皮肤出现皱褶。

前斜角肌、中斜角肌和后斜角肌位于脊柱颈段的两侧。各肌均起自颈椎横突，其中前、中斜角肌止于第 1 肋，后斜角肌止于第 2 肋，前、中斜角肌与第 1 肋之间的空隙为斜角肌间隙，有锁骨下动脉和臂丛通过。一侧肌收缩使颈侧屈，两侧肌同时收缩可上提第 1、2 肋，助深吸气。如肋骨固定，则可使颈前屈。

头长肌和颈长肌在脊柱颈段的前方，合称为椎前肌。椎前肌能使头前俯、颈前屈。

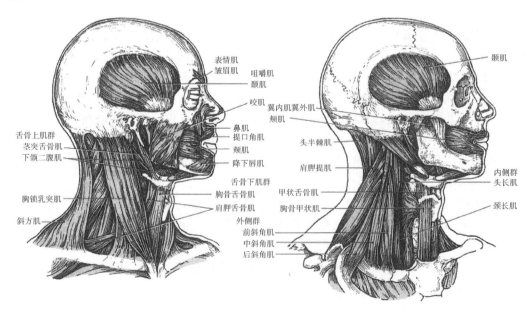

图 1 – 141 颈肌

骨骼肌在体育运动中的作用，除下肢蹬伸（髋关节由屈到伸，膝关节由屈到伸，踝关节、足趾跖屈），上肢挥臂"鞭打"（肩关节由外展上举到内收，肘关节由伸到屈及前臂旋前、腕关节屈）等肢体动作外，没有躯干肌的转体和有力配合是难以实现的，更何况体操、跳水、冰上等运动的180°、360°、720°、1080°等空中转体。

人是一个整体，人在整体运动中，全身骨骼肌或多或少，或主或次，或先或后都要参加工作，协调配合。这里着重找出转体动作中的身体肌肉螺旋线，供在今后学习和工作中参考。

以掷标枪出手前的瞬间动作为例，运动员前脚着地，下肢肌处在下固定工作状态，膝关节微屈，髋关节伸，骨盆后倾，脊柱向掷枪的反方向旋转并后伸，头和上体随持枪臂侧屈和旋转，上肢带上回旋，持枪肩关节外展、后伸、肘关节伸。与此同时，以下肌肉被拉长，为掷枪最后用力做准备。处于这一姿势的所有被拉长的肌肉，围绕躯干形成1条肌肉螺旋线。自下而上依次有：支撑腿一侧的缝匠肌、股直肌、髂腰肌和竖脊肌、腹内斜肌、对侧腹外斜肌、前锯肌，再到支撑腿一方的菱形肌、斜方肌、背阔肌，上至胸锁乳突肌。这条螺旋线由骨盆前下方斜向对侧腹壁，胸廓外侧转向后背，经脊柱又回到对侧支撑腿一方背部上方斜向头颈。当完成转体时，持枪臂肩关节处的胸大肌、三角肌前部和肱二头肌也被充分拉长。所有上述各肌协同配合下被拉长的肌肉有力收缩，转体将标枪有力地掷出。

思考与练习

1. 正常成人有多少块骨？全身骨骼分哪几部分？
2. 试述骨的构造。
3. 骨的化学成分与物理特性如何？
4. 骨有哪些功能？
5. 试述关节的主要结构。
6. 关节有哪些辅助结构？
7. 关节按关节头的形状分为几种？它们分别绕几个基本轴做运动？做什么运动？
8. 计数一侧上肢骨的总数，按顺序写出它们的名称。
9. 在体表触摸上肢骨的骨性标志，说出它们的名字。
10. 请逐一说出一侧上肢25个关节的名字。
11. 简述肩关节的组成、形状、辅助加固结构和运动。
12. 简述肘关节的组成、韧带名称和运动。
13. 简述手关节的组成和运动。
14. 试述骨盆和髋关节的组成和运动。
15. 试述膝关节和踝关节的组成和运动特点。
16. 试述足弓的形态与功能。
17. 躯干骨包括哪些骨？共计多少块？
18. 椎骨有哪些结构？颈椎有什么特殊的地方？

19. 组成脊柱和胸廓的骨有哪些，说出名称和数目。
20. 简述椎间盘的位置、结构、总数和功能。
21. 试述人体缓冲震荡的骨性结构的名称。
22. 试述肌肉的主要结构和辅助结构都有哪些。
23. 骨骼肌伸展性、弹性和黏滞性如何利用其有利的一面，避免不利的一面？
24. 通过体育锻炼可使肌肉产生哪些良好变化？
25. 试分析以下练习主要能够发展哪几块肌肉力量：负重侧上举（肩胛骨上回旋、肩关节外展、肘关节伸直上举），双杠臂屈伸（上臂支撑双杠、两肘由屈到伸、肩关节由伸到屈、肩胛骨由后缩到外展），单杠引体向上双手握杠（肩关节内收内旋、肘关节屈、肩胛骨后缩下回旋）。
26. 凡能帮助提肋吸气的肌肉都叫作辅助吸气肌。你能从学过的上肢诸肌中挑出所有辅助吸气肌吗？请逐一写出肌肉名称，并列举发展这些肌肉的练习方法。
27. 课后实验向前、向后、向上、向下拉弹力带，说出各能发展哪些肌肉，并写出实验报告。
28. 简述维持人体直立的3块主要下肢肌名称、位置并提出3种以上锻炼方法。
29. 发展下肢肌柔韧性练习的方法有哪些？你还能补充哪些？
30. 要想提高跑速，你要想法设方加强哪两块肌肉的力量？练习方法有哪些？
31. 通过学习掷标枪时被拉伸的肌肉螺旋线，写出拉紧这条肌肉螺旋线的肌肉名称（应该是其对抗肌）。
32. 下述各种练习所发展的肌肉（或肌群）：俯卧两头起（臂腿上振）、仰卧两头起、负重转体、俯卧背腿、肋木直角支撑。
33. 哪些是辅助呼气肌？膈在呼吸和憋气中所起的作用是什么？

第二章 血液循环系统与运动

血液循环系统是一个密闭的管道系统（这一点有别于其他内脏系统，如消化系统、呼吸系统等都有迂曲的管道直接或间接与外界相通）。它包括心脏、血管和在心脏血管内流动的血液。血液在血管内流动的推动力是心脏的收缩泵血。血液自心室流入动脉，经过毛细血管汇入静脉，再由大静脉返回心房，完成了一次循环。血液由左心室流入主动脉和中、小动脉，到毛细血管进行物质交换，由小、中静脉汇为上、下腔静脉返回右心房的循环，叫作大（体）循环；由右心室流入肺动脉，到肺毛细血管进行气体交换，汇为肺静脉返回左心房的循环，叫作小（肺）循环（图2-1）。

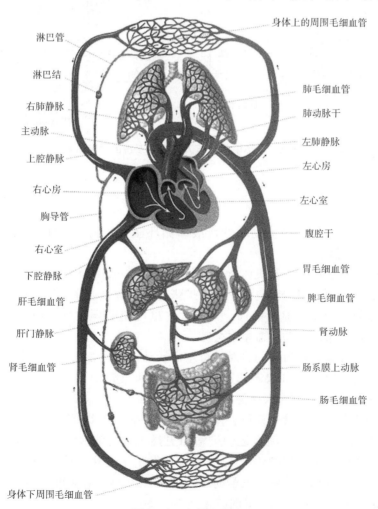

图2-1 血循环示意

第一节 血液的概述

成人体内大部分是液体，约占总体重的60%，总称为体液。体液按存在的部位分为两种，即细胞内液和细胞外液，其中细胞内液占体重的40%；细胞外液占体重的20%，包括血浆、组织液（组织细胞间隙的液体）、淋巴液、脑脊液、眼房水和关节滑液等。可以这样理解：身体里的细胞都浸泡在体液之中。血液是机体内环境的重要组成部分。

生理上将细胞外液叫作机体的内环境，内环境作为细胞与外界环境间的媒介，与体内各系统间发生密不可分的功能联系（图2-2）。

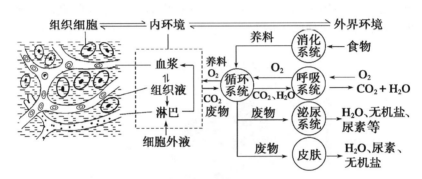

图2-2 内环境稳态与人体主要系统的功能联系

一、血量

在正常人体循环系统内流动着的血液即循环血量，约占人体体重的8%。一个60 kg重的人，血量约为5 L。

正常人体血量依照性别和机体所处机能状态的不同，会发生一定的变化。通常男性大于女性；运动时，肌肉和皮肤里血管扩张，肝、脾等血库脏器储存的血液大量涌入血液循环系统，使循环血量增加；大量饮水也可使循环血量增加。反之，大量出汗、腹泻等使血液浓缩，循环血量也会减少。

人体血量一般是比较恒定的，对维持生命活动具有重要意义。如果一次大量失血超过30%，会危及生命；如果不超过10%，可以促使造血器官增生，很快补足。所以一次献血300～400 mL对人体健康是没有影响的。

运动时由于贮存的血液被动员，使循环血量增加。运动员循环血量增加比无训练者大得多，而且尤以耐力性项目运动员增加更显著。一般人约增加10%，运动员可增加25%～30%。同时，由于各部位血管口径发生了变化，使血液大部分可能流向工作肌。运动时骨骼肌血流量比安静时可增加4～20倍，心肌可增加3～5倍，而内脏、皮肤等部位的血流量却比安静时减少20%～50%。

二、血液

人体血液为红色、黏稠、不透明的液体，由血浆和血细胞组成。将血液抽出后添加抗凝剂，静置沉淀，可以看到血液分为两层，上层淡黄透明液为血浆，占全血的50%～60%，下层暗红不透明的固体部分为血细胞，占全血的40%～50%（女性的为37%～48%）。

血浆中91%～92%是水。8%～9%的固体物质中主要是血浆蛋白和少量糖、脂肪、无机盐和维生素等。

人和哺乳动物的血浆渗透压与0.89%的盐水渗透压相等，所以将0.89%的盐溶液叫作血浆的等渗溶液，又叫作生理盐水。血细胞置于生理盐水中（静脉打点滴注射液）形态不变（若置入高渗盐溶液中，血细胞内的水分将被吸出而皱缩；置入低渗盐溶液中，血细胞会因吸入过多水分而膨胀乃至破裂，后者又叫作溶血）。

正常情况下，血液保持恒定的酸碱度，波动范围是pH为7.35～7.45。如果血液的酸碱度发生显著改变，机体的生理活动将会产生严重障碍。人体可耐受的酸碱度范围是pH为6.9～7.8。血液中含有数对抗酸和抗碱的物质，称为缓冲对，都由1种弱酸和这种弱酸形成的强碱弱酸盐组成，如Na-蛋白质/H-蛋白质、碳酸氢钠/碳酸、磷酸氢二钠/磷酸氢钠等。例如，当剧烈运动时，肌肉里产生大量乳酸，乳酸进入血液后，在血浆中分解出较多H^+（酸性），H^+与血浆中的碳酸氢钠形成碳酸，后者又分解成二氧化碳和水，自肺和肾排出体外。其分子式如下（L＝乳酸）：

$$HL + NaHCO_3 \rightarrow NaL + H_2CO_3$$
$$H_2CO_3 \rightarrow CO_2 + H_2O$$

血液中缓冲酸性物质的主要成分是碳酸氢钠，通常以每100 mL血浆的碳酸氢钠含量来表示碱贮备量。碱贮备是一个很重要的生理生化指标，它能反映身体在运动时的缓冲能力，从而了解体内的代谢情况。有人测定，运动员的碱贮备量比未受过训练的人高10%。经常锻炼的人可使血液的缓冲能力提高、碳酸肝酶的活性增强。

血液酸碱度的相对恒定，对生命活动有重要意义。如果血液pH的变动超过正常范围，就会影响各种酶的活性，从而引起组织细胞的新陈代谢、兴奋性及各种生理机能的紊乱，甚至会出现酸或碱中毒的现象。

（一）红细胞

成熟的红细胞（red blood cell，RBC）呈双凹圆盘状，无细胞核，直径7～8 μm，是血细胞中最多的一种。成年男性血液中每立方毫米有450万～550万个红细胞，平均500万个；成年女性为380万～460万个，平均420万个；新生儿的最多，可超过600万个。长期居住在高原的人红细胞数多于居住在低海拔地区的人，运动时红细胞要比安静时增多。

红细胞的主要组成成分是血红蛋白，红细胞的运输氧和二氧化碳作用、对进入血液的酸性或碱性物质的缓冲作用，都是由血红蛋白完成的。

血红蛋白（hemoglobin，Hb）是一种复杂的结合蛋白，其中96%为珠蛋白，4%为血红素。一般情况下，血液中红细胞数量越多，血红蛋白含量也相应增高。我国成年男性血红蛋白含量，每100 mL 血液中为12～16 g，平均14 g；成年女性的为11～15 g，平均13 g；新生儿的高达20 g。通过体育锻炼，尤其是登山和高原训练，可以提高血红蛋白的含量，从而提高红细胞的携氧能力。

红细胞在血液中是旧的不断破坏，新的不断产生。每个红细胞的寿命为100～120 d。破碎的红细胞在肝、脾等处的网状内皮系统被吞噬，并作为再生原料。新的红细胞在红骨髓里产生。

（二）白细胞

白细胞（white blood cell，WBC）为无色、有核、比红细胞大的血细胞。白细胞可以做变形运动，伸出伪足沿血管壁运动，或者穿过毛细血管壁进入组织细胞间隙，吞噬侵入体内的细菌、病毒和异物，保护人体不受侵害。

白细胞由淋巴结、脾脏和骨髓产生，寿命较短，约为9 d。

我国健康成年人在安静时，每立方毫米血液中白细胞平均为7000个，可在4000～10000个之间变动。白细胞根据细胞内有无颗粒分为颗粒细胞和无颗粒细胞两大类。颗粒白细胞又依其对染料的反应分为嗜中性粒细胞、嗜酸性粒细胞和嗜碱性粒细胞3种；无颗粒白细胞包括单核细胞和淋巴细胞两种。各类白细胞中，嗜中性粒细胞最多，占总数的50%～70%；淋巴细胞次之，占20%～40%；嗜碱性粒细胞最少，仅占0%～1%，嗜酸性粒细胞占0%～7%；单核细胞占2%～8%。

白细胞数较易变动，变动范围也较红细胞大。例如，在短时间、小强度运动后，每立方毫米血液中白细胞可增至10000～12000个，这是由于大量血液从血库和淋巴进入循环血液。有训练的运动员在剧烈运动后，可增至16000～18000个。但缺乏训练的人在剧烈运动后可增至30000～40000个，是造血机能不全（未成熟血细胞大量涌入）的不良反应。此外，在进餐后和炎症时，白细胞也会增多。

（三）血小板

血小板比红细胞和白细胞都小，无色，形状不规则，极易破裂。当我们因擦伤而流血时，血小板随血液自伤口流出，接触到伤口的粗糙面时，血小板破裂，促使血液凝固，堵住伤口，止住流血。血液凝固也是一种身体保护机制。

我国健康成人每立方毫米血液中含有血小板10万～30万个，平均16.6万个。血小板产自骨髓，当餐后和运动后血小板数量会增加；外科手术、组织损伤及各类原因引起大量出血时，血小板也会增多。当血小板减少到每立方毫米血中2万～5万个时，人体会出现异常出血现象；反之，血小板增至每立方毫米100万个时，也会出现异常凝血现象，如血栓形成等。

三、血型与输血

(一) 血型与红细胞凝集

血型是指红细胞膜上特异抗原的类型。若将血型不相容的两个人的血滴在玻片上混合,其中的红细胞即凝集成簇,这种现象称为红细胞凝集。在补体的作用下,红细胞的凝集伴有溶血。当人体输入血型不相容的血液时,在血管内可发生同样的情况,此凝集成簇的红细胞可以堵塞毛细血管,溶血将损害肾小管,同时常伴过敏反应,其结果可危及生命。

红细胞凝集的本质是抗原 - 抗体反应。凝集原的特异性取决于镶嵌于红细胞膜上的一些特异蛋白质、糖蛋白或糖脂,它们在凝集反应中起抗原的作用,因而可称为凝集原。能与红细胞膜上的凝集原起反应的特异抗体则称为凝集素。凝集素是由 γ - 球蛋白构成的,它们溶解在血浆中。发生抗原 - 抗体反应时,由于每个抗体上具有 2～10 个与抗原结合的部位,抗体在若干个带有相应抗原的红细胞之间形成桥梁,因而使它们聚集成簇。

(二) ABO 血型

红细胞表面的抗原种类为数众多,目前所知至少有数十种以上,如与特异的抗体相遇均会发生抗原 - 抗体反应。在输血时最为多见的产生输血反应的抗原主要是 AB 抗原。根据红细胞表面所具有的抗原特点可以将血液划分为不同类型。

在不同个体的红细胞表面存在 2 种不同的抗原,即抗原 A 和抗原 B,在一个红细胞上可以仅有其中任何 1 种或同时具有 2 种或 2 种皆无,血型便是根据其所具有的抗原种类来区分与命名的。仅有 A 抗原者为 A 型,仅有 B 抗原者为 B 型,两者均有者为 AB 型,两者均无者为 O 型。与此相似,在血清中还存在与红细胞表面各种抗原特异结合的抗体。在正常情况下,同一个体能发生特异结合的抗原抗体并不能同时存在。在 A 型血清中仅有与 B 抗原特殊结合的抗体,称为抗 B;在 B 型血清中仅有抗 A;在 AB 型血清中无抗体;在 O 型血清中抗 A、抗 B 均有。

(三) ABO 血型与输血

在输血时必须严格遵循输血的基本原则,以避免输血反应。首先要保障供血者红细胞不被受血者血清中的凝集素凝集,即无抗供血者红细胞的抗体,只有同型血相输才能满足这一条件。其次是考虑将无 A 抗原、B 抗原的。O 型血输给 A 型、B 型与 AB 型,虽然受血者的血清不能凝集供血者红细胞,但 O 型血具有抗 A、抗 B 两种抗体,就必须还要考虑凝集受血者红细胞的可能性,因此这种输血量不宜多。AB 型血因为没有抗 A、抗 B 抗体,不凝集任何其他血型供血者的红细胞,故可接受 ABO 系统的各种血型的供血。除同型血外，输血量不宜过多。

第二节　心脏和血管的构造

一、心脏

（一）心脏的位置和形态

心脏位于胸腔内、膈肌上方、两肺之间，2/3 偏于躯体正中线左侧。心脏外形呈倒置的锥体形，圆锥的底朝右后上，叫作心底。圆锥的尖朝左前下，叫作心尖。通常在锁骨中线内侧第 5 肋间隙可以触及心尖搏动（图 2-3）。

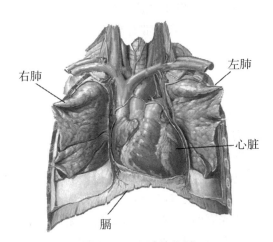

图 2-3　心脏的位置

心脏大小约与本人拳头大小相当。我国成年人心脏重约 300 g，女性较男子的稍轻，运动员的心脏可重达 350 g，称为运动性心脏。

（二）心壁

心脏是个中空器官，它的壁由内、中、外三层构成。

内层是衬有一层光滑内皮的结缔组织膜，覆在中层心肌的内表面，并在各房室孔周围折叠形成房室瓣、肺动脉瓣、主动脉瓣，防止血液逆流。

中层最厚，由心肌构成。由于心脏各腔承担的压力不同，其厚度也各异。心室肌比心房肌层厚，左心室比右心室厚。长期从事体育锻炼，会使心壁肌层增厚，尤以左心室最为显著，使心脏收缩向全身泵血的力量增强。

外层由结缔组织构成，又称为心外膜。于出入心脏的大血管根部心外膜移行为心包，其间有少量液体，起润滑作用。减少心脏搏动时的摩擦。

（三）心脏内部结构

心脏内部被一纵隔分为左右互不交通的两部分，每部分又分为上下两个腔，即心脏内部共分4个腔室，其中上部的两腔叫作左、右心房，下部的两腔叫作左、右心室。每部分的心房和心室之间借房室孔相通，每一心房和心室又与血管相通连（图2-4）。心房与大静脉相通，接受各部回心的血液；心室与大动脉相通，将心室内血液送往全身。人体最大的静脉是上腔静脉和下腔静脉，进入右心房，静脉血经右房室孔入右心室，右心室底有肺动脉的开口；肺静脉有4条，进入左心房，再经左房室孔入左心室，左心室底部有人体最大的主动脉的开口。

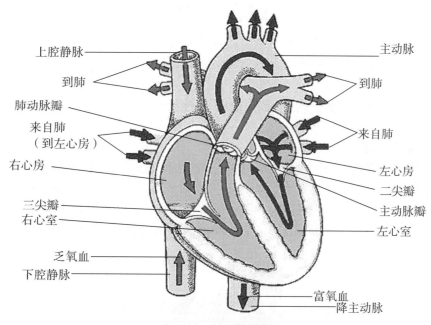

图2-4 心脏的结构

在房室孔和大动脉起始部都有瓣膜（图2-5）。房室孔周围有房室瓣，瓣膜的基底与心内膜相连，瓣膜尖端有腱索，腱索附着在心室壁肌层突出的乳头肌上，当心室收缩时腱索拉紧瓣膜，防止瓣膜向心房翻转。左房室孔的瓣膜分两叶，叫作二尖瓣；右房室孔的瓣膜为三叶，叫作三尖瓣。二尖瓣和三尖瓣的作用是防止血液由心室向心房逆流。

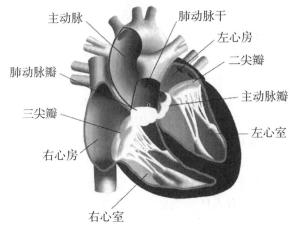

图 2-5 心脏瓣膜

在大动脉与心室交界处都有 3 个呈新月状的袋状瓣膜,分别叫作主动脉瓣和肺动脉瓣,它们的作用是防止血液由动脉向心室逆流。

(四) 心脏的传导系统、营养血管和神经

1. 心脏传导系统

在心壁的肌层内,有一种特殊分化的心肌纤维,能自动产生节律性兴奋,传导冲动,引起心脏的自动节律性收缩,叫作心传导系统(图 2-6)。由窦房结、房室结、房室束、左右束支和浦肯野纤维左束支、室间隔组成。心传导系统中以窦房结的自律性最高,为正常心脏活动的起搏点,以窦房结为起搏点的心率,称为窦性心律。

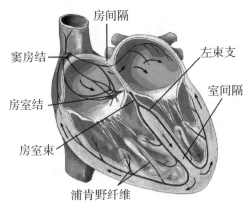

图 2-6 心传导系统

2. 心脏的营养血管

供给心脏营养的血管是冠状动脉。冠状动脉起于主动脉出左心室的根部。它分支营养心脏后,又转为静脉。心脏的静脉大多数都汇入心脏后面的冠状窦,由开口于右

心房的冠状窦口，流回右心房（图2-7）。

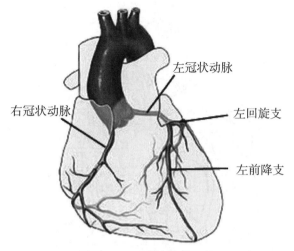

图2-7 心脏的营养血管

3. 调节心脏的神经

心脏自动节律，接受心交感神经（使其加快）和副交感神经（使其减慢）调节。此外，心脏还有感觉神经。

二、血管

血管分为动脉、静脉和毛细血管3种。

（一）动脉

动脉（图2-8）管壁较厚，分内、中、外3层，分别叫作内膜、中膜和外膜。
内膜由结缔组织构成，内表面覆盖一层光滑的内皮（单层扁平上皮细胞）；中层较厚，由平滑肌和弹力纤维构成。越是接心脏的大动脉（如主动脉和头臂大动脉起始部）中膜里弹性纤维越多，能承受心室收缩时强大的血压，当心室舒张时利用弹力回缩保持一定的血压和血液持续流动，故将这种动脉称为弹性动脉。中动脉和小动脉里弹性纤维逐渐减少，平滑肌纤维较多。平滑肌受交感神经支配，借以调节动脉口径，分配供血量，又称为肌性动脉。动脉的外膜为结缔组织。

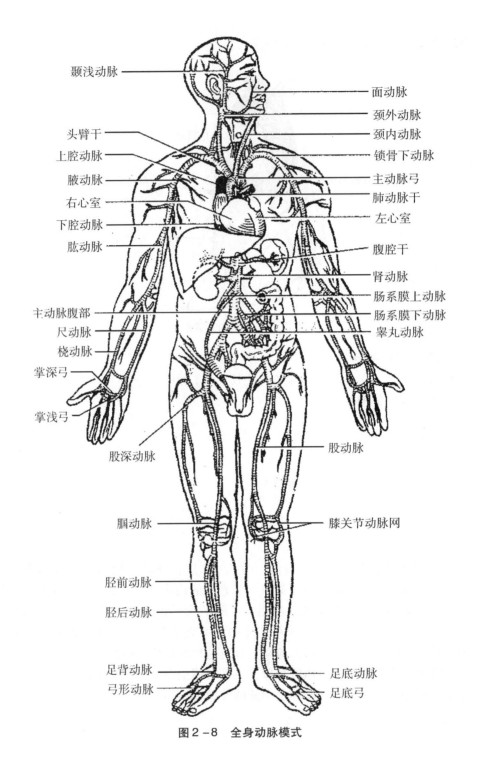

图2-8 全身动脉模式

(二) 静脉

静脉（图2-9）壁较薄，也分内、中、外3层，但都不发达。

静脉汇集毛细血管的血液，由小静脉逐渐汇集为中等和大静脉，属支较多，例如，四肢的静脉多与动脉伴行，1条动脉旁有2条静脉相伴（借动脉搏动推动血液回流）且分深静脉和浅静脉。因为四肢（尤其是下肢）静脉血液向心回流要对抗重力作用，所以静脉内膜形成许多成对的半月形皱褶防止血液逆流，叫作静脉瓣。头颈部静脉缺乏这种瓣膜，所以"手倒立"时头面潮红。

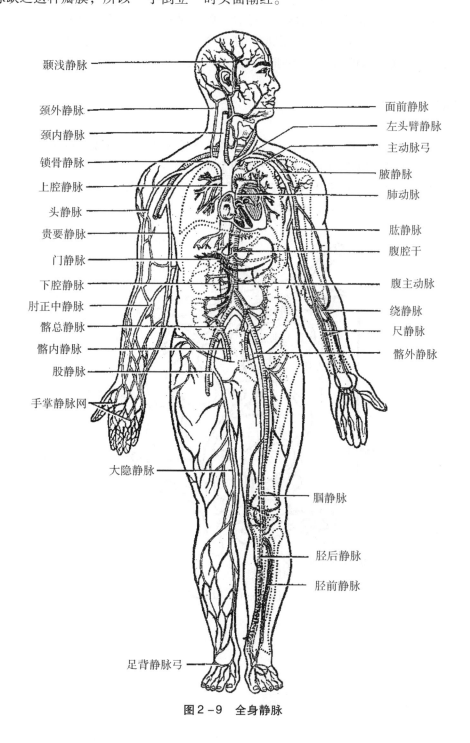

图2-9　全身静脉

（三）毛细血管

毛细血管是连接于动脉和小静脉的最小血管，管径小到只能通过 1 个红细胞，仅由一层内皮细胞组成。内皮细胞之间有间隙，便于营养物质、氧气和二氧化碳、代谢废物在此进行交换。全身各组织器官除软骨、眼角膜和晶体、毛发及表皮等外，遍布毛细血管网。毛细血管虽细，但其总面积超过全身大、小动脉和静脉面积的总和。越是代谢旺盛的器官（如骨骼肌、肝脏、肾脏等内脏、腺体等）毛细血管分布越密集。

（四）微循环

微循环（图 2 - 10）是指微动脉（口径在 1/3 毫米以下）和微静脉之间的血液循环。它是血液和组织液之间进行物质交换的主要场所。

微循环的血管并非全部开放，安静时只有 20% 左右开放，受局部代谢产物的多寡调节，或促血液回流，或调节体温，等等。

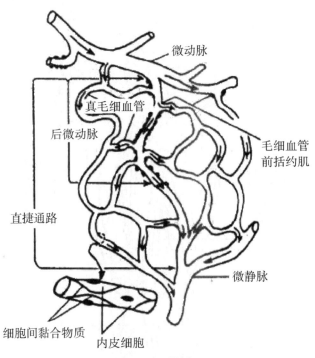

图 2-10 微循环

第三节 心脏的机能

一、心脏的特性

(一) 兴奋性和收缩性

心肌具有兴奋性,接受刺激时可以产生兴奋。心肌的兴奋表现是收缩。心肌的兴奋性较骨骼肌为低。

(二) 自动节律性

在体内,心脏的活动受神经系统调节,如交感神经使其节律加快;副交感神经使其减慢。但将动物(人体同样)心脏摘出体外,心脏仍能保持节律性地收缩与舒张。这种能力称为心脏的自动节律性。心脏的自动节律性兴奋,发源于窦房结。

(三) 传导性

心肌纤维(细胞)间,都有原生质相连,故心肌是合体细胞。当心肌某一点接受刺激后,兴奋可以从该点传导到心脏的其他部分。由于心房和心室被结缔组织隔开,心房肌和心室肌不相连贯,因此房室之间的兴奋需靠心传导系统传递。心传导系统的传导途径即窦房结→心房肌→房室结→房室束→左、右束支→浦肯野纤维→心室肌。两侧心房一起舒缩,两侧心室同时舒缩。

二、心动周期

心脏的一舒一缩所需的时间叫作一个心动周期。假如每分钟心跳频率是75次,则每一个心动周期为0.8 s。在每一个心动周期的0.8 s内,心房收缩期约占0.1 s,心房舒张期占0.7 s;心室收缩期约占0.3 s,心室舒张期约占0.5 s。其关系如图2-11所示。

由图2-12可知,心房和心室同时舒张的时间有0.4 s。当窦房结的兴奋冲动传到心房肌时,心房收缩,此时心室肌仍处于舒张状态,房室瓣开放,血液由心房迅速注入心室。心房肌收缩之后即舒张,此时静脉血进入心房。当冲动传到心室时,心室肌收缩,房室瓣关闭,动脉半月瓣开放,血流自心室注入动脉(左心室注入主动脉,右心室注入肺动脉)。心室肌收缩后又开始舒张,此时动脉瓣关闭,房室瓣开放,心房和心室都处于舒张状态,血液不断由静脉流进心房和心室。待窦房结发出下一次冲动时，又重新引起心房收缩，又开始了一个新的心动周期。

由此看出，心脏之所以能够周而复始地工作，不知疲劳，伴人终生，是因为它很会"休息"，一半时间工作，一半时间休息。

从事体育运动时，心跳加快，心动周期时间缩短，例如，如果运动时每分钟心跳达到150次，一个心动周期只有0.4 s。但通过长期体育锻炼，心脏机能也提高了，表现在安静时心动周期延长（正常健康成人平均心跳频率为男72次/分、女78次/分，有训练的运动员可以低于60次/分），心脏有了更多"休息"时间。

三、心音

心脏收缩时，瓣膜关闭所产生的声音叫作心音。用听诊器在胸壁的心前区可以听到。

每个心动周期产生2次心音。第一心音音调低而长，是由于心室收缩，房室瓣关闭和主（肺）动脉壁振动产生的，所以第一心音标志着心室收缩的开始。第二心音声调高而短，是心室舒张，主（肺）动脉瓣关闭产生的，标志着心室收缩完毕，开始舒张。

四、心搏频率及其变化

心搏频率，简称为"心率"，指人体在安静时每分钟心脏舒缩的次数。安静状态下，成人正常心率为60～100次/分，可因年龄、性别或其他生理因素产生个体差异。成年人平均每分钟75次，新生儿每分钟120次以上（胎儿期140次/分），以后随年龄增长而减少，到15～16岁时接近成人（表2-1）。成年人中，女性心搏频率稍快。运动员心搏频率在安静时低于一般人，是心脏机能增强的一种良好表现。

表2-1　心搏频率与年龄的关系

单位：次/分

新生儿	1岁	5岁	7岁	8岁	10岁	12岁	15岁	16岁	18岁	成人
125	120	100	92	90	86	82	76	74	72	70

五、心输出量

心脏像个泵，里面的瓣膜装置如同单向阀门。心脏的功能就是向动脉泵血而不使其返流，并将血液输向全身，所以心脏能输出血液的多少（即心输出量）是观察或衡量心脏工作效率的一个重要指标。

每分输出量是指心脏每分钟输出到动脉的血量。每搏输出量是指心室每次收缩时输出的血量。心输出量等于每搏输出量（单位：mL）与每分心搏频率（单位：次/

分）的乘积，即

$$心输出量 = 每搏输出量 \times 心搏频率$$

健康人的心输出量依照自身需要而自动调节。成年人安静时每搏输出量为 60～80 mL，如果心搏频率为 75 次/分，则心输出量为 4.5～6 L（表 2-2）。当进行体力劳动或运动时，心输出量可以增加 5～6 倍。在生理范围内，工作的强度越大，心输出量也越多。有训练的运动员在训练和比赛时，每分钟的心输出量可以达到 40 L 之多。

表 2-2 年龄与心输出量的关系

年龄	每搏输出量/mL	每分输出量/L	年龄	每搏输出量/mL	每分输出量/L
新生儿	2.5	0.335	12 岁	33.4	2.740
1 岁	10.2	1.220	15 岁	41.4	3.150
5 岁	18.2	1.810	16 岁	45.0	3.330
7 岁	23.0	2.120	18 岁	60.0	4.30
8 岁	25.0	2.240	成年人	75.0	5.250
10 岁	29.0	2.510			

从事体育运动时，缺乏训练的人主要靠增加心搏频率来增加每分心输出量。当他们进行剧烈运动时，由于心跳频率过快，出现心舒张不完全，以致心输出量无法再加大，因此无法胜任更剧烈的运动，或终止运动。有训练的运动员，由于心壁肌肉增厚，尤其是为全身提供血液的左心室壁肌肉肥厚，收缩有力，运动时主要靠加大每搏输出量来增加每分心输出量，而心搏频率则增加较少，心脏舒张比较完全，心肌可以得到较多休息，不显疲劳（表 2-3）。因此，有训练的运动员的心脏表现出极高的心搏频率和极大的心输出量，能够胜任非常剧烈的运动或比赛。

表 2-3 有、无训练的人运动时心搏频率与心输出量比较

项目指标	没有受过训练的人		受过训练的人	
	安静时	工作时	安静时	工作时
心搏频率/（次·分$^{-1}$）	61.0	150.0	56.0	86.0
每搏输出量/mL	69.0	71.0	87.0	127.5
每分输出量/L	4.2	10.7	4.9	11.0

第四节 血管的机能

一、脉搏

心脏每收缩舒张1次，就引起动脉管壁的1次搏动，叫作脉搏。脉搏频率与心搏频率是一致的。

主动脉接受左心室压出来的血液时，由于管壁有弹性，先行扩张，然后回缩。这种一张一缩的搏动像波浪一样，沿着动脉管壁逐渐向远处传播，这就是脉搏。我们在动脉经过较平而裸露的骨面处，例如，桡骨下端的前面，肘窝上方内侧的肱骨下端，下颌角稍前的骨缘、外耳门前方颧弓根部等，以及颈部两侧大动脉经过的地方，都可以扪到脉搏。

当人患病时，常会影响心脏搏动发生快慢和强弱的变化，这种变化又会从脉搏上表现出来。千百年来我国古代医学家就会利用腕部"切诊"来诊断疾病。现在我们还在利用肱动脉测量血压和止血等。

二、血压

血液在血管内流动时对管壁所产生的压力，叫作血压；通常所谓的血压是指动脉血压。

在一个心动周期中，心室收缩时动脉血压最高，叫作收缩压。心室舒张时动脉血压最低，叫作舒张压。收缩压与舒张压之差，叫作脉搏压或脉压。临床医学中动脉血压的习惯写法是"收缩压毫米汞柱/舒张压毫米汞柱"（目前也有使用"kPa"的，1 kPa=7.5 mmHg，读者可以自行换算）。

正常人安静时的动脉血压变动范围较小，收缩压为100～120 mmHg，舒张压为60～80 mmHg，脉压为30～40 mmHg。如果安静时血压持续高于160/95 mmHg，即可认为是高血压，在140/90 mmHg为临界高血压，持续在90/60 mmHg以下者，则是低血压。

由表2-4可以看出，动脉血压随年龄、性别而不同。新生儿动脉血压低，以后随年龄而增高，同龄男性高于女性，但收缩压的升高比舒张压升高显著。体力劳动、运动或情绪激动时，血压可暂时升高，安静下来和睡眠时血压下降。体位变动时血压常随之变动，如直立时血压较低，坐位时血压较高，卧位时血压最高。身体强壮者血压调节能力较强，体弱者调节能力较差。

受过良好身体训练的人，安静时动脉血压比一般人低，收缩压可以低至85～105 mmHg，舒张压也低于同龄人，这是训练程度良好的表现。

另外，血管距离心脏越远，压力也越低。小动脉内血压平均为60～70 mmHg，毛细血管内血压平均为 30～40 mmHg，小静脉内血压平均为 10～20 mmHg。在腔静脉内甚至成为负压，即低于大气压 2～5 mmHg。由于各段血管内血压之差，血液才能由压力较高的动脉流向压力较低的毛细血管，再到压力更低的静脉，最后回到右心房。

表 2-4　我国人动脉血压平均值

年龄/岁	男性		女性	
	收缩压/mmHg	舒张压/mmHg	收缩压/mmHg	舒张压/mmHg
11～15	114	72	109	70
16～20	115	73	110	70
21～25	115	73	111	71
26～30	115	75	112	73
31～35	117	76	114	74
36～40	120	80	116	77
41～45	124	81	122	78
46～50	128	82	128	79
51～55	137	84	134	80
56～60	137	84	139	82
61～65	148	86	145	83

第五节　运动对心血管系统机能的良好影响

经常进行运动训练或体育锻炼，心血管系统可以出现许多良好变化，但大都是可逆的，但停止训练多年后这些良性变化还会消退。

一、窦性心动徐缓

优秀的耐力运动员，安静时心率可降至 40～60 次/分，这是由于迷走神经作用相对加强、交感神经的作用相对减弱，这种现象叫作窦性心动徐缓。通常将运动员的窦性徐缓作为判断训练水平的指标。停训多年后又可恢复到接近正常值水平。

二、运动性低血压

经过长期耐力训练的运动员安静时血压降低，叫作运动性低血压。一般收缩压可以降至 85～105 mmHg，舒张压可以降至 40～60 mmHg，脉压不变或加大。表示心脏的心肌收缩力加强，血管的舒张能力改善（外周阻力减小），即机能节省化现象。

三、运动性心脏增大

运动可以引起心脏增大，外形丰满，收缩有力，心力贮备高。心脏的质量一般不超过 500 g（病理性心脏增大是由于心肌无力，各腔室血液滞留，心重可大大超过 500 g）。不同项目运动员心脏增大情况也有差异。例如，静力和力量性运动为主的投掷、摔跤、举重等运动员以心肌增厚为主；游泳、长跑等耐力性运动员以心室容积扩大为主。

四、心血管机能改善

经过长期运动训练的耐力运动员，安静时心率低，是由于每搏输出量增大，此时心输出量等同于常人；当完成定量负荷时，心率加快，每搏输出量增加，心输出量增大，心血管机能的动员快，恢复快，机能反应小；当进行最大强度运动时，由于心力贮备大，能充分发挥心血管系统的最大潜力，运动后恢复也快。

此外，心肌与骨骼肌一样，经过长期训练，心肌纤维增粗，心肌纤维内收缩蛋白增多，线粒体增多，ATP 酶活性提高，能量释放和再合成能力改善，冠状动脉供血良好。

第六节　淋巴系统

一、淋巴、淋巴管和淋巴循环

血液在毛细血管里流动时，血液里的大部分物质——水、葡萄糖、无机盐等（形成无色透明液）都可以透过毛细血管进入组织细胞间隙，形成组织液。组织液是血液和细胞之间进行物质交换的媒介。组织液在毛细血管近心端，由于压力较高而渗出；在毛细血管远心端，由于压力降低，一部分又可返回血液中。但由于仍有一定的压力（大于大气压）存在，还有一部分滞留在细胞间隙里，必须有另一种方式使其回流（否则会出现组织水肿）。起于盲端的毛细淋巴管，就可以将另一部分组织液吸收进去。这时，进入毛细淋巴管的组织液，叫作淋巴（液）。淋巴也是无色透明液。淋巴生成模式如图 2-11 所示。

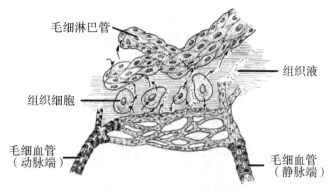

图 2-11 淋巴生成模式

毛细淋巴管也由单层内皮构成，但内皮的细胞间隙很大，细胞壁与组织纤维相连，牵动组织（按摩）、肌肉运动或脉搏搏动等都可使它一开一合吸入组织液。毛细淋巴管和毛细血管一样遍布全身，逐步汇合，由小变大，由细变粗，如毛细淋巴管→淋巴管→淋巴干→淋巴导管，最后汇入静脉角（在左、右锁骨下静脉与颈内静脉汇合处的交角处）。和静脉管一样，在淋巴管上也有阻止返流的瓣膜，但数目更多。

淋巴干按区域分为 9 条，如下肢、盆腔和腹腔成对脏器等汇成左、右腰干；腹腔不成对的胃、肠等器官汇成 1 条肠干；上肢、头颈等处汇成左、右锁骨下干，胸腔脏器等汇成左、右支气管纵隔干。其中左、右腰干和 1 条肠干于第 1 腰椎前方汇合并成为较膨大的乳糜池，沿脊柱前方上行叫作胸导管，又接纳左侧支气管纵隔干和左锁骨下干，最后注入左侧静脉角，进入血行。淋巴结系统分布如图 2-12 所示。

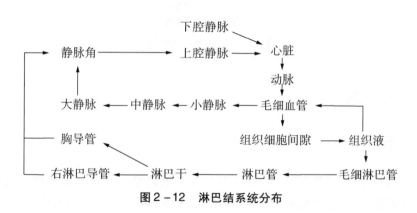

图 2-12 淋巴结系统分布

另外，右锁骨下干和右支气管纵隔干合并为右淋巴导管，注入右静脉角。由此可见，淋巴系统实际是静脉系统的补充。淋巴循环示意如图 2-13 所示。

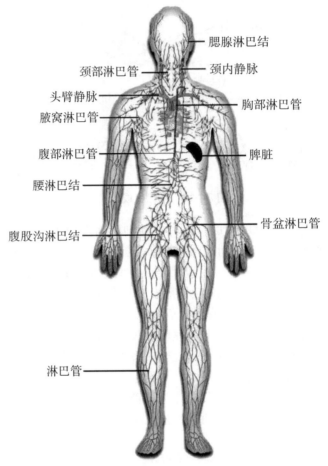

图 2-13 淋巴循环示意

二、淋巴器官

(一) 淋巴结

在淋巴运行途中，都要经过一个以上膨大的淋巴结。淋巴结对淋巴有滤过作用，它里面的许多淋巴细胞形成的淋巴小结对侵入人体的病菌、异物有吞噬作用；淋巴结还能产生淋巴细胞，淋巴结如图 2-14 所示。因此，淋巴系统也是人体的防御系统。

淋巴结于腋窝、肘窝、腹股沟、腘窝、内脏、大血管周围成群分布，很小，平时摸不到。四肢外伤发炎和患有一些疾病时，淋巴结肿大，可以触及。

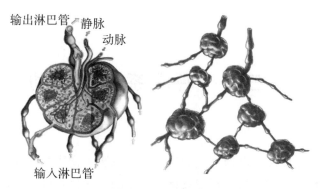

图 2-14 淋巴结

（二）脾

脾是最大的淋巴器官，位于左季肋部第 9～11 肋之间。脾在胎儿期是造血器官，出生后是贮血和破血器官，表面呈暗红色，质软而脆，受暴力击打容易破裂。

脾也和淋巴结的功能一样，有制造淋巴细胞和吞噬病菌、异物作用。肿大时才可于左侧肋下触及。

（三）胸腺

胸腺位于纵隔前上方，胸骨后面，幼儿时期较大，随着年龄的增大而萎缩退化。它也可制造（T）淋巴细胞，还有内分泌（胸腺素）作用。

（四）扁桃体

扁桃体是位于口咽周围的一些淋巴结形成咽淋巴环，把住"病从口入"第一关。最大的是位于口腔后方两侧壁的腭扁桃体。

思考与练习

1. 人体正常血量有多少？红细胞、白细胞、血小板和血红蛋白的正常值是多少？
2. 名词解释：内环境、心动周期、心输出量、血压、脉搏、心音。
3. 正常心脏自动节律性收缩由何处产生？如何传导？
4. 测量脉搏（心率）和血压在运动实践中有何意义？
5. 运动训练对心血管有何影响？
6. 淋巴如何产生，它的循环道路如何？
7. 淋巴器官包括哪些结构？淋巴系统的作用是什么？

第三章　呼吸系统与运动

人的生命活动中需要不断地消耗能量。能量来源于物质的氧化，因此，人体必须不断地从外界环境中摄取氧气，再把氧化后产生的二氧化碳排出体外。这种体内外气体交换的过程，叫作呼吸。

人体所需的氧气先吸入肺里，由肺进入血液，通过血液运到组织，供给细胞利用。细胞代谢产生的二氧化碳也是先进入血液，由血液运到肺，再呼出体外。整个呼吸过程由三部分组成：①外呼吸，又称为肺呼吸，就是在肺内进行气体交换的过程；②内呼吸，又称为组织呼吸，就是在血液和组织之间进行气体交换的过程；③气体在血液中运输的过程，即血液把氧气运到组织，再把二氧化碳运到肺的过程。

第一节　呼吸系统的构造

呼吸系统除有气体交换的功能外，还有发音的功能。

呼吸系统的结构可分为三部分：①呼吸道的门户，即外鼻；②气体通道，即鼻腔、咽、喉、气管和支气管；③呼吸部，即肺内呼吸细支气管和肺泡。呼吸系统概观如图3-1所示。

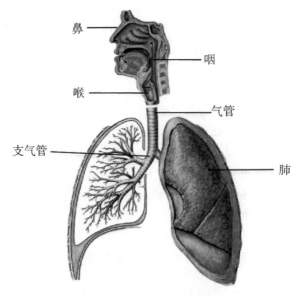

图3-1　呼吸系统概观

一、鼻和鼻腔

（一）外鼻

外鼻主要是由软骨外覆皮肤，皮肤向鼻内反折为鼻前庭（伸进手指可以触到的范围）而成，生有鼻毛，可阻止灰尘进入鼻内。

（二）鼻腔

鼻腔由骨和软骨构成，被鼻中隔分为左、右两腔，前接鼻前庭，后通鼻咽。两腔之外侧壁上有上、中、下3对鼻甲，将每侧鼻腔分割成上、中、下3个鼻道。整个鼻腔内面都覆盖有一层黏膜，黏膜中含有丰富的血管，对吸入的空气起加温作用；黏膜内含有很多腺体，分泌的液体可以湿润空气和将空气中的灰尘、细菌粘贴在前面的鼻毛上，对吸入的空气起净化作用；黏膜上还有许多神经末梢，在上鼻道顶部还有嗅觉感受器；上、中鼻道侧壁还有口通副鼻窦，后者对发音起共鸣作用。

二、咽

咽是呼吸和消化系统的共用器官，是一个上宽下窄的扁漏斗形的肌性器官，内覆黏膜。前面通鼻腔、口腔和喉腔，自上而下分为鼻咽部、口咽部和喉咽部三部分；后面为颈椎，下面与食管相接。

三、喉

喉既是呼吸器官，也是发音器官。喉上接喉咽、下连气管，前面有颈肌覆盖，两侧有甲状腺（重要的内分泌腺）和颈部大血管等。喉位于消化管前方，相当于第4～6颈椎的高度上，它由软骨（包括1块甲状软骨、1块环状软骨、1块会厌软骨和1对杓状软骨等）和肌肉、韧带组成，腔内覆黏膜。喉软骨及韧带如图3-2所示。

在2个杓状软骨与前方的甲状软骨之间连有2条声韧带，两侧韧带之间的裂隙，叫作声门裂。当2个杓状软骨在垂直轴上运动时，声韧带可被不同程度地拉紧或开大、缩小声门裂，甚至可以闭合声门裂。声带状态如图3-3所示。

甲状软骨向前突出，俗称为喉结。由于男性甲状软骨的两侧软骨板交角较锐，向前突出明显（这样声韧带较长，发音低沉），于吞咽、发音时在颈前上下移动明显；女性交角较钝（声韧带较短，发音高亢），突出不明显。

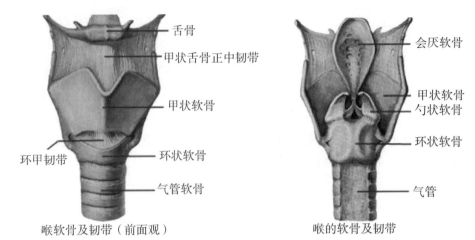

图 3-2 喉软骨及韧带

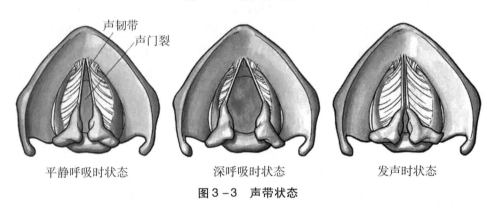

图 3-3 声带状态

四、气管和支气管

气管长约 12 cm（平均 9～13 cm）的中空管道，由 15～20 个半环状软骨及结缔组织构成，内衬黏膜。它的后面以含有平滑肌的结缔组织与食管紧邻。下行至第 4、5 胸椎水平（相当于胸骨角后面）分支为左、右两个支气管入肺。

五、肺

肺位于胸腔内、膈肌上方，左、右各一，是质地柔软多孔如海绵的锥形器官。上方为肺尖（高出锁骨内侧），下面底部紧邻膈肌，两肺侧面紧邻肋骨，两肺之间为纵隔。纵隔里有心脏及出入心肺的大血管、食管、支气管、神经、淋巴导管、胸腺等。在肺的纵隔面上，大血管、支气管等进出肺的地方叫作肺门。左肺分为上、下两叶，右肺分为上、中、下三叶。

支气管自肺门入肺后，不断分支，越分越细，形成支气管树（图 3-4）。当其直径小至 1 mm 时，叫作细支气管。细支气管的分支和肺泡形成肺小叶，肺小叶呈多边锥状，底朝向肺表面（在肺表面可以观察到）。小叶之间由结缔组织分隔开，其间有神经血管分布。

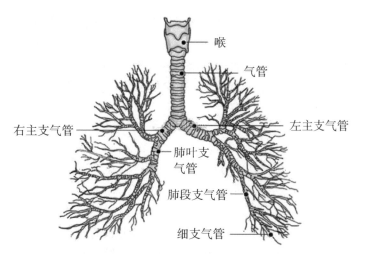

图 3-4　气管、支气管及其分支

在肺小叶内，细支气管继续分支，管壁上出现肺泡，叫作呼吸细支气管，最后一行为肺泡管和肺泡（图 3-5），后三者由单层呼吸上皮构成，可以进行气体交换，称为肺的呼吸部。

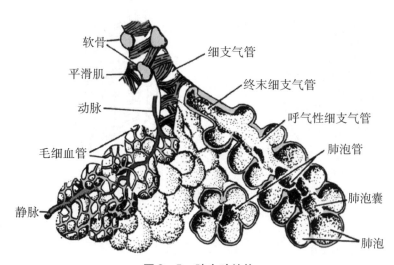

图 3-5　肺小叶结构

肺泡是最小的呼吸机能单位，壁上密布毛细血管网和弹性纤维，后者保证呼气时肺泡不被压陷。肺泡虽小，但两肺的肺泡总面积可达 50～100 m^2，保证肺泡里的氧气与毛细血管中的二氧化碳充分交换。气体交换是通过肺泡壁上皮和毛细血管内皮进行的。

六、胸膜和胸膜腔

肺表面铺盖了一层浆膜才形成光滑的外表，这层浆膜在覆盖肺整个表面后，于肺门支气管和大血管根部又返转，继续沿着纵隔到胸壁内表面和膈肌上面铺盖，于是形成一完整的囊腔（实际是狭窄的裂隙）。通常把覆盖在肺表面的部分叫作脏层胸膜，覆盖在纵隔、胸壁内表面和膈上表面的部分叫作壁层胸膜。壁层与脏层之间的腔隙叫作胸膜腔，腔内呈负压（低于大气压），有少量浆液，起润滑作用。这样两个肺就有两个完整的胸膜腔。

第二节 呼吸运动

肺是与外界进行气体交换的器官，但是肺本身并没有自动扩大或缩小的机能，它只是被动地随着胸腔扩大和缩小的变化来运动的。胸腔大小的变化是靠胸廓和膈肌的运动来实现的。这其中胸膜腔的负压也起着重要的作用。膈肌的运动如图3-6所示。

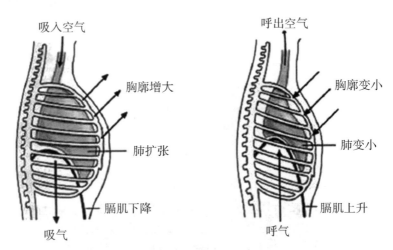

图3-6 膈肌的运动

一、吸气运动

当吸气中枢（在延脑，当血液中二氧化碳浓度增高时受刺激）兴奋时，通过膈神经和肋间神经引起膈肌和肋间肌收缩。膈肌收缩其顶部下降，使胸腔上、下径加大；肋间肌收缩时，肋骨上提，使胸廓前、后径和左、右径加大。

由于胸腔扩大，胸内压力（即胸膜腔内的压力，呈负压）降低，吸附着肺随之扩张，这时肺内压力小于大气压，空气就由呼吸道进入肺内。

当用力吸气时，除肋间肌加强收缩，膈肌更明显地下降外，辅助吸气肌也参加工作。众多肌肉用力收缩，使胸腔格外扩大，胸内压更加下降，肺也更加扩张，就有更多的气体进入肺内。

二、呼气运动

当吸气结束时，呼气中枢（也在延脑，当血液中氧的浓度增高时受刺激）就会兴奋，同时抑制吸气中枢。这时就不再往肋间肌和膈肌发出冲动，而使它们舒张。肋间肌舒张时，胸廓由于本身的重量和弹性而被动下垂回位；膈肌舒张时，顶部上升，使得胸腔缩小，肺也随之缩小，肺内压力增大，气体则从肺内逸出。

用力呼气时，辅助呼气的腹肌收缩，腹内压力增大，间接挤压膈肌，使其顶部进入胸腔；辅助呼气肌收缩使肋骨格外下降，胸腔更加缩小。

三、肺内压和胸内压

（一）肺内压

肺内的压力即肺内压，随呼吸运动而发生变化。外界空气与肺内气体进行交换，取决于肺内压与外界气压的压力差。当吸气或呼气终了时，胸腔处于静止状态，此时肺内压与外界大气压相等。若胸腔扩大时，肺随之扩张，肺内压就低于大气压，空气从而进入肺内，产生吸气。若胸腔缩小时，肺也随之缩小，肺内压就高于大气压，气体就由肺内逸出，产生呼气。

呼吸动作越剧烈，肺内压的变动也越大。如在平和呼吸中的吸气时，肺内压下降 $2\sim 3$ mmHg；呼气时肺内压升高 $2\sim 4$ mmHg。关闭声门用力吸气时，肺内压可下降 $30\sim 80$ mmHg；呼气时可升高 $60\sim 100$ mmHg。

（二）胸内压

胸内压即胸膜腔内的压力。胸内压通常都是负压。随着每次呼吸运动的进行，胸内压也发生变化。在平和吸气时，胸内压比大气压低 $5\sim 10$ mmHg；在平和呼气时，胸内压比大气压低 $3\sim 5$ mmHg。用力吸气时可降至 90 mmHg；若紧闭声门用力呼气（憋气）胸内压可增至 110 mmHg。

胸内压的变化对循环机能有很大影响。胸内压的变化对管壁较薄的上、下腔静脉和肺静脉的回心血流有直接的影响。憋气时，由于胸内压急骤增加，挤压肺静脉和腔静脉，使静脉回心血量减少，左、右心房接受的血量和每搏心输出量也减少，就暂时影响了血液循环的正常运行。

第三节 呼吸气量

一、肺活量

人在尽力吸气后所能呼出的气体量,叫作肺活量。其大小因性别、年龄、身材、锻炼情况等而异。成年男性的肺活量约为 3500 mL,女性的肺活量约为 2500 mL。肺的总容量由潮气量、补吸气量、补呼气量和余气量四部分组成。

(一) 潮气量

潮气量指平和呼吸时每次吸进和呼出的气量,一般为 500 mL。

(二) 补吸气量

平和吸气末再尽力吸气,所增加的吸入气量,称为补吸气量。正常成人为 1.5～2 L。

(三) 补呼气量

平和呼气后再用力呼气所能呼出的最大气量,称为补呼气量。正常成人为 0.9～1.2 L。

(四) 余气量

在呼出补呼气后,胸腔容积已经达到最低程度,但肺内仍存留一些气体不能呼出,这部分气体即余气。正常男性的余气量为 1.3 L,女性的余气量为 1 L(这也是判断死胎和溺婴方法的重要手段)。

肺活量等于潮气量、补吸气量和补呼气量三者气量的总和。它代表呼吸器官的最大工作能力,因此常把它作为反映机能好坏的一个指标。如经常从事体育锻炼的人,肺活量大于一般常人,尤其从事游泳、划船等运动的运动员,辅助吸气肌的胸大肌、背阔肌发达,优秀游泳运动员的肺活量可达到 7000 mL。肺活量测试如图 3-7 所示。

图 3-7 肺活量测试

二、无效腔

气体交换是在肺泡里进行的,在呼吸细支气管以上的呼吸道是不能参与气体交换的,因此把这部分呼吸道叫作无效腔。一般无效腔内所容纳的气量为120~180 mL。

三、肺通气量

每分钟肺吸进和呼出的气量叫作肺通气量。肺通气量的大小等于每分钟呼吸次数(呼吸频率)与每次吸入或呼出的气量(即呼吸深度)的乘积。呼吸频率或呼吸深度增加时,都可以增大肺通气量。

一般成年男性安静时每分钟呼吸14~16次,女性是16~18次,潮气量是500 mL,每分钟肺通气量是6~8 L,剧烈运动时,呼吸深度和呼吸频率剧增,肺通气量可达70~200 L。

一般来讲,径赛运动员的呼吸频率以每分钟不超过30次为宜。爬泳运动员即使有特殊需要,其呼吸频率也不宜超过每分钟60次。如果运动时呼吸频率过快(每分钟超过50次),呼吸变得表浅,肺通气量反而增加不多;又由于无效腔的存在,气体交换的实效量下降,出现喘息,这种情况多发生于缺乏体育锻炼的人,是呼吸机能发展不良的表现。

四、运动时合理呼吸

运动时进行合理的呼吸,有利于保持内环境的基本恒定,有利于提高训练效果和充分发挥人体的机能能力,以创造优异的运动成绩。由此可见,合理的呼吸方法应成为该项运动技能的有机组成部分。以下是3种改善呼吸方法的原则。

(一)减小呼吸道阻力

正常人安静时由呼吸道实现通气。通过呼吸道的呼吸,达到空气净化、湿润、温暖或冷却(当气温高于体温时)的作用。但在剧烈运动时,为减少呼吸道阻力,人们常采用以口代鼻或口鼻并用的呼吸方式。其利有三:①减少肺通气阻力,增加通气;②减少呼吸肌为克服阻力而增加的额外能量消耗,推迟疲劳出现;③暴露布满血管的口腔潮湿面,增加散热途径。据研究,运动时增加口的通气,肺通气量由仅用鼻呼吸的80 L/min增至173 L/min。但应注意,在严寒季节里进行运动,张口不宜过大,尽可能使吸入的空气经由口腔加温后再通过咽喉、气管入肺。

(二)提高肺泡通气效率

提高肺通气量的方法,有增加呼吸频率和增加呼吸深度两种方式。据研究,呼吸频率是随着运动强度的增加而增加的,并经 2～4 min 达到稳定状态。而呼吸深度和肺通气量则需经 3～5 min 才能达到稳定状态。剧烈运动时,呼吸频率和肺通气量迅速上升,呼吸深度反而变浅。运动时(尤其是耐力运动),期望在吸气时肺泡腔中有更多的含氧气新鲜空气,呼气时能呼出更多的含二氧化碳的代谢气体,因此,提高肺泡通气量比提高肺通气量意义更大。表浅的呼吸只能使肺泡通气量下降、新鲜空气吸入减少,这是由于解剖无效腔的存在。而深呼吸能使肺泡腔中吸入更多的新鲜空气,使肺泡气中的空气新鲜率提高,P_{O_2} 也随之提高,最终导致扩散量增加。但过深过慢的呼吸,也能限制肺通气量进一步提高,并可导致肺换气功能受阻。上述两种情况均能增加呼吸肌的额外负担,加大其氧气的消耗,容易导致疲劳。

(三) 与技术动作相适应

呼吸的形式、时相、节奏等,必须适应技术动作的变换,必须随运动技术动作而进行自如地调整,这不仅为提高动作的质量、配合完成高难度技术提供了保障,同时也能推迟疲劳的产生。这对于从事投掷、体操、技巧、武术、跳水、花样滑冰等专项的运动员来说,尤显重要。

1. 呼吸形式与技术动作的配合

呼吸的主要形式有胸式呼吸和腹式呼吸。运动时采用何种形式的呼吸,应以有利于技术动作的运用而又不妨碍正常呼吸为原则,灵活转换。

通常有些技术动作需要胸、肩带部的固定,才能保证造型,那么这时的呼吸形式应转成腹式呼吸。如体操中的手倒立、肩手倒立、头手倒立、吊环"十"字悬垂、下"桥"动作等这些需胸、肩带部固定的技术动作,采用了腹式呼吸,就会消除身体重心不稳定的影响;而另一些技术动作需要腹部固定的,则要转为胸式呼吸,如上固定或下固定时的屈体静止造型动作、"两头起"的静止造型动作等,采用胸式呼吸有助于腹部动作的保持和完成。

2. 呼吸时相与技术动作的配合

通常非周期性的运动要特别注意呼吸的时相,应以人体关节运动的解剖学特征与技术动作的结构特点为转移。

一般在完成两臂前屈、外展、外旋、扩胸、提肩、展体或反弓动作时,采用吸气比较有利;在完成两臂后伸、内收、内旋、收胸、塌肩、屈体或团身等动作时,采用呼气比较顺当。如"卧躺推杠铃"练习,杠铃放下过程(臂外展、扩胸)应采用吸气,杠铃推起过程(臂内收、收胸)应采用呼气;"仰卧起坐"练习,仰卧过程(展体)采用吸气,起坐过程(屈体)采用呼气;"俯卧撑"练习,俯卧过程(两臂外展、胸扩展)采用吸气,撑起过程(两臂内收、胸内收)采用呼气。但有例外时(如杠铃负重蹲起时的展体,改为呼气较好),以立足完成技术动作为基础,然后再考虑吸气与呼气的时相协调。

3. 呼吸节奏与技术动作的配合

通常周期性的运动采用富有节奏的、混合型的呼吸,将会使运动更加轻松和协调，更有利于创造出好的运动成绩。如周期性的跑步运动，长跑宜采用2～4个单步一吸气、2～4个单步一呼气的方法进行练习；短跑常采用"憋气"与断续性急促呼吸相结合，即每"憋气"2～12个单步（或更多）后，做1次1 s以内完成的急骤深呼吸。周期性游泳运动的呼吸节奏，蛙泳可采用1次划手、1次蹬腿、1次头出水面呼吸的组合；爬泳可采用两侧呼吸，即3次划臂（打腿多少次以个人特点定），完成一次侧换气的组合。

4. 合理运用憋气

或深或浅地吸气后，紧闭声门，尽力地做呼气动作，称为憋气。通常完成最大静止用力的动作时需要憋气来配合，如大负荷的力量练习、举重运动、角力、拔河、掰手腕等。憋气对运动良好的作用有：①憋气时可反射性地引起肌肉张力的增加，如人的臂力和握力在憋气时最大，呼气时次之，吸气时较小；②可为有关的运动环节创造最有效的收缩条件，如短跑时憋气一方面可控制胸廓起伏，使快速摆臂动作获得相对稳定的支撑点；另一方面又避免腹肌松弛，为提高步频、步幅提供更强劲的牵引力。

人们能意识到憋气对运动有利的一面，但憋气还会对人体产生负面的作用。憋气的不良影响主要有：①长时间憋气压迫胸腔，使胸内压上升，造成静脉血回心受阻，进而心脏充盈不充分，输出量锐减，血压大幅下降，导致心肌、脑细胞、视网膜供血不全，产生头晕、恶心、耳鸣、眼黑等感觉，影响和干扰了运动的正常进行；②憋气结束，出现反射性的深呼吸，造成胸内压骤减，原先潴留于静脉的血液迅速回心，冲击心肌并使心肌过度伸展，心输出量大增，血压也骤升。这对心力储备差者十分不利。特别是儿童的心脏因承受能力低而易使心肌过度伸展导致松弛，而老年人因血管弹性差、脆性大而容易使心、脑、眼等部位的血管破损，都会带来不良的后果。

由此看来，憋气对运动有利有弊。有些时候需要通过奋力和憋气才能取得最后的胜利，那么这样的憋气是有必要的，是不可避免的。正确合理的憋气方法为：①憋气前的吸气不要太深；②结束憋气时，为避免胸内压的骤减，使胸内压有一个缓冲、逐渐变小的过程，呼出气应逐步少许地、有节制地从声门中挤出，即采用微启声门、喉咙发出"嗨"声的呼气；③憋气应用于决胜的关键时刻，不必每一个动作、每一个过程都做憋气。如跑近终点的最后冲刺、杠铃举起、摔跤制服对手的一刹那，可运用憋气。对运动员和健康人来说，一般的憋气也属于生理现象，如排便动作。

第四节 气体交换与运输

一、气体扩散

血液与肺泡组织间的气体交换，都是依靠气体分子扩散来实现的。气体扩散的方向和速度，取决于细胞膜两侧气体分压差，分压不同，气体就会由分压较高的一侧向较低的一侧扩散（表3-1）。

表 3-1　体内各部的氧和二氧化碳分压 kPa（mmHg）不同

分压	肺泡	动脉血	静脉血	组织液
氧分压（P_{O_2}）	13.9（104）	13.3（100）	5.3（40）	4.0（30）
二氧化碳分压（P_{CO_2}）	5.3（40）	5.3（40）	6.1（46）	6.7（50）

由表 3-1 可知，肺泡里的氧分压高于静脉血，静脉血中的二氧化碳分压比肺泡高。因此，当静脉血流经肺泡时，肺泡里的氧能很快扩散到静脉血里，静脉里的二氧化碳也能很快扩散到肺泡中。这种扩散作用直到细胞膜两侧分压相等时才停止。经过肺泡的静脉血便成为含氧丰富的动脉血，气体交换事宜如图 3-8 所示。

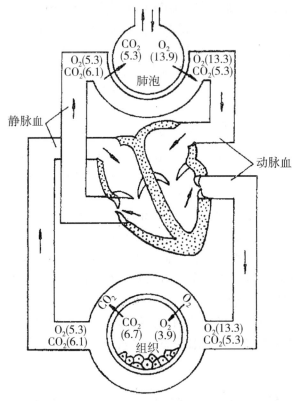

数字代表气体分压，单位为 kPa。
图 3-8　气体交换示意

动脉血沿着毛细血管流经组织细胞附近时，也同样由于血液与细胞中氧和二氧化碳分压的不同而进行扩散，进行气体交换。体内外的气体交换就是这样周而复始地进行着。

二、氧的运输

血液在运输氧的过程中，极少部分（仅占 1.6%）是靠直接溶解的方式，绝大部分（占 98.4%）是和细胞里的血红蛋白（Hb）结合而运输的。与氧结合的血红蛋白叫作氧合血红蛋白（HbO_2）；它们的结合较松，当血液流经氧分压低的地方（组织细胞）时，便很容易地把氧分离出去，氧也就很快扩散到组织细胞里。这种与氧分离的血红蛋白，叫作还原血红蛋白（Hb）。在氧分压高的地方（肺泡），还原血红蛋白又可以和氧结合成氧合血红蛋白。见下式：

$$Hb + O_2 \rightarrow HbO_2$$

三、二氧化碳的运输

血液运输二氧化碳的方式有两种：极少量的二氧化碳直接溶解在血液里（占 5%），大部分是和血液化学结合而实现的。

化学结合方式又有两种：一种是和血红蛋白的结合成氨基甲酸化合物（$HHbCO_2$）（占 20%），另一种是和血液中的水、钠和钾离子结合成重碳酸盐（$NaHCO_3$、$KHCO_3$）（占 75%）。

二氧化碳的结合与分离也是由该气体分压的高低来决定的，氧和二氧化碳在血液中的运输如图 3-9 所示。

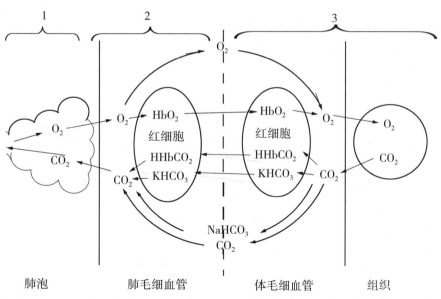

1：外呼吸；2：气体的扩散与血液运输；3：内呼吸。

图 3-9　氧和二氧化碳在血液中的运输

第五节 运动中呼吸机能的变化

肌肉收缩时需要能量供给。能量由体内物质代谢提供。运动越剧烈,体内物质代谢也越高,消耗的氧也就越多。为了满足身体对氧的需要,呼吸运动就明显增强。

一、运动时呼吸的变化

在进行运动之前,由于条件反射的作用,呼吸运动就已经加强了。运动开始后,肺通气量更是急剧地增加。

运动结束后,在一段时间里,肺通气量仍保持较高的水平,然后逐渐恢复正常。这是因为运动时身体吸入的氧气量不能满足运动时体内物质代谢所需要的氧量,欠下了"氧债"。因此,在运动停止后为了偿还氧债,呼吸尚要继续保持较高的活动水平。

二、需氧量和耗氧量

由上述可知,完成某项运动所需要的氧量,一部分可以在运动过程中获得,另一部分则必须在运动后的恢复过程中才能得到补偿。也就是说,该项运动的总需氧量等于运动过程中和恢复过程中新吸入氧量的总和。总需氧量的多少取决于运动强度和持续的时间。时间长、强度又大的运动,其总需氧量就多。运动强度及持续时间与需氧量的关系如表3-2所示。

表3-2 运动强度及持续时间与需氧量的关系

运动项目	强度/(m·s^{-1})	持续时间	每分钟需氧量/L	总需氧量/L	氧债绝对值/L	氧债百分比
短跑	9.8	10″~20″	40	7~14	6.13~12.5	90%
中跑	8.9~6.8	1′~4′	8.5~25	19~20	19	8.9~53%
长跑	6.3~5.8	8′~29′	4.5~6.5	50~150	15	5~10%
马拉松	5	2 h以上	2~3.5	500 L以上	5	少许

由表3-2可知,从总需氧量的数值上不容易看出运动强度对呼吸的影响,所以在运动生理学中往往采用每分需氧量这一指标。由表3-2可见,短跑的运动强度最大,每分需氧量最高;马拉松跑的时间虽然很长,但运动强度小,所以每分需氧量最低。

当体内与体外进行气体交换时，吸入体内的所有氧全部用来供应体内物质代谢的消耗，所以耗氧量也就是氧吸入量。

人体在安静时，每分钟的耗氧量是 0.25～0.30 L，与需氧量一致。运动时耗氧量随运动的强度而增加，但是由于受到循环系统和呼吸系统机能的限制，每分钟耗氧量的增加有一定的限度。这个限度叫作氧极限，即最大摄氧量。一般成人氧极限为 2～3 L。经常从事体育锻炼的人氧极限可以达到 4～5 L，有训练的运动员氧极限可以达到 6 L 甚至 7 L。

三、氧债

当耗氧量不能满足需氧量时，就产生了氧债。产生氧债的原因主要有二。

（一）受内脏器官机能惰性的影响

运动开始时，虽然骨骼肌立即进行快速和有力的收缩，但由于内脏器官（心脏、血管、呼吸器官等）本身机能的惰性，使耗氧量不能立即提升到相应水平来满足需氧量的要求，因此就会欠下一定数量的氧债。图 3-10 中"a"代表这一时期所欠氧债的数量，"a"和恢复期的耗氧量"a′"相等。

训练水平较高的人，内脏器官机能惰性较小，因此参加同样运动时，产生的氧债数量比缺乏训练的人少。

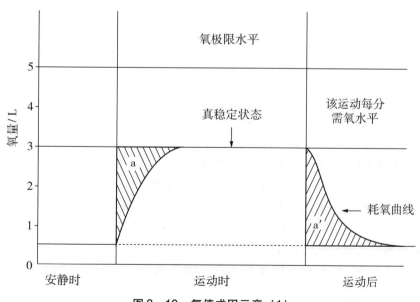

图 3-10 氧债成因示意（1）

（二）受每分需氧量高低的影响

运动强度越大，每分需氧量就越多。假如每分需氧量超过氧极限，就一定会产生氧债，且超过的越多氧债也越多。图 3-11 中"a+b"就是氧债的数量，其中"b"就代表每分需氧量超过氧极限而积累下的氧债数量（图 3-11）。

有训练的人氧极限（最大摄氧量，用 V_{O_2} 表示）水平较高，从事同样剧烈的运动产生氧债的数量比缺乏训练的人少。

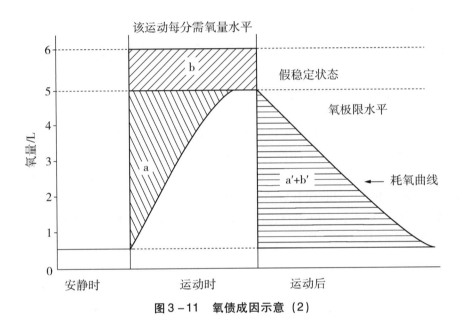

图 3-11　氧债成因示意（2）

四、真稳定状态和假稳定状态

真稳定状态是指耗氧量在工作时，一直处于一个稳定的水平。如果工作时每分需氧水平低于氧极限，运动一段时间后，耗氧量就会保持在每分需氧量的水平上。这时，每分耗氧量与每分需氧量相等，就叫作真稳定状态。

每分需氧量水平高于氧极限，而运动时间又较长，在运动一段时间后，耗氧量处在氧极限的水平上，虽然也能保持稳定，但这时每分耗氧量与每分需氧量并不相等，仍有氧债积累。把这种状态叫作假稳定状态。

在田径运动中，超长距离跑和竞走往往出现真稳定状态，长跑往往出现假稳定状态。

第六节　体育运动对呼吸系统的良好作用

长期从事体育锻炼，呼气器官的结构与机能都会发生良好变化。有训练的人骨性胸廓和呼吸肌、辅助呼吸肌都会得到良好的发展，机能提高表现在胸围加大，呼吸深度加深，安静时呼吸频率降低。由于膈肌的收缩和放松能力提高，肺活量也增大，尤其是游泳和划船运动员的肺活量增大更加明显。

随着训练水平的提高，肺通气量也相应增大，有训练的运动员肺通气量可以达到 180～200 L，最大氧吸收量（氧极限）可达到 6 L 以上。而未受过训练的人的吸氧量只有 2～3 L。

有训练的人负荷氧债的能力提高，可达到 15～20 L，而缺乏训练的人最多能负荷 10 L 氧债。

有训练的人呼吸机能高度发达，呼吸与运动的协调配合良好，在定量工作时，呼吸机能表现出节省化现象，能够较长时间保持工作能力不下降；具有很大的机能贮备力，能够适应和满足强烈运动时对呼吸系统的要求。

思考与练习

1. 呼吸系统包括哪些结构（器官），气体交换在哪个部位进行？最小的呼吸机能单位是什么？
2. 名词解释：声门裂和憋气、胸膜腔与胸内压、肺活量（肺容量）、肺通气量、需氧量和耗氧量、氧债、氧极限（最大摄氧量）。
3. 体育运动对呼吸系统有哪些良好的作用？

第四章　消化系统与运动

在人体生命活动中，必须不断摄取食物，并进行消化和吸收，使营养物质变为能源，参与机体的新陈代谢。营养物质包括糖类、蛋白质、脂肪、维生素、水和无机盐，除后三者可以直接被吸收利用外，糖类、蛋白质和脂肪都是结构复杂的有机化合物，必须经过消化系统的机械消化（由大变小，由粗变细，与消化酶充分混合，并推送其在消化道里运动等）和化学消化（消化系各部分都有各种消化酶，酶是一种有活性的、专一的特殊蛋白质，具有很强的催化作用，能将复杂的有机质分解成可吸收的小分子物质），才能被人体利用。

食物在消化道里被分解的过程叫作消化；食物经过消化，透过消化道黏膜组织进入血液和淋巴的过程叫作吸收。

第一节　消化系统的构造

消化系统（图4-1）由消化管和消化腺两部分组成。它们的基本功能是消化食物，吸收营养物质和排泄食物残渣。

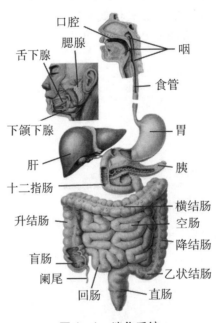

图4-1　消化系统

一、消化管的构造

（一）口腔

口腔是消化管道的起始部。其上界是硬腭和软腭，下界为口腔底（肌性），两侧是面颊，前方是口裂，后经咽峡（两侧有扁桃体）通咽（咽的口咽部）。内衬含腺体的黏膜。

口腔内有牙齿和舌，牙齿长在上、下颌骨的齿槽内；舌位于口腔底，由横纹肌构成，表面被有黏膜，黏膜形成许多突起，叫作舌乳头，舌乳头内含有味蕾，后者是味觉感受器。

（二）食管

食管是一个长约 25 cm 的肌性管道，位于气管之后，沿椎体前方下行，经食管裂孔穿过膈肌与胃连接。食管上有 3 个狭窄处，分别在上接咽处、与左支气管交叉处和穿越膈肌处，食物容易在此滞留等。

（三）胃

胃是消化管的膨大部分，位于膈肌左下方，腹腔上部。胃的上口接食管，叫作贲门；胃的下口与十二指肠相连，叫作幽门；紧贴膈肌的部分叫作胃底，接近幽门的部分叫作胃幽门部，其余叫作胃体。胃体前后较扁，于上方形成胃小弯，下方叫作胃大弯。胃的形态及结构如图 4-2 所示。

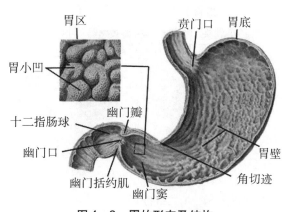

图 4-2　胃的形态及结构

胃壁分为 4 层，由内向外分别是黏膜层、黏膜下层、肌层（平滑肌分 3 层）和外膜（图 4-3）。

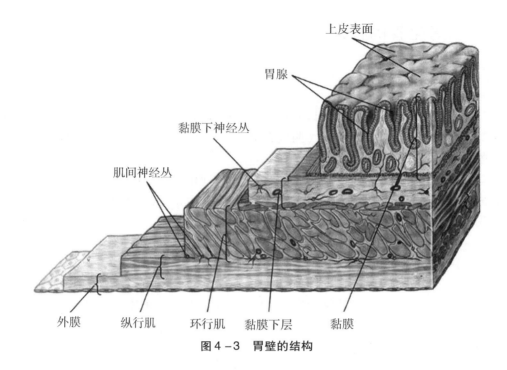

图 4-3 胃壁的结构

（四）小肠

小肠是消化管中最长的一段，长 5～7 m。依次分为十二指肠、空肠和回肠三部分。十二指肠最短，仅 25 cm，呈"C"形包绕胰腺头部，上端接胃的幽门，下接空肠（图 4-4）。

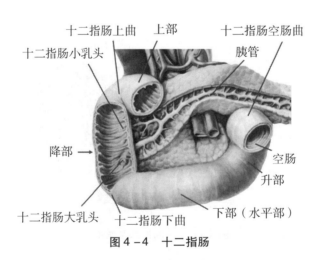

图 4-4 十二指肠

在十二指肠弯曲部的后壁上有一胆总管和胰腺管的总开口，叫作十二指肠乳头。空肠占小肠上段的 2/5，回肠占小肠下段的 3/5，两者无明显界限。

回肠末端接大肠的盲肠，两者几成直角，相接处回肠黏膜形成瓣膜，叫作回盲瓣，可防止大肠内容物逆流。

小肠壁也分4层，分别是黏膜层（形成许多凸起的小肠绒毛，增大了吸收面积）、黏膜下层、肌层（平滑肌分两层）和外膜。

（五）大肠

大肠长1.5～2 m，比小肠短而粗，分为3段，即盲肠、结肠和直肠。

盲肠是大肠起始部，是个盲囊，位于右髂窝内，长6～8 cm，下方（回盲瓣以下部分）有一蚓状突，叫作阑尾。

结肠是大肠中最长的一段，接续盲肠。分为升结肠（到肝曲）、横结肠（到脾曲）、降结肠和乙状结肠（位于左髂窝内）四部分。

直肠是消化管的末段，接续乙状结肠，长15～20 cm，位于骨盆腔内（骶尾骨前方），下方终于肛门。肛门口有2层括约肌，内括约肌是平滑肌，外括约肌是横纹肌。

二、消化腺的构造

（一）口腔唾液腺

唾液腺共有3对，即腮腺、下颌下腺和舌下腺。

腮腺位于耳前下方。导管开口于上颌第二大臼齿相对的颊黏膜上。下颌下腺位于下颌骨下缘后面，舌下腺位于口腔底黏膜下方，两者导管均开口于舌的下方。

（二）肝脏

肝脏如图4-5所示。

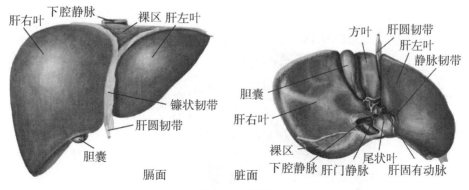

图4-5 肝脏

肝脏是体内最大的腺体，位于腹腔右上部，上面隆起紧贴膈肌下面；下面较平并有凹成"H"形的沟，肝有4个叶，右叶最大，左叶次之。横凹沟内有左右肝管、神经、血管、淋巴出入，叫作肝门。右纵沟后方有下腔静脉通过，经膈肌的腔静脉孔入右心房；右纵沟前方有胆囊窝，胆囊位于此处。

肝脏是个实质性器官，内由结缔组织将肝细胞分隔为无数肝小叶。肝小叶是肝的最小机能单位。肝细胞分泌胆汁，由小叶胆管汇集成左、右肝管，出肝门后注入胆囊。

胆囊是肝脏的附属器官，有贮存和浓缩胆汁的作用（肝脏每天可分泌胆汁800 mL左右，胆囊容积仅40～79 mL）。胆囊经胆囊管开口于胆总管，胆总管（图4-6）与胰腺管共同开口于十二指肠乳头。

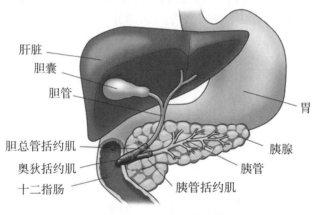

图4-6 胆总管和胰腺管

（三）胰腺

胰腺（图4-7）呈长条形，横卧于胃的后方，分为头、体、尾三部分。胰头被

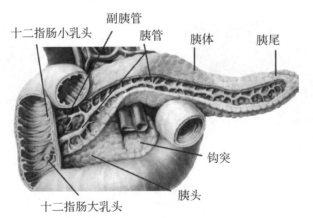

图4-7 胰腺

十二指肠包绕，胰尾与脾相邻。胰也分成许多胰小叶，分泌物汇合成胰导管，与胆总管共同开口于十二指肠乳头。

在胰腺内还有散在的一些细胞团块，呈孤岛状，叫作胰岛，分泌胰岛素等，分泌物直接排入血液，为胰腺的内分泌部。

第二节 消化系统的机能

一、口腔中的消化

食物的消化自口腔起始。经过口腔机械的和化学的消化，形成食团，吞咽入胃。

（一）机械消化——咀嚼

咀嚼是一种复杂的反射运动，主要由下颌和舌的运动完成。咀嚼首先是牙齿的切割和研磨，使大块的食物变小，同时舌参与食物的搅拌，使之与唾液混合成为食丸。食物在口腔咀嚼的时间为 15～20 s，食丸形成后就引起吞咽动作。

吞咽也是一个复杂的反射活动。当食团刺激舌根和咽部黏膜时，就引起舌向后推，软腭上举关闭鼻咽部，喉头上举，会厌覆盖喉上口等一系列反射，使食团顺利进入食管（吃饭时说笑，食物会自鼻孔喷出和呛咳）。

食团进入食道后，食道壁产生蠕动运动，将食团逐步下推，经贲门入胃。由吞咽到入胃需 6～7 s。

（二）化学消化

食物进入口腔，刺激唾液腺分泌。唾液是无色、无味，近中性（pH 为 6.6～7.1）的液体。

唾液里主要含有唾液淀粉酶、麦芽糖酶、溶菌酶和黏蛋白，水占 99%。有润湿口腔、溶解食物和杀菌作用。

唾液淀粉酶可促进淀粉变为麦芽糖，麦芽糖酶又可将麦芽糖分解成葡萄糖。

二、胃中的消化

食物入胃后，停留的时间较长，一般为 3～5 h。借胃的运动，食物与胃液在胃内混合成为食糜，继续消化。

（一）胃的运动

食物入胃 5 min 左右，胃的蠕动启始。蠕动使食物与胃液混合，利于消化，并可推送胃内容物通过幽门进入十二指肠。

（二）胃液及其作用

胃液是无色的，呈强酸性（pH 为 0.9～1.5）的液体。其中，水占 99%，消化酶及黏液蛋白占 0.42%～0.46%，盐酸占 0.4%～0.5%。

盐酸不仅能杀菌，还能使食物中的蛋白质变性，利于消化；盐酸更能活化胃蛋白酶元，并产生胃蛋白酶所需要的酸性环境。

胃液中主要的消化酶是胃蛋白酶元，它在盐酸作用下成为具有活性的胃蛋白酶，可以把蛋白质分解为蛋白胨及少量的多肽和氨基酸。

胃黏液蛋白对胃黏膜有保护作用。

三、小肠中的消化

食糜从胃进入十二指肠，就开始了小肠内的消化。这也是最重要的消化阶段。

食糜在小肠里既受到小肠运动的机械作用，又接受小肠液、胰液和胆汁的化学作用。食糜通过小肠后，消化过程基本完成，"精华"由此处吸收。

食糜在小肠停留的时间，依食物性质而不同，一般为 3～8 h。

（一）小肠的运动

小肠可做两种运动。

1. 蠕动

小肠的蠕动（图 4-8）是呈缓慢移动着的环状收缩，在收缩处肠腔变狭窄，狭窄处向前移动，肠内食糜随着狭窄处向前移动。

2. 分节运动

小肠的分节运动（图 4-9）是以环形肌的舒缩为主的节律性运动。多处环形肌同时收缩，把食糜分割成许多小段。随后收缩处舒张，舒张处收缩，每段食糜又被分割为两半，而相邻的两半又被合在一起，形成新的分段。这样不断地交替、反复进行，使肠内食糜与消化液充分混合，并能增加食糜与肠壁的接触机会，有利于消化与吸收的进行。

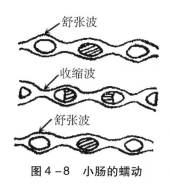

图4-8 小肠的蠕动

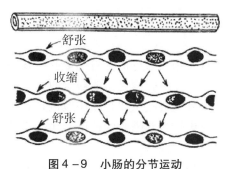

图4-9 小肠的分节运动

（二）小肠液、胆汁和胰液的作用

1. 胰液的作用

胰液呈碱性，对来自胃里的酸性食糜起中和作用，为胰液中的消化酶活动创造了适宜的碱性环境。

胰液里的消化酶主要有4种：①胰蛋白酶，将蛋白质分解成氨基酸；②胰淀粉酶，将淀粉分解为麦芽糖；③麦芽糖酶，把麦芽糖分解为葡萄糖；④胰脂肪酶，将脂肪分解为脂肪酸和甘油。

2. 胆汁的作用

进食时胆囊收缩，将浓缩后的胆汁排入十二指肠。

胆汁主要由胆色素和胆盐组成。胆汁主要起促进胰消化酶活性的作用；同时，对脂肪起乳化作用，即将大的脂肪滴分裂为极细小的脂肪粒，增大了脂肪粒与胰脂肪酶的接触面积，使脂肪能充分地分解、吸收。

3. 小肠液的作用

小肠黏膜上含有许多小肠腺和单细胞腺，分泌小肠液。小肠液呈碱性，能中和胃酸。小肠液含有多种酶：①肠激酶，使无活性的胰蛋白酶元成为胰蛋白酶；②肽酶，使蛋白胨分解为多肽，最终成为氨基酸；③脂肪酶，使未分解完全的脂肪分解成脂肪酸和甘油；④淀粉酶，使未消化的淀粉变成麦芽糖；⑤麦芽糖酶，将麦芽糖分解成葡萄糖。

四、大肠的作用

食物的消化和吸收在小肠中基本完成，大肠并无消化作用。消化吸收后的食物残渣由小肠排入大肠，其中的水分被大肠吸收，形成粪便。这时大肠产生一种叫作集团运动的强烈蠕动，涉及大部分大肠，产生便意，经肛门排出体外。

五、营养物质的吸收

营养物质透过消化管的黏膜上皮进入血液和淋巴的过程，叫作吸收。

食物在口腔内是不能被吸收的，在胃里只能吸收酒精和少量水分，大肠主要也是吸收水分。吸收主要是在小肠内进行的，即各种营养物质都是在小肠吸收的。

消化管各部吸收的速度，主要取决于该部位消化管壁的结构，食物的成分和停留的时间。

小肠黏膜层形成许多环形皱襞和许多叫作小肠绒毛的突起，这大大地扩大了小肠的吸收面积（小肠的吸收面积达 $4\sim 6\ m^2$）。小肠绒毛内有丰富的毛细血管和毛细淋巴管。三大营养物质在小肠已被分解为简单的、易溶解和易于吸收的物质，而且停留时间又长，这都为小肠吸收创造了条件。小肠绒毛的结构如图 4-10 所示。

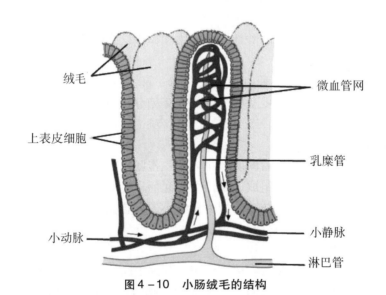

图 4-10　小肠绒毛的结构

最终能够被吸收的三大营养成分各有去路：氨基酸、葡萄糖和甘油被吸进小肠绒毛的毛细血管内，毛细血管汇集成小静脉，组成肠系膜静脉，纳入门静脉（门静脉自肝门入肝）。氨基酸、葡萄糖在肝脏的肝小叶里进一步转化为蛋白质、肝糖原等，并由小叶静脉汇总成肝静脉（在肝内）注入下腔静脉。脂肪酸被吸入小肠绒毛的毛细淋巴管，由于液体呈白色，叫作乳糜管，经肠淋巴干汇入第 1 腰椎附近的乳糜池，经胸导管自静脉角注入上腔静脉。

六、体育运动对消化系统的影响

一般地讲，从事体育运动可以促进新陈代谢，促进胃、肠蠕动和消化液的分泌，提高消化吸收能力，有利于增强体质。

但要注意：

（1）进餐后不宜立刻进行体育活动，应该休息0.5～1.5 h，待水分被胃吸收或胃内容物部分排到小肠，质量减轻再活动，免得日久造成"胃下垂"；另外，人体血量恒定，总是被分布到最需要的地方（血液重新分配），进餐后，血液被消化系统调动较多，以助消化。如果立刻运动，血液又被调出消化系统而流向骨骼肌，不利消化。久之，易患胃炎、胃溃疡等，损害健康。

（2）胃可吸收水分，在运动间歇不宜大量饮水，否则水分被吸入血液循环系统，增加心脏负担，削弱运动能力。运动中出汗多，需补充一些水分，应该在运动结束后补充；再者，运动中感到干渴的现象不一定是体内严重缺水造成的，与剧烈运动（尤其是球类运动）时用口呼吸、兴奋、呐喊以及交感神经兴奋，口腔唾液分泌减少和变得黏稠有关，用少量水含漱一下即可。

思考与练习

1. 消化系统包括哪些器官（消化道必须按顺序）？
2. 食物在小肠内是怎样被消化的？从哪里被吸收的？
3. 食入淀粉类食物和蛋白质，从口腔到小肠经过哪些酶的作用变成葡萄糖和氨基酸，然后经什么结构被吸收入血液，经什么道路入肝？
4. 脂类食物如何消化，在哪里吸收，经哪些结构进入血液？

第五章　泌尿系统与运动

人体在不断向外界摄取营养的同时，也不断地新陈代谢，产生废物。不同的代谢废物是通过不同的途径排泄的，如二氧化碳主要通过呼吸系统排出体外；食物被消化吸收后的残渣通过消化管末端排出体外；而血液中的尿素、尿酸、肌酐等代谢废产物，都是通过泌尿系统排出的，种类最多，数量最大。可以说泌尿系统是体内重要的排泄系统。通过这一排泄作用，可以使机体的内环境保持稳定状态，各种生命活动得以正常运行。如果这一排泄机能发生障碍，会造成机体中毒（尿毒症），最终将会导致死亡。

第一节　泌尿系统的构造

泌尿系统由肾脏、输尿管、膀胱和尿道组成。其中，肾是产尿器官，输尿管是输尿器官，膀胱是贮尿器官，尿道是排尿器官。男性泌尿生殖系统如图 5-1 所示。

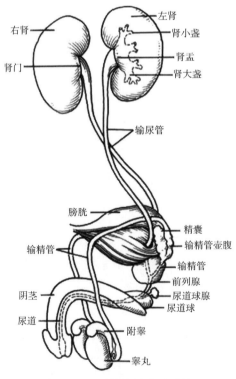

图 5-1　男性泌尿生殖系统

一、肾

肾脏左、右各一个，位于腹腔后壁，脊柱两侧（第 12 肋分别越过右肾上方和左肾中部，起保护作用）肾的大体结构如图 5-2 所示。

肾是实质性器官，形状如同蚕豆，两凹缘相对，前后稍扁，每侧重 120～150 g。在肾的凹缘，有肾的血管、输尿管、神经、淋巴出入，叫作肾门。

肾表面被覆结缔组织被膜，周围有脂肪起保护和固定作用。肾实质分为外层暗红色的皮质和内层淡红色的髓质。肾髓质由相间排列的锥体和肾柱组成。每个肾锥体的底朝皮质，并与之紧密相连；锥体的尖端朝里突出，形成肾乳头。每个肾有 7～12 个肾乳头。每个肾乳头被一杯状的肾小盏包围着，数个肾小盏相连又形成肾大盏，每侧肾有 2～3 个肾大盏，肾大盏彼此相连形成肾盂。肾盂是扁漏斗形的空腔，其缩窄部与输尿管相延续。

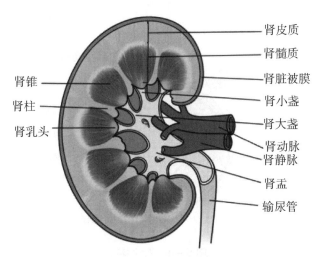

图 5-2　肾的大体结构

将肾实质切成薄片，放在显微镜下观察，可见其细微结构。

肾的基本组成单位叫作肾单位，也就是产尿单位。每侧肾有 100 万～200 万个肾单位。每个肾单位（图 5-3）由肾小体和肾小管组成。

肾小体（图 5-4）位于肾皮质和肾柱里。每个肾小体的外面有一个由单层上皮构成的双层杯形的囊，叫作肾小囊；囊里面是由毛细血管缠绕成的血管球，叫作肾小球；肾小囊的内层壁紧贴在肾小球表面，叫作脏层。肾小囊内外两层壁之间形成囊腔。肾小囊的外层移行成肾小管。肾小管是肾小囊的延续，也是由单层细胞构成的。依照部位分为近曲小管、髓袢和远曲小管三部分。

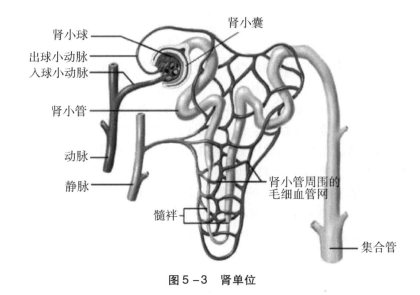

图 5-3 肾单位

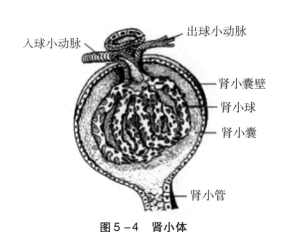

图 5-4 肾小体

肾门入肾后，不断分枝，末端成为入球动脉（管径较粗），继而形成肾小体的毛细血管球（肾小球），小球末端的毛细血管又移行成出球小动脉（管径较细），出球小动脉再移行为毛细血管网，分布在肾小管周围。

尿液在肾小体和肾小管中生成。生成的尿液经远曲小管汇入肾髓质中的集合管，集合管末端开口于肾锥体尖端，流入肾小盏，再经肾大盏到肾盂，纳入输尿管内。

二、输尿管

输尿管是一较细的肌性管道，长 25～30 cm，位于腹后壁脊柱两侧。上接肾盂，下端斜穿膀胱后壁进入膀胱。

三、膀胱

膀胱位于骨盆前方，在男性体内其后面与直肠相邻，在女性体内其后面与子宫相邻。膀胱是肌性囊状器官，前上方较尖，后下方为底，底部有 3 个开口，后 2 个孔为输尿管的开口，前方的孔是尿道开口（尿道内口）。三孔之间的三角区叫作膀胱三角，无收缩性；其余部分于贮尿后收缩排尿。当膀胱里尿液蓄至 350 mL 左右时，产生尿意。贮满尿液的膀胱可高出耻骨联合，所以去运动场前应先行排尿。

四、尿道

尿道是膀胱排尿到体外的管道。男性尿道长，达 20 cm；女性尿道短，为 2～4 cm。

第二节 尿的生成与排泄

一、尿的生成

尿的生成过程分为两个阶段。

（一）肾小体的滤过作用

因为入球小动脉管径大于出球小动脉，肾小球内的血压很高，加之肾小球血管壁和肾小囊脏层的壁都很薄（两层单层上皮），液体容易透过，所以血浆中的水分和所有溶于水的晶体成分都能滤过而进入肾小囊内。

正常情况下，血液里分子较大的蛋白质是不能滤过的，所以在肾小球滤出液中不含蛋白质，但其他物质，如葡萄糖、无机盐、氯化物和尿素等代谢产物，均可自血液滤出，滤出成分的浓度与血浆中的相同，这种滤出液叫作原尿。

（二）肾小管的重吸收作用

肾虽不大，但肾动脉很粗，自主动脉流出的血液 25% 左右要通过肾脏，故每天从肾小体滤出的原尿量很大，为 100～180 L。而每天人体排出的终尿只有 1.5 L 左右。从尿的成分看，原尿中除蛋白质外，组成成分与血浆无异；而终尿中的成分则与原尿大不相同，其代谢废物成分远比血浆里浓度要高（表 5-1）。说明肾小体滤出的原尿流经肾小管时，其中绝大部分水分和对机体有用的成分又被肾小管重吸收，并从周围密布的毛细血管网重新回到血液中。只有那些对机体无用的代谢废物随终尿排出体外。

肾小管除了重吸收作用外，还有分泌机能，如分泌肌酐等。

表 5-1 血浆和尿的主要成分比较

成分	血浆中的浓度/%	尿中的浓度/%	尿中为血浆中浓度的倍数	成分	血浆中的浓度/%	尿中的浓度/%	尿中为血浆浓度的倍数
水	90~93	95~97	1	钙	0.008	0.015	2
蛋白质	7~9	0	—	氯	0.37	0.6	1.8
肌酐	0.001	0.1	100	钠	0.32	0.35	1
尿素	0.03	2.0	67	葡萄糖	0.1	0	—
硫酸根	0.003	0.18	60	氨	0.0001	0.04	400
磷酸根	0.009	0.27	30	尿酸	0.002	0.05	25
钾	0.02	0.15	7				

二、尿的排放

尿在肾单位生成后，经集合管流入肾小盏再到肾大盏，经肾盂、输尿管入膀胱，暂时贮存在膀胱。当膀胱内的尿液充满达到一定程度时，反射性地发生排尿动作。此时，尿道内、外括约肌松弛，膀胱和腹肌收缩，贮存于膀胱的尿液被逼出体外。

第三节 体育锻炼对肾脏机能的影响

人在安静状态，尿中乳酸含量甚微，中跑后尿中出现大量乳酸（140~280 mg/100 mL）；长跑后尿中乳酸减少（50~60 mg/100 mL），因长跑时间长，强度属中等，体内氧化还原过程能够较完善地进行，与此同时，由于运动中汗液分泌增多，也为乳酸的排出多了一条出路。

剧烈运动后，尿中乳酸的含量增多，排出乳酸可减轻血液酸碱度的左移，使血液的 pH 保持恒定。剧烈运动时，由于体内组织缺氧及血中乳酸含量增多，可使肾小体毛细血管和肾小囊脏层细胞的细胞间隙增大，渗透性改变，血浆中的蛋白质甚至红细胞都可透过渗透膜出现在尿中，称为"运动性蛋白尿""运动性血尿"；同样的原因也影响肾小管的重吸收作用，出现"运动性糖尿"。不过这些都是一时性的改变，当运动结束后经过适当休息,一般都会消失。

思考与练习

1. 尿从哪里生成?经过哪些道路排出体外?
2. 名词解释:原尿、终尿。
3. 体育锻炼对泌尿系统有哪些影响?

第六章 内分泌系统与运动

一、概述

内分泌系统由一些肉眼可见的内分泌腺体和分散在某些器官内的具有内分泌作用的细胞和细胞集团组成。它与神经系统共同对人体生理机能起着重要的调节作用。

在内分泌腺和细胞组织周围密布着毛细血管网，还有淋巴和神经分布，它们的分泌物不像外分泌腺有导管直接或间接与外界相通（如口腔唾液腺、胃腺、肠腺、汗腺等），而是直接排入血液，又叫作无管腺。人体主要的内分泌腺（图6-1）有脑垂体、甲状腺、甲状旁腺、肾上腺、胰岛、性腺等。散在于组织器官中的内分泌细胞比较广泛，如消化道黏膜、心、肾、肺、皮肤、胎盘等部位均存在于各种各样的内分泌细胞；此外，在中枢神经系统内，特别是下丘，存在兼有内分泌功能的神经细胞。

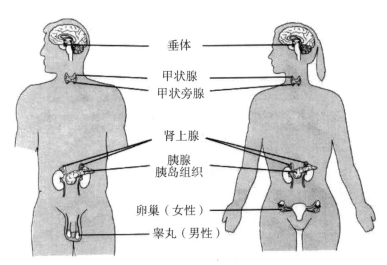

图6-1 人体主要的内分泌腺

由内分泌腺或散在内分泌细胞所分泌的高效能的生物活性物质，经组织液或血液传递而发挥其调节作用，此种化学物质称为激素。按化学结构，激素可分为含氮类激素和类固醇激素。而就其生理功能来说可分为三大类：一类是调控机体新陈代谢和维持内环境相对稳定的，如胰岛素、胃肠激素、甲状旁腺激素等；另一类是促进细胞增殖分化，控制机体生长发育和生殖机能，并影响其衰老过程的，如生长激素、性激素等；还有一类与神经系统密切配合，增强机体对环境的适应能力，如肾上腺皮质激素和垂体激素等。

激素虽然种类很多，作用复杂，但它们在对靶组织发挥调节作用的过程中具有某些共同的特点。激素作用的一般特征：①具有特异性，只选择性地作用于具有该激素的受体的细胞。其受体能与某激素特异性结合的细胞、腺体、器官，称为该激素的靶细胞、靶腺、靶器官。②为生理调节物质，它加强或减弱靶细胞的功能或物质代谢反应的强度与速度。只"唤起"靶细胞存在的潜势，不能产生新的功能或新的代谢过程。③具有高效能作用，其释放量少，在血液中含量极微，但对靶细胞的生理功能有很强的影响。激素主要在靶细胞、肝、脾进行代谢性失活。

激素直接或间接地加速或抑制体内原有的代谢过程；调节、控制机体的生长、发育和生殖机能；维持内环境恒定；增强机体对有害刺激和环境条件急剧变化的抵抗力或适应能力，其调节作用与神经系统功能密切相关且相辅相成。神经系统的作用迅速而准确，激素的作用缓慢、持久而广泛。

内分泌系统也是在神经系统的统一支配下工作的，神经系统功能紊乱可以影响激素分泌；内分泌系统的某些部分功能失调，也会导致神经系统功能紊乱，例如，情绪变化、行为改变、食欲和睡眠改变等。只有两者互相协调，构成所谓神经－体液调节系统，才能正常地调节机体新陈代谢，生长发育以及生殖等生理活动。

二、人体主要的内分泌腺

（一）甲状腺

甲状腺（图 6-2）是最大的内分泌腺，位于气管上端、喉两侧，左、右各一，总重量为 20～40 g。它分泌的激素即甲状腺素，含碘。甲状腺素的生理机能如下：

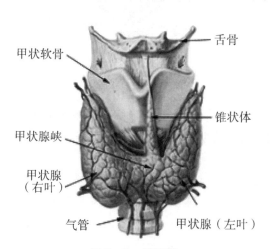

图 6-2 甲状腺

（1）促进身体发育和脑的发育。甲状腺激素含碘，缺碘地区婴儿易患"呆小症"；成人易患甲状腺肿大，叫作"地方性甲状腺肿"。

（2）调节机体物质代谢过程，促进体内糖和脂肪的分解，提高能量代谢水平，增加组织耗氧量和产热量。如果甲状腺激素分泌过多，会进食多、怕热、消瘦；如甲状腺激素分泌过少，会患"黏液性水肿"。

（3）提高神经系统的兴奋性。甲状腺素分泌过多，叫作甲状腺功能亢进，又叫作"甲亢"，患者躁动不安，手颤抖，喜怒无常，失眠多梦等；反之，甲状腺素分泌过少，叫作甲状腺功能低下，患者反应迟钝，记忆力减退，表情淡漠，少动思睡等。

（4）对心血管系统的影响：使心跳加快、加强，心输出量加大，外周血管扩张，脉压增大。

（二）甲状旁腺

甲状旁腺（图6-3）位于甲状腺后面，上下各1对，共4个棕色、黄豆粒大的小腺，总质量不到0.1 g。甲状旁腺分泌的激素叫作甲状旁腺素。甲状旁腺素的生理机能是升血钙（有镇静作用），升血磷（有兴奋作用），调节血液中钙、磷的平衡。甲状旁腺的靶器官是骨、肾和小肠。甲状旁腺素的生理机能：①动员骨钙入血，提高血钙浓度；②调节肾小管的重吸收作用，增加血钙，降低血磷；③促进小肠对钙的吸收。

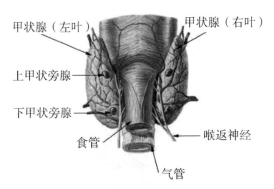

图6-3　甲状旁腺

假如甲状旁腺素分泌过少，血钙含量降低，神经和肌肉的兴奋性升高，会出现肌肉抽搐（抽筋）现象。如果呼吸肌抽搐（只收缩不放松），可影响血液气体交换，导致大脑缺血，尤其是发生在儿童时，会造成死亡。

如果甲状旁腺素长期分泌过多，可导致骨骼脱钙变得疏松易折，可降低肾小管对磷的重吸收，血液中的磷浓度下降，引起吐泻、虚脱以致死亡。

（三）肾上腺

肾上腺（图6-4）位于两肾上端，左、右各一。肾上腺分为外层的皮质和内层的髓质两部分。肾上腺皮质分泌肾上腺皮质激素，肾上腺髓质分泌肾上腺素。后者的作用与交感神经的作用基本相同，即使心跳加快、加强；使皮肤、黏膜、内脏等处的小动脉收缩（外周阻力加大）引起血压上升；使心脏和骨骼肌中的血管舒张，提高心脏和肌肉的工作能力；促进肝糖原和肌糖原分解、氧化供能。这些变化与人体运动中的表现一致。

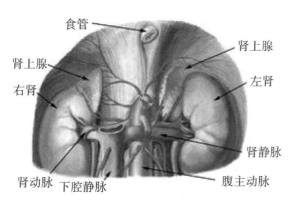

图6-4 肾上腺

肾上腺皮质分泌的激素有几种，主要有糖皮质激素、盐皮质激素、少量雄性和雌性激素。主要作用有两个。

1. 调节物质代谢

促进蛋白质分解和肝糖原异生（由蛋白质转化为糖原），增加糖原贮存；减少葡萄糖分解，使血糖浓度升高；促进脂肪组织中的脂肪分解，使血中脂肪酸增加。

2. 在"应激反应"中起作用

当机体突然受到创伤、手术、大量失血、饥饿、剧痛、感染、惊吓等非正常刺激和剧烈运动时，血液中促肾上腺皮质激素的浓度急剧增高，糖皮质激素也相应增多，这种现象叫作应激反应。它对机体抵抗有害刺激、维持生存有十分重要的作用。

（四）胰岛

胰岛（图6-5）是散在胰腺泡（外分泌部）之间的分泌细胞群，由α细胞和β细胞组成。α细胞分泌胰高血糖素，β细胞分泌胰岛素。

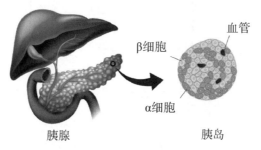

图6-5 胰岛

（1）胰岛素的生理作用有：①促进全身组织对葡萄糖的摄取和利用；加速葡萄

糖合成糖原、促进肝糖原和肌糖原的贮存，并促进葡萄糖转化为脂肪，使血糖降低。胰岛素分泌不足，血中葡萄糖升高，自尿排出，即"糖尿病"。②促进脂肪的合成与贮存，抑制脂肪氧化分解。③促进细胞对氨基酸的摄取和利用，促进蛋白质合成，利于生长发育。

（2）胰高血糖素的生理作用与胰岛素相反，使血糖升高。此外，还可加快心率，加强心肌收缩力和加大心输出量（强心作用）。

胰岛的活动主要受血糖调节。当血糖升高时，胰岛素分泌增多，并抑制胰高血糖素分泌，使血液浓度降低；当血糖过低时，胰岛素分泌减少，胰高血糖素分泌增加，血糖升高，使血糖保持在正常范围内。

（五）脑垂体

脑垂体位于颅底蝶骨的垂体窝内，大如蚕豆，质量约为 0.5 g，是人体内分泌激素种类最多的重要的内分泌腺，分为腺垂体和神经垂体两部分。脑垂体及其激素如图 6-6 所示。

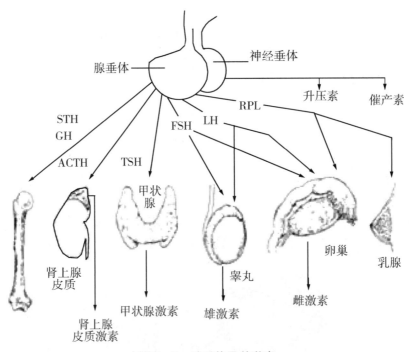

图 6-6 脑垂体及其激素

1. 腺垂体

腺垂体分泌多种激素，其中主要有生长素、促甲状腺素、促肾上腺皮质激素和促性腺激素等。

（1）生长激素的生理作用：促进组织中蛋白质的合成，抑制其分解，从而促进身体生长发育。若腺垂体生肿瘤,则生长激素分泌过多。若发生在儿童期,会导致长骨不断增长而成为巨人症;而发生在成年后,长骨因骺软骨已经骨化,不再增长而变粗大,面部骨突明显,下颌突出,肢体末端肥大。相反,若生长激素分泌不足,则儿童生长缓慢,身材矮小,但不影响智力发育,称为侏儒症。

(2)各种促激素的生理作用,顾名思义,有促甲状腺、促肾上腺和促性腺的发育和增强其相应机能的作用。

2. 神经垂体

神经垂体由神经组织构成,分泌的主要激素有血管加压素,又称为抗利尿素、催产素(子宫收缩素)。

(1)抗利尿素使全身小动脉收缩,微循环的毛细血管减少开放,由于外周阻力加大,使血压升高,反射性引起心跳减慢,加强肾小管的重吸收水分作用。在身体出现大出血的情况下有所显现。老年人抗利尿素分泌减少,故夜尿增多。

(2)催产素促使子宫强烈收缩和排乳,在分娩和哺乳时发挥作用。

(六)性腺

男性的性腺在睾丸的间质细胞,分泌雄激素;女性的性腺在卵巢,分泌卵泡素和黄体素等。

1. 睾丸(图6-7)

睾丸的外分泌部是生精小管,产生精子。在盘曲的小管之间有间质细胞,属内分泌部,产生雄激素(睾酮)。其生理作用是:

(1)促进精子生长,促进精囊、前列腺、尿道球腺等性器官正常发育。

(2)维持男性的第二性征:长胡须、喉结突出、声音低沉、肌肉发达、皮下脂肪少等。

(3)促蛋白质合成,促红细胞生成等。

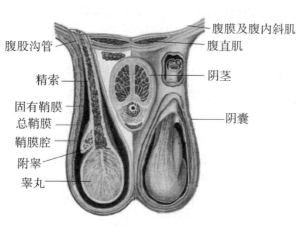

图6-7 睾丸

2. 卵巢（图6-8）

卵巢分泌雌激素（卵泡素）和黄体素（孕激素）。

（1）雌激素的作用：①促进女性生殖器官的发育和维持正常机能。②维持女性第二性征：皮下脂肪层丰满、乳房膨隆、月经出现、声音音调高。

（2）孕激素的作用：促进子宫内膜增生，为受精卵着床做好准备。

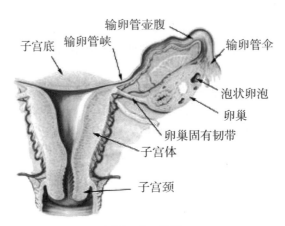

图6-8 卵巢

三、体育锻炼对内分泌机能的影响

体育锻炼可调节内分泌腺的功能，促进人体新陈代谢和正常的生长发育，当做烈运动时内分泌腺能产生适应性反应，对协调肌肉活动和提高人体机能能力起着重要作用。在运动实践中，有人提出优秀的运动成绩在某种程度上与体内高水平的雄性激素以及糖皮质激素等作用有关。

研究证明，耐力训练导致最大摄氧量增加，定量负荷后血乳酸含量增加幅度减小，一般认为最大摄氧量的增加是耐力提高的直接原因，但凯赛尔（Kaitser）和柯努尔（Kenul）分别通过研究发现机体可利用氧的多少，既不是决定人体运动耐力也不是决定血液中乳酸含量的唯一因素。用肌肉活检样本分析表明，以中等强度肌肉活动时，肌肉的衰竭与肌糖原的排空有依从关系，因此认为训练导致耐力的增长与肌肉糖原的排空减缓有密切的关系，而肌糖原的排空又与一系列酶的生化变化相联系。酶的活化又受激素的激活与抑制相制约。哈特莱（Hartley）等人进行肌肉运动负荷的激素反应及训练对它的影响的研究，在不同强度的运动中和运动后，儿茶酚胺、胰岛素、生长素、皮质激素（可的松）等激素在血液中的含量都有所变化，这种变化是通过以下三个环节实现的：该内分泌腺分泌活动的增强或减弱；贮存于内分泌器官中的激素分泌加速或减慢；外周循环血液中该激素的新陈代谢加速或减慢，这样各类激素在体内参与机能调节。

思考与练习

1. 名词解释：内分泌腺、激素、应激、神经-体液调节。
2. 人体有哪些主要的内分泌腺？位于何处？分泌腺的名称是什么？
3. 试述呆小症、巨人症、侏儒症、糖尿病的发生与激素的关系。男、女性征各是由什么激素维持的？

第七章　感觉系统与运动

　　人在神经系统的调控下，体内各器官系统才能协调地进行工作；人所处的环境又是复杂多变的，神经系统必须随时感知环境中的各种变化，及时调节体内环境加以适应，这种接受体内、外环境刺激的装置叫作感受器。感受器接受刺激后，通过传入神经到达神经中枢，神经中枢通过传出神经到达效应器（运动终板），产生适应性反应。可见，感受器是能够将刺激转变为神经冲动的神经末梢装置。

　　感受器具有以下共同生理特征：①适宜刺激。一种感受器通常只对某种特定形式的能量刺激最敏感，这种刺激就是该感受器的适宜刺激。引起感受器发生兴奋的最小适宜刺激强度称为该感受器的感觉阈值。②换能作用。各种感受器可将作用于它们的各种形式的刺激能量转换为传入神经的动作电位，把感受器的这种能量转换功能称为感受器的换能作用。③编码作用。感受器不仅将各种刺激能量转换为神经动作电位，而且将刺激所包含的环境变化信息转移到动作电位的序列中，把这种信息的转移作用称为感受器的编码作用。④适应现象。当某一恒定强度的刺激持续作用于感受器时，感觉神经上产生的动作电位的频率会逐渐降低，这一现象称为感受器的适应。

　　感受器分为内感受器、外感受器和本体感受器。

　　内感受器位于内脏、血管等处，感知物理的、化学的刺激，如血压、渗透压、血液pH、温度和血液中化学成分变化等（如位于颈内、外动脉分叉处的颈动脉窦感知血压变化，颈动脉体感受血液化学成分的改变等）。

　　本体感受器位于关节、肌肉、肌腱和内耳等处，如肌腱的腱梭、肌肉的肌梭和内耳位觉器——壶腹嵴和囊斑等。

　　外感受器位于眼、耳、鼻、舌和皮肤等处，感受光、声、嗅觉（鼻腔顶部的嗅黏膜）、味觉（味蕾）和皮肤感受到的冷觉、热觉、触觉、压觉和痛觉等刺激的触觉小体、压觉小体等。构造最简单的是感受痛觉的游离神经末梢。

　　在感受器里感受光觉和位、听觉的感受器的神经末梢周围出现的结构复杂的附属装置，就叫作感觉器官，如眼叫作视器，耳叫作位听器，它们也是本章的重点内容。

第一节 视 器

一、视器的构造

视器（图7-1）由眼球及其附属装置组成。

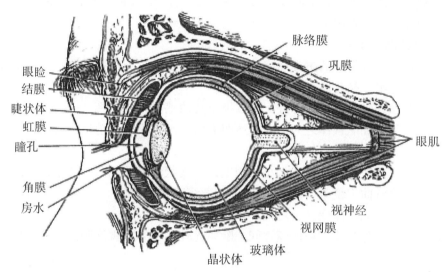

图7-1 视器

（一）眼球的构造

眼球由感光的光觉感受器及其被膜和眼球屈光装置两部分构成。

1. 光觉感受器和眼球被膜

眼球有3层结构，最外层叫作纤维膜，中间一层叫作血管膜，最内一层叫作视网膜。

（1）纤维膜：又分为前1/6透明的角膜和后5/6由纤维结缔组织构成的巩膜，巩膜呈白色，不透光，构成眼球坚固的外壁。

（2）血管膜：含丰富的血管和色素，由前向后又分为虹膜、睫状体和脉络膜三部分。

虹膜中央有孔，叫作瞳孔，瞳孔周围有呈放射状排列的瞳孔开大肌和呈环形排列的瞳孔缩小肌（均为平滑肌）。

睫状体是血管膜最厚的部分，位于巩膜和角膜交界处，内含辐射状排列的平滑肌，叫作睫状肌。肌肉收紧时，使连着晶状体的睫状小带放松，晶状体曲率变大，借以调节视远与视近物。

脉络膜贴衬在巩膜内面，血管营养眼球，色素吸收眼内散射光线。

（3）视网膜：紧贴血管膜内面。前部贴在虹膜和睫状体的部分无感光作用，为盲部；后面贴在脉络膜的感光部分，为视觉感受器。视网膜后方中央有一黄斑，黄斑中间凹陷，叫作中央凹，看东西最清楚，为明视点。黄斑的鼻侧有一视神经穿出部位，叫作视乳头，无感光作用，而眼颞侧的光线落在这里产生一个盲区（双眼视觉可弥补，单眼视觉可出现）。

视网膜上含有两种感光细胞，一种为视锥细胞，感受强光、色觉；另一种为视杆细胞，感受暗光、弱光。它们感受光线刺激后，会产生兴奋，并将之转变为神经冲动，沿视神经传入视觉中枢。

2. 眼球的屈光装置

光线到达眼球视网膜的感光细胞并成像，要经过一系列折射装置，它们由前向后分别是角膜、房水、晶状体和玻璃体。

角膜是眼球外膜最前方的部分，含有极丰富的感觉神经末梢。

房水位于角膜和晶状体之间，内含透明液体，被虹膜分为前房、后房，液体经瞳孔相通。

晶状体为双凸镜，周围被睫状小带固定，由睫状肌舒缩调节其曲率，视远物时曲率变小；视近物时曲率变大。如果长时间在光线不足或乘车、走路动荡的情况下看书，睫状肌疲劳，晶状体变凸，可以形成近视眼。

玻璃体充满在晶状体与视网膜之间，除屈光外还具有对视网膜的托扶作用。

（二）眼的附属装置

眼的附属装置（图7-2）包括眼睑、结膜、泪器和眼球外肌。

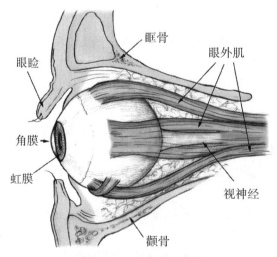

图7-2　眼的附属装置

眼睑分上、下两部分，位于眼球前方，是眼球的保护屏障。

结膜是一层含血管的透明膜，呈囊状贴覆在眼球巩膜与眼睑之间。

泪器包括泪腺和泪道。泪液对眼角膜起润滑作用，并可冲洗异物和杀菌。

眼球外肌（图7-2）包括上提眼睑和活动眼球的3组骨骼肌。3组活动眼球的肌肉是眼上、下直肌，眼内、外直肌和眼上、下斜肌，使眼球向内、外、上、下、上内、下外转动。

总之，视器的构造酷似照相机，瞳孔是光圈，纤维膜是外壳，血管膜是暗箱，视网膜是感光底片，屈光装置是一系列折光镜头，眼睑是快门，眼球外肌是移动架。或许，照相机就是视器的仿生制品。

二、视觉的形成与传导

（一）视觉的形成

物体在视网膜上成像与物理上透镜成像原理一样，光线到达眼球，通过角膜、房水、晶状体和玻璃体的折射，在视网膜上形成一个缩小的倒像。视网膜的视锥细胞和视杆细胞内的感光物质发生化学变化，将光能转变为神经冲动。

简化眼是折光效果与实际眼相同的单球面折光系统，前后径20 mm，折射率1.333，曲率半径5 nm，当平行光线进入简化眼时，被一次聚焦于视网膜上，形成一个缩小倒立的实像（图7-3）。n为节点，ΔAnB 和 Δanb 是两个相似三角形；如果物距为已知，就可由物体大小算出物像大小，也可算出两三角形对顶角（即视角）的大小。

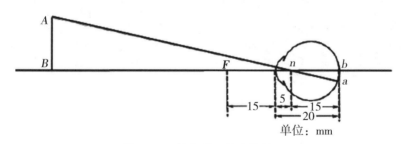

图7-3　简化眼及其成像情况

（二）视觉的传导

光线在视网膜上缩小的倒像，经两种感光细胞将光刺激转变为神经冲动，由眼球鼻侧的视神经传入中枢相应的部位。经大脑皮层分析综合，对倒像进行矫正，变为正像的感觉。

三、空间视觉与眼肌平衡

（一）视敏度

视敏度是指眼对物体微细结构的最大分辨能力，又叫作视力。

人类从外界获得信息中，90％以上依靠视力。在体育运动中，良好的视力更是取得优异成绩不可或缺的。

（二）视野

单眼一动不动地正视前方的某一点，所能看到的空间范围，叫作视野（图7-4）。视野的大小可由视野计来测定。

一般人的白色视野最大，其他颜色的视野依次为黄色＞蓝色＞红色＞绿色。但是，足球运动员的绿色视野大于常人和其他项目的运动员。

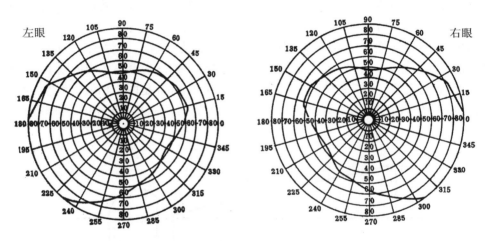

图7-4 视野

（三）立体视觉

双眼看一个物体，不仅能看到物体的平面，还能看到物体的深度，形成立体视觉，立体视觉在各项体育运动中都很重要。尤其在场地小、速度快的小型球类运动中，良好的立体视觉才能保证做到接球、传球、扣球和对对方动作进行判断。单眼看物立体感差，且于颞侧有一盲点。

(四)眼肌平衡

眼睛能够正视前方,即瞳孔正对前方(使光线沿眼球轴线落在中央凹上),是由 3 组眼球外肌的平衡实现的,即 3 组肌肉的紧张度一致。

若 6 条眼肌的某一条紧张度较大,眼睛瞳孔就会向一侧偏斜,叫作斜视眼(可以通过手术矫正)。但也有的人某条肌肉紧张度虽然大些,但平时看不出眼球偏斜,是因为它的对抗肌加大了紧张度,做了补偿,这种情况叫作隐斜视。隐斜视可以通过仪器测出。

隐斜视的人,由于眼肌必须经常加强紧张性才能保持正视,所以容易疲劳。疲劳后的眼睛斜视强度增加,影响视力(影像不重叠,成为复视),这在篮球投篮、棒球或其他小球类的击球等运动时,准确性会受影响。

即使正视的运动员在疲劳后也会出现隐斜视现象,但休息 3～5 min 可以恢复。

少儿时期,如果发现有眼肌不平衡现象,应及早治疗。有隐斜视的人,也可通过体育锻炼、频向远方眺望、转动眼球等训练眼肌。篮球、乒乓球等运动能训练眼肌。运动员保持眼肌平衡,对判断器材的空间方位、距离和速度等都非常重要。

四、视觉在体育运动中的作用

视觉在人类生活以及机体与外界环境的相互作用间起着非常重要的作用。人类的视觉器官十分敏感,能分辨各种物体的大小、形状、明暗、距离、动静和在空间里的相互作用。视觉在体育活动时所发生的各种综合感觉分析是一种主要成分。如运动员在掌握动作技能的过程中,没有熟练地掌握动作技能之前,视觉是起主导的作用,视觉机能对于运动员在运动时掌握环境状况、产生空间感觉、控制本身的动作以及观察竞赛场上变化具有非常重要的意义。在对抗性运动项目中,如击剑、拳击、摔跤等,就要求运动员有敏锐的视力,在球类运动中对抗比赛时,运动员要有良好的立体视觉和广阔的视野,才能发挥高超的运动技术水平。

视觉对维持身体平衡也起重要作用。在完全损坏前庭装置以后,以及甚至于在丧失了来自身体的大部分本体感受性信息以后,一个人仍可以依靠其视觉机能有效地维持身体平衡。视觉机能可以单纯通过查看直立姿势来帮助一个人维持平衡。许多前庭装置已完全损坏的患者,只能睁着眼睛和缓慢地完成各种运动,但能几乎保持正常的平衡。可当快速活动或闭住眼睛时,就会立即失去平衡。视觉发生障碍或有缺陷,会使运动员减弱或丧失方向和平衡感觉,不容易保持身体平衡和正确的姿势。因此,在体育教学和训练中和培养运动员掌握运动技能的过程中,同时要注意视觉机能的训练。

第二节　位　听　器

位置感觉和听觉的感受器都在耳内，故一并叙述。

一、位听器的构造

耳分为外耳、中耳和内耳三部分，耳的结构如图 7-5 所示。

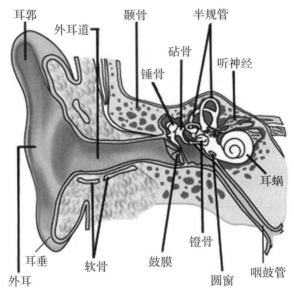

图 7-5　耳的结构

（一）外耳

外耳包括耳郭和外耳道。外耳道的内壁是鼓膜，鼓膜是外耳与中耳间的隔膜，来自外界的声波首先接触并振动鼓膜。

（二）中耳

中耳包括鼓室和鼓室内的 3 块听小骨。鼓室呈六面体，有 6 个壁，外壁即鼓膜；内壁为内耳的前庭；鼓室的前下方有咽鼓管通鼻咽，在吞咽或打哈欠时，咽鼓管一开一合，可听到声音，这时中耳与外界相通，可平衡中耳与外界的气压。

3 块听小骨由外向内分别为锤骨、砧骨和镫骨以及关节相连构成听骨链，并有肌肉牵动。锤骨的柄连在鼓膜上；镫骨的底封在内耳的前庭窗上。当声波振动鼓膜时，通过听骨链到达前庭窗，可引起内耳淋巴流动。中耳的小肌肉牵动可减轻镫骨底对前庭窗的压力。

（三）内耳

内耳的三部分都有骨性外壳，叫作骨迷路（图7-6）；里面套着与骨迷路外形相似的膜性管道，叫作膜迷路（图7-7）。骨迷路与膜迷路之间有流动的液体，叫作外淋巴；膜迷路内充满内淋巴。内、外淋巴互不相通。

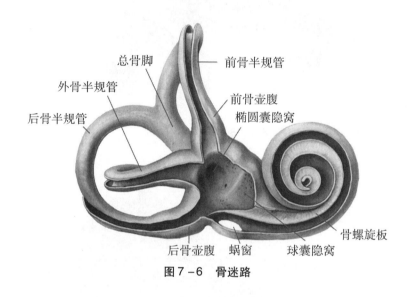

图7-6 骨迷路

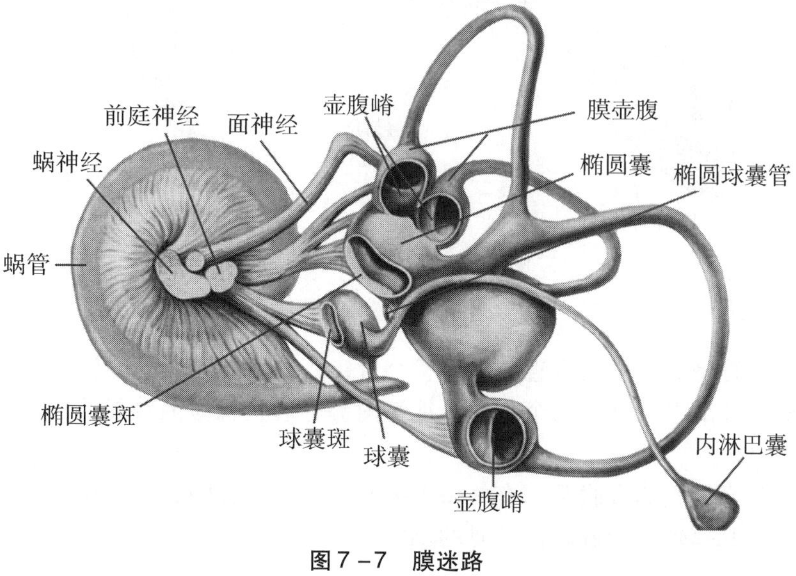

图7-7 膜迷路

1. 耳蜗

骨性耳蜗形似蜗牛壳,有一蜗管绕蜗轴盘旋2.5周,沿蜗轴纵切面上可见蜗管被前庭膜和基底膜隔成外壁的三角形膜蜗管,耳蜗纵行剖面如图7-8所示。前庭膜以上为前庭阶,基底膜以下为鼓阶,两者均有外淋巴,两者自蜗顶相通。在膜蜗管基底膜上有增厚的部分,也随膜蜗管盘旋,这就是听觉感受器,叫作螺旋器(图7-9)。当膜蜗管内淋巴流动时,感受听觉。

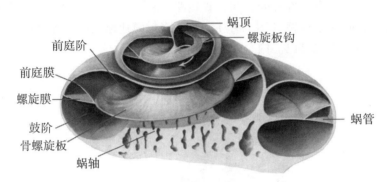

图7-8 耳蜗纵行剖面

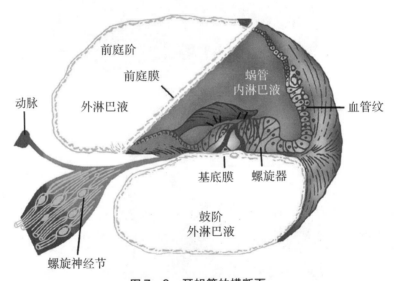

图7-9 耳蜗管的横断面

2. 半规管

骨性半规管是3个相互垂直的半环状小管,管的一端膨大,叫作壶腹;另一端为单脚,里面有外淋巴流动。每个骨性半规管内套着形状相似但较细的膜性半规管,管内充满内淋巴。

在每个膜半规管的壶腹部,有一嵴形突起,叫作壶腹嵴,它是位置觉感受器,感受人体在3个基本轴上做旋转运动时的感觉。

3. 前庭

骨性前庭是介于前面的耳蜗与后面的半规管之间的较为膨大部分。其外侧壁即鼓室的内侧壁，上面有前庭窗（有镫骨底封闭着）和蜗窗（被第2鼓膜封闭着）。膜前庭是位于骨前庭内的两个膜性小囊，两者内淋巴相通连。后面的囊与半规管内淋巴相通，叫作椭圆囊；前面的球囊与膜蜗管相通。在两囊囊壁上有增厚部分，分别叫作椭圆囊斑和球囊斑，也是位置感受器，感受人体做上下、前后、左右方向上的直线运动觉。

为了便于理解和记忆内耳迷路，用表7-1表示它们之间的位置关系及感受器的位置与功能。

表7-1 内耳迷路之间的位置关系及感受器的位置与功能

骨迷路		膜迷路		感受器名称	感受的刺激
骨性耳蜗	外淋巴相通	膜蜗管	内淋巴相通	螺旋器	声音
骨性前庭		膜前庭		囊斑	直线加速与减速运动
骨性半规管		膜半规管		壶腹嵴	旋转运动

二、位听感觉的传导

（一）听觉的传导

声波→耳郭→外耳道→鼓膜→听骨链→前庭窗→前庭阶外淋巴→蜗顶的孔→骨阶外淋巴→蜗窗，被第二鼓膜折返，外淋巴振动→膜蜗管内淋巴振动→基底膜螺旋器感受到声波刺激，转变为神经冲动，沿听觉神经传入大脑皮层听觉中枢。声波传导途径如图7-10所示。

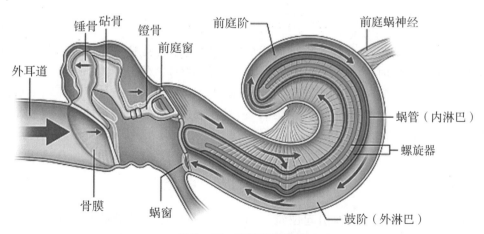

图7-10 声波传导途径

（二）位置觉的传导

沿3个基本轴旋转时，3个半规管的内淋巴由于液体的惯性，向旋转相反的方向刺激壶腹嵴，例如，人体在垂直轴上旋转，外侧水平半规管的内淋巴流动刺激壶腹嵴。向右旋转时，先刺激左侧壶腹嵴，运动终止后又刺激右侧壶腹嵴。壶腹嵴里的感觉细胞兴奋，神经冲动沿位听神经传入脑干前庭神经核、小脑等位觉中枢，反射性引起颈部、躯干和四肢肌肉张力重新分配。

在做直线加速、减速运动时（如乘车突启突停等），前庭里的内淋巴流动，上面的耳石刺激囊斑感觉细胞兴奋，转变为神经冲动，也是沿位听神经传入前庭核等位觉中枢，反射性引起躯干和四肢肌肉张力产生调整，以保持身体平衡，平衡觉感受器如图7-11所示。

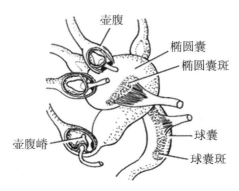

图7-11 平衡觉感受器

三、位听器对人体的影响

（一）听器

当过于强大的声音（爆炸等）突发时，声浪可以直接造成鼓膜破裂和失听等，如果用手掩耳的同时，口张大，使声浪由耳咽管入中耳，使鼓膜内外保持平衡可免损伤。当乘坐飞机升空时，气压变低可使鼓膜膨出；飞机降落后，外界气压增大可使鼓膜内陷，两者均可引起暂时失听、耳痛，通过吞咽或咀嚼口香糖可使中耳空气通过耳咽管开合，及时调整。

（二）位器

位觉器官除能反射性地引起位觉、动觉，并引起骨骼肌紧张度改变、调整姿势（又叫作姿势反射）外，过强的刺激还可引起内脏反应，如头晕、恶心、呕吐、面色苍白、心率加快、血压下降、出冷汗等。有些人晕船、晕车是位觉器敏感之故。为了增强位觉器的稳定性，可以通过一定的训练加以改善（脱敏）。

第三节 本体感觉

一、位置

本体感受器是指分布在肌肉、肌腱、关节囊中的感觉神经末梢。肌肉里的感受器叫作肌梭，肌腱里的感受器叫作腱梭（图7-12）。

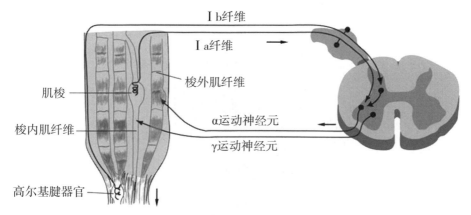

图 7-12 肌肉感受器（肌梭、腱梭）

二、作用

当肌肉缩短或被牵拉时，肌梭和腱梭都会接受刺激，产生兴奋并转变为神经冲动，沿着传入神经到达神经中枢，并可由中枢的低级部位传入高级部位。通过中枢神经系统的分析综合，感知身体在空间的姿势、位置及各个部位的运动状态。

本体感觉与视觉、位置觉、皮肤感觉等也有着密切的联系，共同感知人体的空间方位，使大脑皮层随着外界环境的变化随时调节肌肉紧张，保证身体的协调与平衡；随着训练水平的提高，运动员对肌肉的微细变化分辨力提高，动作更加精细、准确。

第四节 皮 肤

一、皮肤的构造与功能

皮肤是人体最大的器官，成人的皮肤平均总面积约 2 m²，总重量占体重的 16% 左右。皮肤的构造如图 7-13 所示。

皮肤分表皮与真皮两层，被覆全身，借皮下组织与深部组织紧密相连，具有保护、感觉、吸收、排泄和调节体温等作用。

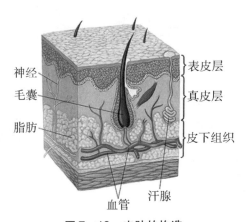

图 7-13 皮肤的构造

（一）表皮

表皮由深层到表层共分为基底层、棘层、颗粒层、透明层和角质层。基底层也叫作生发层（若受破坏，表皮再生障碍，会留疤痕），内含色素，能防紫外线照射，对深层起保护作用；角质层可防止机体水分被蒸发。

（二）真皮

真皮由致密结缔组织构成，内含丰富的毛细血管、淋巴、神经末梢、毛囊、汗腺和皮脂腺。毛囊根部有一斜行的平滑肌，叫作立毛肌，交感神经兴奋时可使毛杆竖起，皮肤呈鸡皮状，皮脂腺位于立毛肌与毛囊间并开口于毛根。

汗腺分泌的汗液与尿液成分相似；皮脂腺有保护皮肤作用，但地处毛根，也是细菌滋生地，运动后应及时用温水清洁皮肤，否则容易使皮脂腺堵塞，生疖疮；夏季汗腺感染叫作痱子。

二、皮肤的感受器

皮肤内分布着多种感受器（图7-14），皮肤感觉包括触觉、压觉、振动觉、痛觉、冷觉和温度觉。皮肤里含有许多感受痛觉的神经末梢分布；还有感受冷觉与热觉的小体，它们的神经末梢已经有了简单的被囊。与本体感受器关系最为密切的是触觉小体和压觉小体。当运动时引起皮肤变形，即使很轻微的皮肤刺激都会产生兴奋，并与位觉、本体感觉等共同感知身体或身体各部分的空间位置共同建立运动性条件反射。

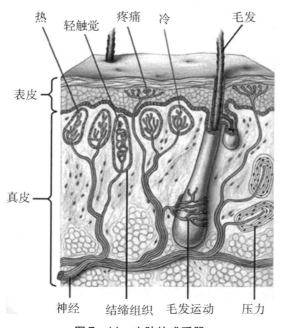

图7-14 皮肤的感受器

思考与练习

1. 试述光线在眼睛内的传导过程。
2. 试述声音在耳内的传导过程。
3. 试述如何提高前庭器的稳定性。

第八章 神经系统与运动

第一节 神经系统概述

神经系统是人体主要的机能活动调节系统。它不仅能把人体各器官系统的功能活动联系起来，使它们成为一个统一的整体，而且还能把人体活动与外界环境统一起来，使人体能够更好地适应不断变化着的环境。又由于人的社会集体活动，产生了第二信号系统——语言和文字，使人不但能够适应环境，还能改变环境、改善生活。后者又进一步促进了大脑皮层的发育，使神经系统的结构与功能更加完善。

一、神经系统的基本结构和功能

神经系统（图8-1）由中枢神经系统和周围神经系统组成，中枢神经系统主要由脊髓和脑两部分组成；周围神经是由脊髓和脑发出的神经纤维组成。神经系统最基本的结构与功能单位是神经元。

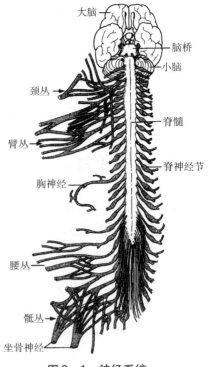

图8-1 神经系统

神经系统最基本的活动方式是反射。反射经过的途径即反射弧（图8-2），包括感受器—传入神经—中枢—传出神经—效应器。

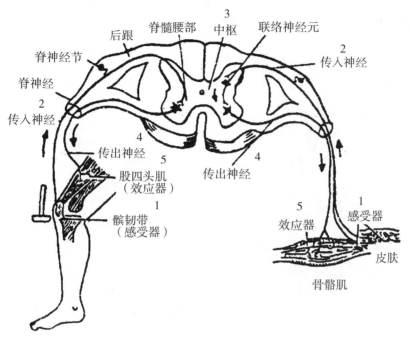

图8-2 反射弧示意

二、神经元

神经元（图8-3）就是神经细胞，是神经系统的结构和功能单位。神经元分为细胞体和突起两部分。细胞体内有神经核和细胞质，外有细胞膜。神经元的突起由胞体发出，分为树突和轴突两种。树突较粗，短且分枝，一个神经元可有多个树突。轴突细、长，不分枝，一个神经元只有一个轴突。

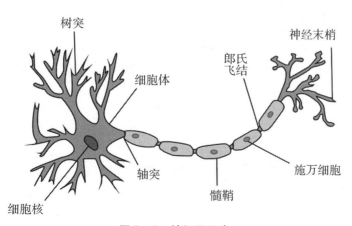

图8-3 神经元示意

神经纤维（末梢感受器）接受刺激后，有产生兴奋和传导兴奋的作用。所产生的兴奋是一股极弱的电流，沿着神经元传递。传递着的兴奋叫作神经冲动。树突接受刺激，产生神经冲动，并把冲动传向胞体；轴突接受胞体传来的兴奋产生神经冲动，并把冲动传向轴突终末（传向下一个神经元或效应器）。

神经元之间的联系，是由一个神经元的轴突末梢与另一个神经元的树突或胞体相接触，其间没有细胞质的沟通。这个接触点叫作突触（图8-4）。神经元传递兴奋时，只能从前一个神经元的轴突传递给后一个神经元的树突（或胞体），不能倒转方向传导。

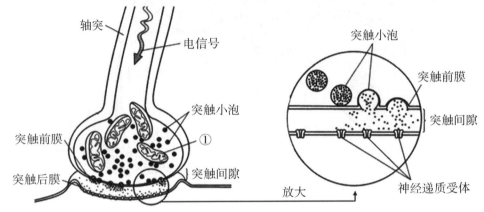

图8-4 突触结构示意

三、神经系统的区分

神经系统（图8-5）的中枢部分为脑和脊髓，脑又分为大脑、脑干和小脑。神经系统的周围部分是自脑和脊髓发出的脑神经、脊神经和植物神经。

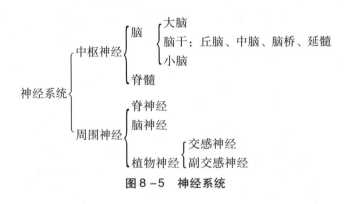

图8-5 神经系统

第二节 中枢神经

中枢神经（图8-6）主要包括脑和脊髓。脑在颅腔中，脊髓在椎管里，两者于枕骨大孔处相连。

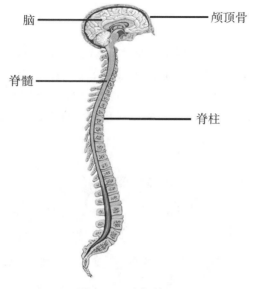

图 8-6 中枢神经

一、脑

脑位于颅腔内，在成人其平均质量约为 1400 g，起源于胚胎时期神经管的前部，由端脑、小脑、间脑、脑干组成。其中，端脑和间脑合称为前脑，后脑由脑桥和小脑构成。依据其所处的位置，人们习惯上把中脑、脑桥和延髓三部分合称为脑干。延髓向下经枕骨大孔连接脊髓。随着脑各部的发育，胚胎时期的神经管就在脑的各部内部形成一个连续的脑室系统。人脑结构如图 8-7 所示。

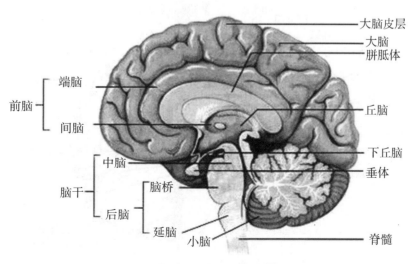

图 8-7 人脑结构

（一）端脑

1. 端脑的构造

端脑是脑的最高级部位，由两侧大脑半球借胼胝体连接而成。半球表面凹凸不平，表层是灰质（神经元胞体集中分布的区域），深层为白质（神经纤维集中分布的区域），白质中有灰质团块（叫作神经核）。大脑内部有空腔，叫作脑室，内有脑脊液（大脑半球外侧面如图 8-8 所示，大脑半球内侧面如图 8-9 所示）。

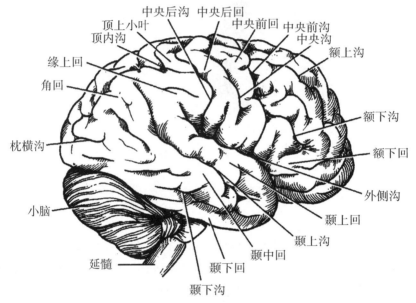

图 8-8 大脑半球外侧面

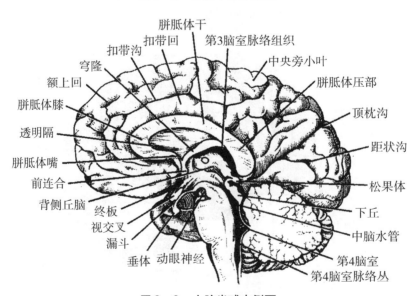

图 8-9 大脑半球内侧面

大脑表面凸起处叫作回，凹陷处叫作沟或裂。每个半球外侧面的中部有1条由后向前斜下的深沟，叫作大脑外侧裂。近顶部中央有一沟向下行至大脑外侧裂中部，叫作中央沟。在大脑半球内侧面后方有一斜向前下方的沟，叫作顶枕裂。大脑半球由这3条沟裂分为4个叶，即中央沟以前的部分叫作额叶，中央沟与顶枕裂之间的部分叫作顶叶，顶枕裂以后的部分叫作枕叶，外侧裂以下的部分叫作颞叶。

大脑半球表面的灰质叫作大脑皮层，是神经系统的最高级部位。大脑皮层中机能相近的神经元集中分布在一定部位，成为特定的机能区域，叫作中枢。大脑主要的皮层中枢（图8-10）有：①运动中枢——在额叶上的中央前回，主管身体对侧骨骼肌随意运动；②感觉中枢——在顶叶上的中央后回，主管对侧身体的皮肤感觉；③听觉中枢——在颞叶，主管听觉；④视觉中枢——在枕叶，主管视觉。

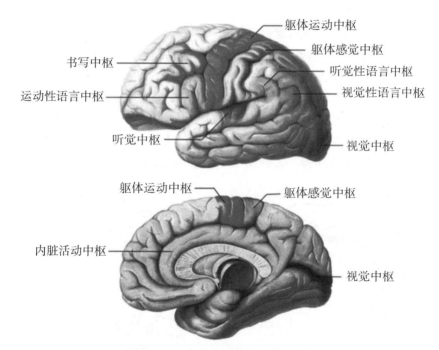

图8-10 大脑主要的皮层神经中枢

大脑半球的内部白质，由大量神经纤维组成，这些神经纤维有的联络本半球内的脑回或机能中枢；有的联络两侧大脑半球，并形成了胼胝体；还有的与皮层下各级中枢相联络，即上、下行纤维。在大脑白质里的灰质团块中最大的是纹状体（图8-11）。上、下行的神经纤维通过纹状体和间脑之间呈"V"形，叫作内囊。大脑半球内部结构如图8-12所示。脑溢血时压迫内囊上、下行神经纤维，可引起对侧身体感觉或运动障碍，俗称"半身不遂"。

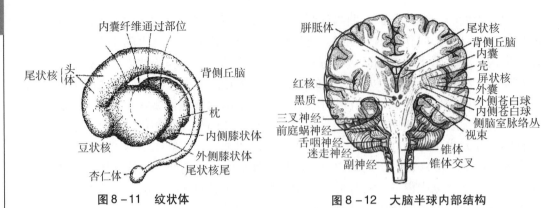

图8-11 纹状体　　　　图8-12 大脑半球内部结构

2. 大脑半球的机能

大脑半球是中枢神经系统机能调节的最高部位，传入信息在这里做最后的分析综合（思维活动），调节机体各部分活动。机体各种机能活动分别由大脑皮层的一定区域来管理。与大脑皮层相连的神经纤维在延髓交叉后下行，分别支配身体对侧的活动，即左侧大脑半球支配机体右侧的活动；右侧大脑半球支配机体左侧的活动。另外，大脑皮层运动中枢和感觉中枢支配区域分布上还有一个特点，即中央前、后回支配对侧躯体运动或感觉的分布区域，投影是倒置的人体，即中央下部支配头面，次为手、躯干，最上方是下肢和脚。大脑皮层躯体运动代表区功能如图8-13所示。

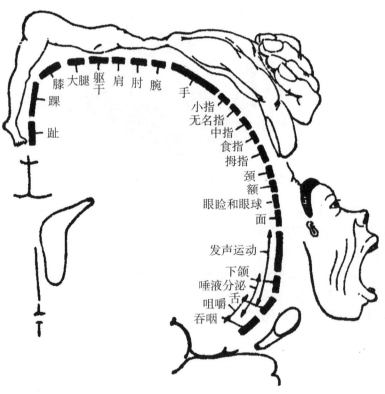

图8-13 大脑皮层躯体运动代表区功能

（二）间脑

间脑（图 8-14）由前脑发展而来，位于脑干和端脑之间，其体积不到中枢神经系统的 2%，但结构和功能十分复杂，仅次于大脑皮质。间脑的两侧和背面被高度发展的大脑半球所掩盖，仅腹侧部的视交叉、视束、灰结节、漏斗、垂体和乳头体外露于脑底。间脑包括背侧丘脑、上丘脑、下丘脑、后丘脑和底丘脑。

间脑的内腔为位于正中矢状面的窄隙，称为第 3 脑室，其顶部成自脉络组织，底由视交叉、灰结节、漏斗和乳头体构成，前界为终板，后通中脑水管，侧壁为背侧丘脑和下丘脑。

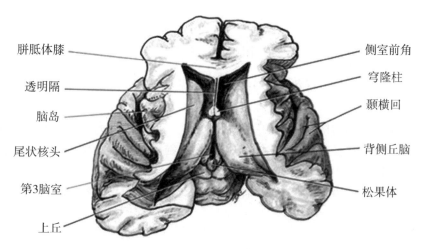

图 8-14　间脑

间脑是绝大多数感觉神经纤维向大脑皮层传导冲动的中转站，也是大脑皮层之下较高级的感觉中枢。丘脑的下部是一个重要的植物性机能调节中枢，能影响脂肪、糖、水盐等的代谢活动，还可调节体温，排泄汗、尿，具有消化和循环等系统的功能。

（三）脑干

脑干（图 8-15）是中枢神经系统中位于脊髓和间脑之间的一个较小部分，自上而下包括中脑、脑桥和延髓 3 个部分。

1. 中脑

位于间脑和脑桥之间。后面有四叠体，前面是大脑脚，中部有调节运动反射的红核、黑质等。

2. 脑桥和延髓

脑桥是脑干中比较膨大的部分，内含前庭神经核、蜗神经核（位置觉和听觉的低一级中枢）；延髓可看作脊髓的延续部分，于枕骨大孔处接脊髓。脑桥和延髓内部

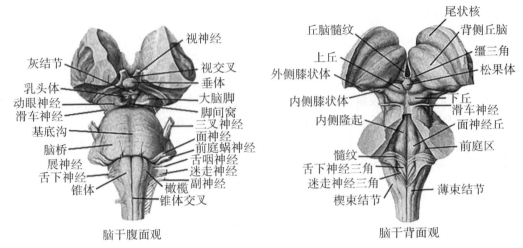

图 8-15 脑干

有向上、向下传导的神经纤维，是中枢神经系统高级部位与低级部位之间及与小脑之间的重要联系通道。

延髓与脑桥内部结构和实现的反射活动复杂，但都是受大脑皮层调控的较低一级的中枢所在地。如呼吸和心跳等生命中枢就在延髓。延髓和脑桥也是调节许多重要内脏器官活动的较高级中枢。

在脑干广大区域中，神经细胞和神经纤维交织在一起呈网状，叫作网状结构。

（四）小脑

小脑（图 8-16）位于脑桥和延髓的后面，包括两个小脑半球和中间的蚓部。小脑与大脑皮层、中脑、脑桥、延髓和脊髓间都有神经联系。小脑经常在大脑皮层支配下对中枢神经低级部位进行调节，以协助大脑皮层完成各种复杂的躯体性（骨骼肌）和植物性（平滑肌和心肌）器官的活动。

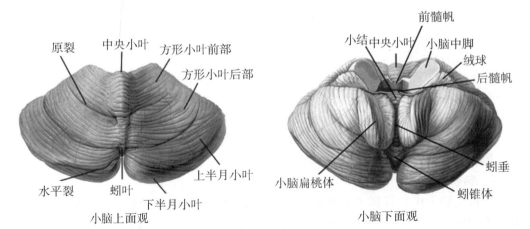

图 8-16 小脑

小脑的主要机能有：①维持身体平衡；②调节肌紧张；③协调随意运动。若小脑受损，则肌肉的紧张性降低，软弱无力，动作和姿势不协调（熟练的骑车人骑不了车了），走路摇摆不定，呈醉酒样，容易跌跤等。

二、脊髓

（一）脊髓的构造

脊髓（图8-17）位于椎管内，呈前后稍扁的圆柱形，上于枕骨大孔处接延髓，下部于第1、第2腰椎水平突然变细为终丝，与下位脊神经一道形成马尾。脊髓按每对脊神经根的出入范围划分为31个节段：即8个颈节（C）、12个胸节（T）、5个腰节（L）、5个骶节（S）和1个尾节（C_0）。胚胎早期，脊柱与脊髓等长，所有脊神经几乎呈直角自脊髓发出，穿过相应的椎间孔。从胚胎第4个月开始，脊髓的生长速度慢于脊柱，因此成人脊髓与脊柱的长度是不相等的，这也就使得脊髓的节段与脊柱的节段并不完全对应。了解某节椎骨平对某节脊髓的相应位置具有现实意义。如在创伤中，可凭借受伤的椎骨位置来推测脊髓可能受损的节段。在成人，一般粗略的推算方法：上颈髓（C1～C4）大致与同序数椎骨相对应。下颈髓（C5～C8）和上胸髓（T1～T4）与同序数椎骨的上一节椎体平对，如第6颈节平对第5颈椎体。中胸部的脊髓约与同序数椎骨上两节椎体平对。下胸部的脊髓约与同序数椎骨上3节椎体平对。腰髓平对第11～12胸椎范围内，骶髓核尾髓约平对第1腰椎。成人椎管内在相当第1腰椎以下已无脊髓而只有马尾。

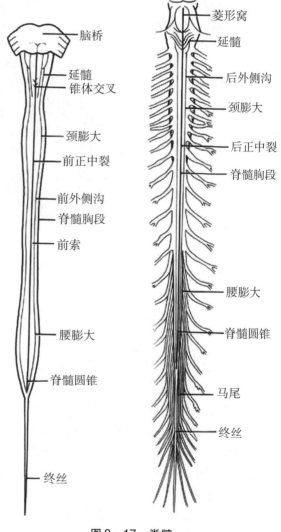

图8-17 脊髓

脊髓上、下各有一膨大部分，上部叫作颈膨大，下部叫作腰膨大。脊髓前、后正中线上各有一条纵沟，分别叫作前正中裂和后正中沟。在脊髓的横切面（图8-18）上可看到它的内部结构：内层是呈"H"形的灰质区，外层为白质。灰质中央有一中央管。

脊髓"H"形灰质区中间为灰质联合，两侧灰质分别向前突出——前角，向后突出——后角。出入脊髓前角与后角的神经纤维束分别叫作前根和后根，前根是运动根，由运动性纤维组成，由脊髓前角的运动神经元胞体发出；后角是感觉根，其神经纤维进入脊髓后角。前、后根于椎间孔处合并为脊神经。

脊髓根据脊神经发出的部位分为颈段、胸段、腰段和骶尾段等，在内部结构中，于脊髓的胸段和腰段的灰质两侧还有侧角，它是植物性神经中枢的低级、中级部位。

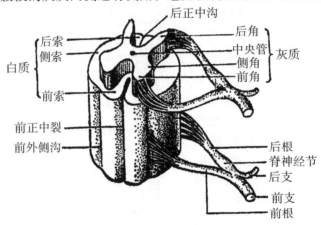

图8-18 脊髓横切面

（二）脊髓的机能

脊髓是中枢神经系统的最低级部位，其机能是实现兴奋的传导和完成基本的反射活动。

身体里大部分传出和传入的神经纤维都是自脊髓发出或进入脊髓的。来自身体绝大部分的皮肤、肌肉和内脏等感受器的兴奋冲动，通过脊髓白质中的上行传入纤维传向中枢神经的高级部位。来自高级中枢的兴奋冲动，通过脊髓传出（下行）纤维传给肌肉、内脏等效应器，支配它们的活动。此外，脊髓还是一些简单的反射中枢，实现屈肌和腱反射等。

脊椎骨骨折时，如果骨折部位在腰椎以上的水平，则与其相应部位的脊髓将受损，损伤断面以下的支配区域将瘫痪。损伤的部位越高危害越大，如颈椎骨折，脊髓受损位置较高，上肢以下瘫痪时叫作"高位截瘫"。

位于大脑皮层运动中枢的运动神经元受损，叫作"上单位瘫"；位于脊髓前角的运动神经元受损，叫作"下单位瘫"。人体的主动运动主要由上、下两个神经元发出的冲动（命令）实现的。

第三节 周围神经

周围神经包括脊神经、脑神经和植物性神经。其中,脊神经和脑神经合称为躯体性神经。

一、脊神经

(一)脊神经的结构

脊神经(图8-19)是与脊髓相连的神经,共31对,是由含运动纤维的前根和含感觉纤维的后根合并而成的。故脊神经是混合神经。脊神经的感觉纤维向中枢神经传导痛觉、触压觉和冷热觉,也传导肌肉、肌腱的本体感觉(肌肉收缩、放松的感觉)。

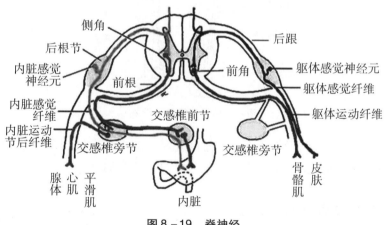

图8-19 脊神经

脊神经的运动纤维是传达各级运动中枢的"命令",支配肌肉收缩或放松。脊神经分布于躯干和四肢的骨骼肌,其中分布于躯干的主要有肋间神经、膈神经,分布于上肢的主要有尺神经、正中神经和桡神经,分布于下肢的主要有股神经和坐骨神经。其中,坐骨神经是人体最大的神经。脊神经的分布如图8-20所示。

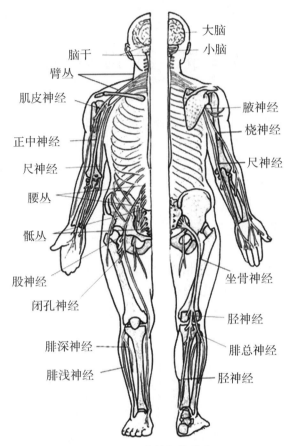

图 8-20 脊神经的分布

脊神经起始于前根和后根，在穿过椎间孔时，前根和后根结合成脊神经干，脊神经干出椎间孔后分为四支，即前支、后支、脊膜支和交通支。

（二）脊神经后支的分布

脊神经后支细短，分布具有明显的节段性，分布于项背部的肌肉及皮肤。C1 神经的后支称为枕下神经，分布于项部深肌；C2 神经后支为枕大神经，分布于枕部的皮肤；L1～L3 及 S1～S3 后支的外侧支，分别分布于臀上部和臀下部的皮肤，即为臀上皮神经和臀中皮神经。S4～S5 和尾神经的后支，分布于尾骨周围的皮肤。

（三）脊膜支和交通支的分布

脊膜支细小，经椎间孔返回椎管，分布于脊髓的被膜、椎骨骨膜、椎间盘和韧带等。上 3 对脊神经的脊膜支还分布于颅后窝的硬脑膜。

交通支细小，连于脊神经与交感干神经节之间。

（四）脊神经前支的分布

前支粗大，分布于躯干前外侧部和四肢的肌及皮肤。大多数前支先交织成丛，由丛再分支分布于相应的区域（只有 T2～T11 神经前支保持明显节段性）。脊神经前支形成左、右对称的为颈丛、臂丛、腰丛和骶丛。

1. 颈丛的组成及主要分支

颈丛由 C1～C4 颈神经前支吻合而成。位于胸锁乳突肌上部深面，发出一些肌支和皮支，其中最重要的是膈神经。膈神经（由 C3～C5 颈神经组成）自颈侧下降，穿胸廓上口进入胸腔至膈肌，支配膈肌活动。颈丛皮支如图 8-21 所示。

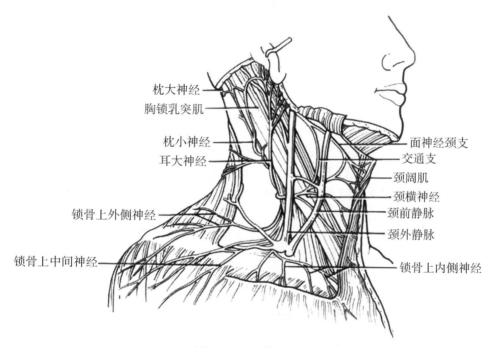

图 8-21 颈丛皮支

2. 臂丛的组成及主要分支

臂丛由第 5～8 颈神经和第 1 胸神经前支吻合而成位于锁骨上窝。臂丛神经分布如图 8-22 所示。由胸锁乳突肌的后缘的中、下 1/3 交接处至锁骨中、外 1/3 交接处稍内侧画一线段，即臂丛的体表投影。上肢神经分布于上肢的肌肉和皮肤，发出的神经有以下 5 个部分，如图 8-23 所示。

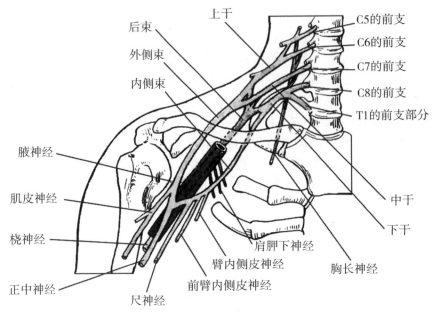

图 8-22 臂丛神经分布

（1）肌皮神经：支配肱二头肌、肱肌和喙肱肌的运动和前臂桡侧皮肤的感觉。

（2）正中神经：在上臂无分支，在前臂分支，肌支支配前臂前群肌（除肱桡肌、尺侧腕屈肌和指深屈肌内侧半）、鱼际肌的运动，皮支支配手掌面桡侧 3 个半指及其中节和远节背面皮肤的感觉。

（3）尺神经：在上臂无分支，在前臂分支，肌支支配除正中神经支配以外的前臂前群肌、手肌的运动。皮支支配手掌、手背尺侧半和尺侧一个半指掌、背面皮肤的感觉。

（4）桡神经：肌支支配整个上肢后群肌的运动。皮支支配上肢后面及手背桡侧半和桡侧 3 个指背面的（中节和远节除外）皮肤的感觉。

（5）腋神经：肌支支配三角肌及小圆肌的运动。

3. 胸神经前支

胸神经前支共 12 对，除第 1 胸神经前支的大部分参加臂丛，第 12 胸神经前支的小部分参加腰丛，其余均不成丛（图 8-24）。它们位于相应的肋间隙，称为肋间神经（图 8-25），支配肋间内肌、外肌和腹肌外侧群。

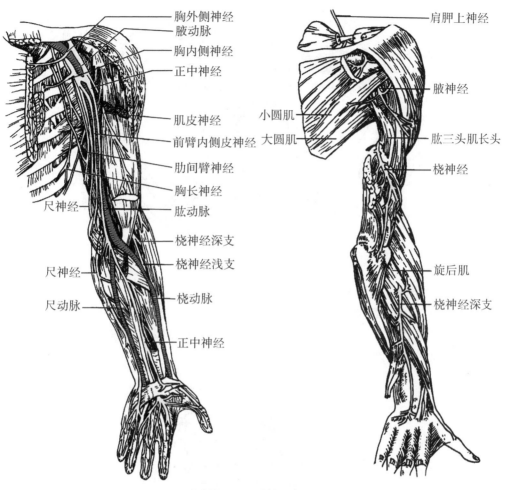

图 8-23 上肢神经分布

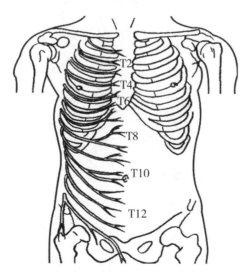

图 8-24 胸神经前支节段性分布

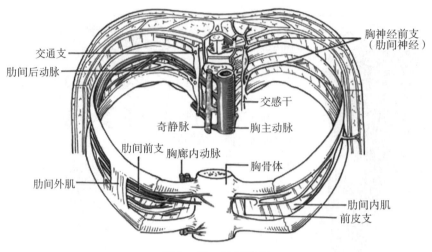

图 8-25 肋间神经

4. 腰丛的组成及主要分支

腰丛由第 12 胸神经前支的一部分，第 1～3 腰神经前支和第 4 腰神经前支的一部分组成（图 8-26）。腰丛位于腰大肌深面，除支配髂腰肌、腰方肌外，发出的主要神经有以下两个部分。

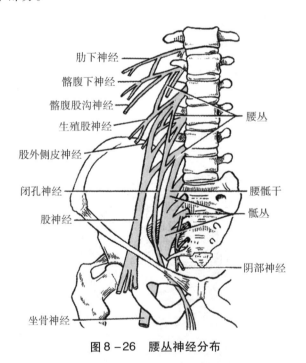

图 8-26 腰丛神经分布

（1）股神经：肌支支配股四头肌、耻骨肌和缝匠肌的运动。皮支支配股前区、小腿内侧、足内侧缘皮肤的感觉。

（2）闭孔神经：肌支主要支配大腿内收肌群的运动，皮支支配大腿内侧皮肤的感觉。

5. 骶丛的组成及主要分支

骶丛由第4腰神经前支的小部分，第5腰神经前支和全部骶神经和尾神经前支吻合而成。位于骶骨前外侧和梨状肌前面，分布于盆壁、臀部、会阴、股后部和小腿及足的肌肉和皮肤。下肢神经分布如图 8-27 所示。

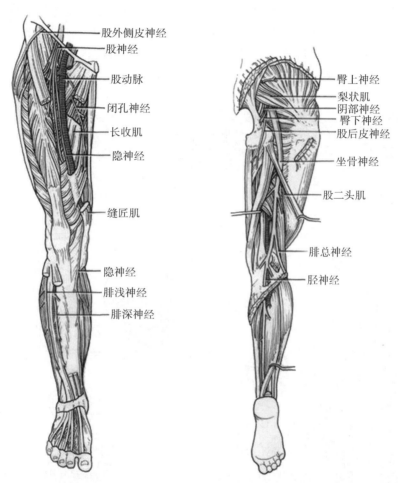

图 8-27　下肢神经分布

（1）臀上神经和臀下神经：前者支配臀中、小肌和阔筋膜张肌的运动，后者支配臀大肌运动。

（2）坐骨神经：是身体中最粗大的神经，从梨状肌下缘出骨盆，经坐骨结节和股骨大转子之间到大腿后面，其肌支支配股后肌群、全部小腿肌和足肌的运动。皮支支配股后部、小腿、足的皮肤感觉。坐骨神经痛时，坐骨结节与股骨大转子之间为坐骨神经的压痛点。一般的坐骨神经于股后行至腘窝上角分别为胫神经和腓总神经两个终支。胫神经是坐骨神经本干的延续，肌支支配小腿后群肌和足底肌的运动。皮支支配小腿后面和足底皮肤的感觉。腓总神经自腘窝上方分出后，绕腓骨颈下方穿腓骨长肌到腓骨颈前面，分为腓浅神经和腓深神经。前者的肌支支配小腿外侧群肌运动，皮支支配小腿外侧及足背皮肤的感觉。后者支配小腿前群肌运动。

二、脑神经

脑神经（图8-28）是与脑相连的神经，共12对。自颅侧向尾侧排列的顺序分别是：Ⅰ嗅神经、Ⅱ视神经、Ⅲ动眼神经、Ⅳ滑车神经、Ⅴ三叉神经、Ⅵ外展神经、Ⅶ面神经、Ⅷ位听神经、Ⅸ舌咽神经、Ⅹ迷走神经、Ⅺ副神经、Ⅻ舌下神经。其中，第1对脑神经位于大脑额叶下方，第2对脑神经连于间脑的视交叉，其余的10对脑神经与脑干相连（表8-1）。

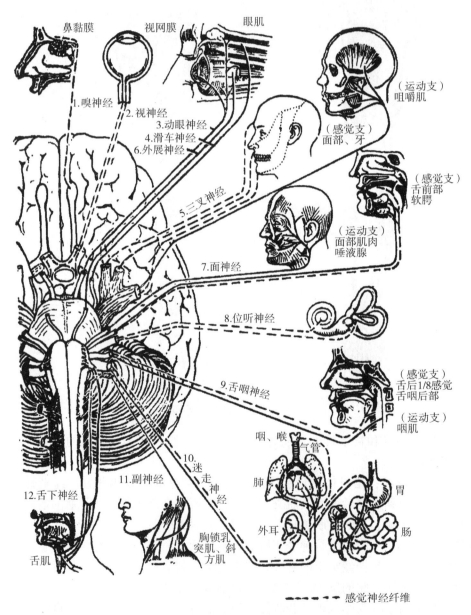

图8-28 脑神经

表8-1 脑神经的名称和主要功能

名称	主要功能	名称	主要功能
1. 嗅神经	嗅觉	7. 面神经	面部肌肉运动、唾液分泌、舌前2/3味觉
2. 视神经	视觉	8. 位听神经	听觉、平衡觉
3. 动眼神经	眼球运动、瞳孔活动	9. 吞咽神经	咽肌运动、唾液分泌、舌后1/3味觉
4. 滑车神经	眼球运动	10. 迷走神经	内脏运动和感觉
5. 三叉神经	颜面、牙齿、眼球的感觉	11. 副神经	胸锁乳头肌和斜方肌运动
6. 外展神经	眼球运动	12. 舌下神经	舌肌运动

三、内脏神经

内脏神经主要分布于内脏、心血管和腺体，按性质可分为内脏运动神经和内脏感觉神经。内脏运动神经支配平滑肌、心肌的运动和腺体的分泌，以控制和调节人体的新陈代谢活动，因它不受人的意志支配，故又称为自主神经或植物神经。内脏感觉神经将来自内脏、心血管等处内感受器的感觉冲动传入中枢，通过反射调节这些器官的活动，从而维持机体内、外环境的动态平衡和保障机体正常生命活动。

根据形态、机能和药理的特点，内脏运动神经分为交感神经和副交感神经。

（一）内脏神经的结构

内脏神经的结构如图8-29所示。

1. 交感神经

交感神经也分中枢部和周围部。中枢部有高级和低级之分。

交感神经的高级中枢在大脑皮层，低级中枢在脊髓的胸腰段里（灰质侧角）。由后者的神经细胞胞体发出的纤维组成节前纤维，终止在位于脊柱两旁和腹腔后壁的椎旁神经节。椎旁神经节有23～25对，彼此由纤维串联成2条交感神经链；脊柱前面还有不对称为的几个椎前神经节。由这些交感神经节的胞体再发出纤维，分布到内脏器官。

2. 副交感神经

副交感神经的中枢高级部分也在大脑皮层，低级中枢又分为颅、骶两部分。

颅部在脑干，骶部在脊髓骶段。颅部神经纤维随着第3、第7、第9和第10对脑神经发出；骶部神经纤维随骶部神经发出。颅骶部神经纤维在到达所支配的器官附近终于副交感神经节。节后纤维很短。

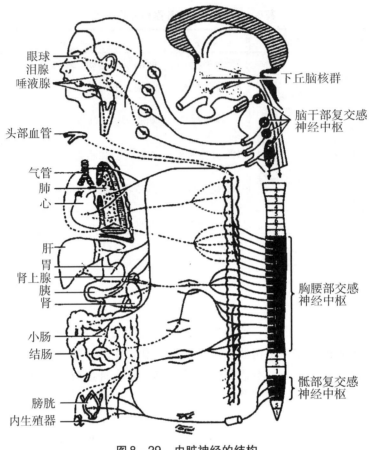

图 8-29 内脏神经的结构

(二) 内脏神经的机能

一般内脏器官都接受交感神经和副交感神经的双重支配。但是，交感神经纤维大都围绕在血管周围，随着血管分布到全身各处，所以它的分布较交感神经广泛。大多数血管、皮肤的汗腺和立毛肌都没有副交感神经分布。

交感神经和副交感神经作用是相反的、对抗的，也是矛盾的统一体（表 8-2）。如交感神经使心跳加快，副交感神经使心跳减慢，在大脑皮层的统一调控下，两者相互协调与配合，才能使各个器官的活动经常保持相对平衡。例如，从事体育运动或劳动时，交感神经兴奋，使心率加快，血液循环加速，呼吸运动加强，汗腺分泌增加，骨骼肌血管扩张，腹腔内脏血管收缩、活动减弱，血液重新分配，便于肌肉更好地活动。当休息下来，在副交感神经兴奋的作用下，各器官的活动又恢复正常。

表 8-2　交感神经和副交感神经的主要机能

器官系统	交感神经的作用	副交感神经的作用
循环系统	心跳加快	心跳减慢
	冠状动脉血管扩张	冠状动脉血管收缩
	末梢血管收缩	末梢血管扩张
呼吸系统	支气管扩张（分泌减少）	支气管收缩（分泌增多）
消化系统	消化液分泌减少	消化液分泌增多
	胃肠运动减弱	胃肠运动增强
排泄系统	尿量减少	尿量增多
	抑制排尿	排尿
眼	瞳孔扩大	瞳孔缩小
皮肤	促进排汗	—

（三）植物性神经和躯体性神经的区别

（1）植物性神经从中枢到效应器的途中，要经过一个神经节交换神经元；躯体神经自中枢直接到达效应器。

（2）植物性神经的兴奋性较低，要引起植物性神经兴奋，需要有较强的刺激。

（3）植物性神经机能活动性较低，其所支配的器官惰性较大。

（4）植物性神经纤维较细，传导速度较慢。如支配骨骼肌运动的躯体神经传导速度为 60～120 m/s，植物性神经仅 1～3 m/s。

出于以上原因，可知，要使运动开始后内脏器官的活动立即动员起来以满足肌肉工作的需要，就必须做好充分的准备活动，克服内脏的惰性。通过一定的训练也可以提高内脏机能的活动。

四、体育锻炼对神经系统的影响

经常参加体育锻炼有利于神经系统的功能提高。体育锻炼能改善神经系统的调节功能，提高神经系统对人体活动时错综复杂的变化的判断能力，并及时做出协调，准确、迅速地反应。此外，运动对神经系统的良好影响，主要在于它是一种积极的休息。当经过较长时间的脑力劳动而感到疲劳时，参加短时间体育运动可以转移大脑皮层的兴奋中心，使原来高度兴奋的神经细胞得到良好的休息，同时又补充了氧气和营养物质。而脑组织所需氧气和营养物质的供给又完全依赖于血液循环、呼吸和消化系统，体育锻炼在很大程度上改善了这些系统的功能，提高了它们的工作效率，从而促进了脑血液循环，改善了脑组织的氧气和营养物质供应，使脑组织的工作效率有了显著提高。

　　神经系统在机体其他系统的配合下，构成了神经－体液调节系统，它是人体全自动控制系统的中枢，主要负责维持人体的稳定状态。经常参加体育运动，可以使这一系统得到锻炼和加强，使中枢神经系统对兴奋和抑制的调节能力更趋完善，从而进一步活跃全身各个系统和器官的功能，使它们的活动更加协调，工作效率提高，对外界刺激的反应迅速、灵敏，以适应外界环境的变化并增强抵抗各种疾病因素的能力。

第四节　神经系统对躯体运动的调节

　　人要维持正常的身体姿势或要完成各种动作，都是在神经系统的调节下，由骨骼肌收缩实现的神经反射活动。

一、牵张反射

　　当骨骼肌被外力牵拉时，该肌就会产生反射性收缩，这种反射叫作牵张反射。这种反射包括腱反射和肌紧张。腱反射是由于快速牵拉肌腱时产生的。其特点是反射弧简单、反射速度快。用小锤叩击股四头肌的肌腱（髌腱）时，股四头肌因受牵拉，就会发生一次快速收缩，小腿向前踢。叩击跟腱也会发生足的迅速跖屈。投掷前预先拉长投掷臂的屈肌以增大投掷力，就是利用这一反射作用。肌紧张是指缓慢持续牵拉肌肉收缩时发生的牵张反射，其表现为受牵拉的肌肉发生紧张性收缩，故又称为紧张性牵张反射。正常人体内的骨骼肌纤维，经常在轮流交替地收缩，致使其处于一种轻度的持续收缩状态，使它产生一定的张力，称为肌张力（或肌紧张）。

　　肌紧张对于维持躯体的姿势非常重要，例如，人取直立姿势时，由于重力的影响，头将向前倾和腰将不能挺直。髋关节与膝关节也将屈曲；但可反射性地引起骶棘肌、颈部某些肌群以及下肢的伸肌群等紧张性增强，就能抬头、挺胸、伸腰、直腿、保持直立姿势。全身肌肉的肌紧张不同而又互相配合，才能使人体保持某种姿势，当某部肌肉的肌紧张发生变化时，姿势也将随着改变。

二、姿势反射

　　人体在平时总会保持一定的姿势。当姿势被破坏（如一脚踩入低凹处）时，有关肌肉的肌紧张就会重新调整以维持平衡或恢复正常姿势。人和动物为了维持身体基本姿势而发生的肌肉张力重新调配的反射活动，统称为姿势反射。它们对体育运动有着重要作用。

（一）状态反射

当头部位置改变时，可反射地引起四肢肌和躯干肌的张力重新调整。这种反射现象叫作状态反射（图8-30）。

（1）头部向一侧倾斜或扭转时，同侧的上肢伸肌、下肢伸肌和背部伸肌的紧张性都增强，对侧伸肌紧张性减弱。例如，投掷标枪出手前的一刹那，为了更好地拉紧投掷臂肌肉以发挥投掷的力量，运动员的头部必须向投掷臂一侧扭转并倾斜。

（2）头部后仰时，引起两侧上肢伸肌、下肢伸肌和背部伸肌的紧张性加强，即四肢伸直、背部挺直。例如，举重运动员举起杠铃之前的瞬间，必须猛力仰头（抬头），以提高伸肘肌、肩和背部伸肌的力量，才能完成动作。体操倒立时，头部也必须后仰。

（3）头部前倾（低头）时，上肢伸肌、下肢伸肌和背肌的紧张性减弱，而上肢屈肌、下肢屈肌和腹部肌肉紧张性加强，呈现四肢弯曲、屈体。如做后滚翻动作时，如果头后仰就难以完成动作，必须头前倾（低头）才行。又如短跑时，为了不使身体过早直立，就不应过早抬头等。

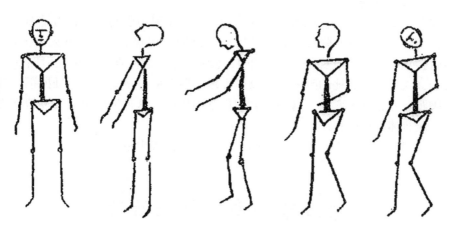

图8-30 人体状态反射示意

（二）翻正反射

翻正反射（图8-31）是指身体在发生主动或被动位移时引起的肌肉张力改变现象。它又分为旋转运动反射和直线运动反射两种。

1. 旋转运动反射

旋转运动反射指人体在主动或被动做旋转运动时，或者是身体向前后和左右倾倒时，为了恢复正常体位所产生的一种反射活动。

当身体向一方倾倒时，迷路的感受器受到刺激产生兴奋，兴奋冲动到达脑干，反射性地引起全身肌肉张力的重新调整。例如，向前倾倒时，反射性地引起背部肌肉紧

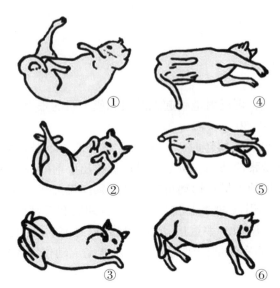

图 8-31 翻正反射示意

张；后倒时引起腹部肌肉紧张；向侧方倒时，躯体对侧的外展肌张力紧张（或对侧的屈肌和伸肌紧张），内收肌张力下降，以防跌倒等。

2. 直线运动反射

人体在主动或被动做直线加速、减速运动时，反射地引起肌肉张力重新分配，叫作直线运动反射，包括升降反射和落地反射。例如，在乘电梯时，开始上升的瞬间，下腿会不由自主地弯曲；电梯停止时，下肢会不由自主地伸直，这种反射叫作升降反射。又如，人从高处着地的瞬间，会反射性地下肢弯曲；将动物由高处抛下，其前肢伸直，脚趾分开，后肢弯曲，这种反射叫作落地反射。这种反射可以缓冲地面支撑反作用力，对机体起保护作用。

这些反射是先天具有、不用训练的，也是通过低级中枢实现的。

第五节　高级神经活动

通过中枢神经高级部分——大脑皮层实现的反射活动，叫作高级神经活动。条件反射是大脑皮层活动的基本活动方式。

一、条件反射

（一）非条件反射和条件反射

1. 非条件反射

人和动物生来就有一系列反射，不需通过受教育或训练的叫作非条件反射，如前面所讲的状态反射就是非条件反射之一。其他还有食物反射，如吸吮反射、吞咽反射、唾液分泌等；防御反射，如探究反射（突听巨响会不由自主地朝向响动方向探究究竟）、屈肌反射（用锐物刺四肢末端会引起上肢或下肢屈肌收缩等）。

非条件反射的途径是固定的，不用通过思想，就是去除大脑皮层的动物也能实现。不过非条件反射虽然是在皮层以下的低级中枢实现的，在正常成人，它还经常受着大脑皮层的控制和调节，尤其能够受精神因素的控制。比如你在外面走时，背后有人大声呼唤你，你本能地会回过身应答（探究反射），但是呼唤的人是你不愿见的人或呼叫的是你不愿听的"小名"，你可以强忍住不回头；又如烈火中和地震中救人，明知有危险或烧灼疼痛，但救死扶伤的责任感会驱使你挺身而出，防御反射消失。

非条件反射数量有限，只能保证机体与外界环境在某种程度上的平衡，对于经常变化着的外界环境，仅靠非条件反射是难以适应的。

2. 条件反射

条件反射是在非条件反射的基础上建立的。条件反射不是先天具有，而是个体在后天生活过程中，在特定的条件下获得并巩固的。我们后天学习的一切知识技能都是一种条件反射。后天生活、学习、训练中人和人之间的经历和努力程度不同，所建立的条件反射也各不相同或有很大差异。

例如，把同胎出生的小狗，一些放养，一些圈养，结果它们的生活能力差异会很大。又如一条狗从未尝过肉的味道，把肉送到它嘴边它也不会引起唾液分泌；假如让它尝过一次肉味，它再见到肉就会有唾液分泌。人类后天生活中的一切活动都是条件反射，若没有条件反射，人和动物都无法生存。

条件反射失去意义或不再巩固时，就会消退，所以它的反射弧不是固定的，而是一种暂时性的神经联系。高等动物和人的条件反射必须靠大脑皮层来实现。

非条件反射和条件反射的区别见表8-3。

表8-3 非条件反射和条件反射的区别

区别	非条件反射	条件反射
不同点	先天的、遗传的 种族的 任何条件下发生的 有恒定的神经联系 在皮层下部位可以实现	后天的、获得的 个体的 在一定的情况下形成的 是暂时的神经联系 只在大脑皮层实现
相同点	都是反射活动 都服从因果论 都有完整的反射弧	

（二）形成条件反射的生理过程

巴甫洛夫在研究消化的过程中，观察唾液腺和胃液分泌时发现：给狗喂食物，狗的反应是流唾液。如果这时给一个无关刺激（如灯光或铃声），并使光或声规律地出现在喂食之前，经过长时间地把光、声与吃食有规律地结合起来，那么以后只要光或声出现，即使不给狗喂任何食物，狗也会流唾液。这样，一种无意义的光或声的刺激就变得有意义了。通常把光或声的刺激叫作条件刺激物，把食物叫作非条件刺激物，狗进食流唾液叫作非条件反射，听或看到声或光就流唾液就是条件反射。

以铃声为条件刺激物，形成食物性条件反射的神经联系，如图8-32所示；当给狗吃食时，食物刺激狗的口腔黏膜神经末梢和舌的味觉感受器引起兴奋，兴奋冲动沿着传入神经传到延髓唾液分泌中枢，中枢发出神经冲动，沿着传出神经到达唾液腺，引起唾液分泌（这一过程是非条件反射）。同时，延髓发出另一神经冲动，沿传出纤维上行至大脑皮层的食物中枢，通过皮层中枢来调整唾液腺分泌（根据食物的优劣、饥饿程度调节分泌量）。

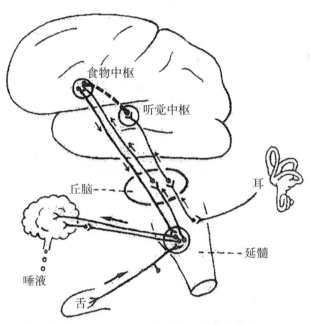

图8-32 以声音为条件刺激形成食物性条件反射的神经联系示意

如果在狗每次进食前的一瞬间响铃，铃声通过听觉神经传入大脑皮层，在皮层听觉中枢也产生一个兴奋灶，听觉中枢兴奋灶是弱势兴奋灶，优势兴奋灶会把弱势兴奋灶吸引过来加强自己。由于多次吸引，两个兴奋灶之间的神经通路就建立了，发生了机能联系。此后，每当狗听到铃声，即使不给食物，它的兴奋冲动也会沿着听觉中枢传到食物中枢，再由食物中枢到达唾液分泌中枢，引起唾液分泌。

条件反射建立后，原先与进食无关的铃声刺激成了非条件刺激的信号。这样，机体不仅能对直接刺激产生反应，也能对无数信号产生反应，使机体能够有预见地随着环境的变化产生适应，这无论对动物还是人类，都有着十分重要的生物学意义。

（三）建立条件反射的条件

（1）建立条件反射时，大脑皮层必须处于良性的兴奋状态。如有进食欲望、乐于学习等。

（2）条件刺激（如铃声）要在非条件刺激（给狗食物）之前出现，并且两者必须结合一定时间。

在体育教学训练中，应该注意贯彻这两个条件。教学训练之前要很好地组织教学，做好准备活动；若学生的兴奋性过低，要设法使之提高；若学生的兴奋性过高，也要设法使之降低（否则容易发生伤害事故），使大脑皮层兴奋处于适宜（良性）状态。教师在清楚地讲解和正确的示范后，应立即让学生好好练习，不要长时间耽搁后再做练习。

二、大脑皮层的抑制

大脑皮层有兴奋过程，条件反射的建立就是两个兴奋灶的接通；同时，大脑皮层也有抑制过程，同样可以建立条件反射，这种抑制性条件反射表现为效应器活动的减弱或停止。引起兴奋的条件反射叫作阳性条件反射，而引起抑制的条件反射叫作阴性条件反射。

在人类行为和动作中，有着无数的阳性和阴性条件反射，最普遍的如人们穿过马路时都会"红灯停，绿灯行"，前者即阴性条件反射，后者即阳性条件反射。又如排球运动，二传手将球托起，扣球手跳起扣球，即阳性条件反射；遇到对方拦网时，扣球手立即停止扣球或改换其他动作，即阴性条件反射。因此，兴奋和抑制是大脑皮层活动的两个基本过程。只有兴奋和抑制两者协调，才能实现人类的各种行为。

抑制可分两大类，如图 8-33 所示。

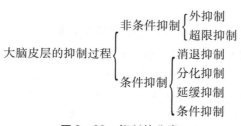

图 8-33 抑制的分类

非条件抑制是先天的，不需要任何特殊条件就能产生，它是皮层和皮层下中枢所共有的抑制。其包括外抑制和超限抑制两种。

条件抑制也叫作内抑制，是大脑皮层特有的，它的产生需要一定的条件。根据条件的不同，又分为消退抑制、分化抑制、延缓抑制和条件抑制。

（一）非条件抑制

1. 外抑制

正在给予条件刺激的时候，突然给以新异刺激，原来的条件反射就被抑制。例如，大家正坐在教师里听课，突然后面有一个人推门进来，人们便会扭头回望（探究反射），听课的停止就是一种外抑制现象。

外抑制的特点是暂时性的，当新异刺激重复出现而又没有什么意义时（如外面大雨"哗哗"下个不停），它的外抑制作用就会逐渐消失。

运动员对于新的比赛环境，有时也会因外抑制现象而影响运动成绩。由于外抑制是暂时性的，根据这一特点，如果经常参加比赛或者在接近比赛的环境中训练、适应场地等，就可以消除这种影响。

2. 超限抑制

如果刺激强度过大，超过了皮层神经元工作能力的限度，就会转入抑制过程。例如，在对狗进行实验的过程中，突然发生强烈的爆炸声，狗就可能丧失活动能力，四肢瘫软，已经建立的条件反射也消失了。

不仅是一个较强的刺激可以引起超限抑制，就是一些较弱的刺激如果长期刺激下去，也可以产生超限抑制。例如，身处频繁的噪音或马达声中，人们也可沉沉入睡。因为超限抑制对皮层细胞具有保护性作用，使它们不致由于过度兴奋而耗损。通常也把超限抑制叫作保护性抑制。

训练不足的青少年运动员，初次参加紧张的比赛时，往往会出现超限抑制，表现为成绩下降、精神不振；当运动员处于疲劳、疾病、意志消沉时，皮层细胞工作能力下降，对原来不至于引起超限抑制的刺激也会上升为超限抑制的刺激。因此，有上述情况出现时，教师、教练要特别注意关照。

（二）条件抑制

1. 消退抑制

在条件反射建立后，若只给条件刺激而不再用非条件刺激物强化（即只给铃声，不给吃食），则会使已建立的条件反射逐渐消退，即消退抑制。消退抑制就是遗忘，在日常生活中很常见，如学过的东西日久不复习就忘了，练过的动作不常练习就不会做了，等等。因此，常言说"书不离手，曲不离口"，体育锻炼要经常化就是这个道理。

另外，纠正运动员的错误动作，本质上也是消退抑制。假如错误动作已十分巩固，成了习惯，就很难纠正；只有在一经发现时去纠正才有效，如果连续纠正未果，停止一段时间不去练习，也会有较好的效果。

消退抑制对人也有积极意义，大脑皮层对于已经失去意义的条件反射（如痛苦的回忆等）有消退抑制的能力，人才能更好地适应外界环境的变化，积极地面向未来。

2. 分化抑制

在建立条件反射初期，不仅被强化的条件刺激可以引起阳性反应，而且与它相似的刺激，虽然未经强化，也能引起阳性反应。例如，用亮红灯与食物结合建立条件反射后，亮黄灯或橘红色的灯最初也能引起唾液分泌，这种现象叫作条件反射的泛化。泛化是在建立一切条件反射初期都会出现的现象。这是由于皮层的兴奋过程向周围扩散所造成的。

以后，只在每次亮红灯时，用食物去强化；亮与之相近的黄灯或橘红色灯时，都不强化，重复若干次后，接受红色的视觉皮层中枢与食物中枢之间就形成了兴奋性（阳性）条件反射，产生唾液分泌；而接受黄色和橘红色的视觉中枢与食物中枢间形成了抑制性（阴性）条件反射，不产生唾液。这种现象叫作分化，这种抑制过程就叫作分化抑制。分化的产生是兴奋过程向条件刺激的皮层代表点集中，而邻近的不受强化的皮层点转入抑制的结果。

条件抑制达到分化阶段时，对刺激物的反应就变得十分精确，不再徒劳无益地对没有意义的信号刺激物发生反应。

学习动作的初期，由于泛化会产生许多错误的反应和多余的动作。后来，因为对此每次都不给强化（批评而非表扬），而对正确的动作每次都给予强化（称赞），人们以后就逐渐学会了正确的动作。

人类对事务的认识和鉴别，也是靠分化抑制来实现的。因此，分化抑制是皮层分析与综合机能的基础。

3. 延缓抑制

在建立条件反射的过程中，如果在给予条件刺激后，不立即给予非条件刺激加以强化，而是间隔两三分钟再给予非条件刺激强化，就会形成延缓条件反射。在延缓条件反射中，往往在条件刺激开始后要经过一段时间才出现反应。在这个无反应的间隔时间内，皮层中的相应中枢产生了抑制过程，这个抑制过程叫作延缓抑制。

当运动员皮层中的延缓抑制形成得比较牢固时，在时间上动作完成得就更为准确了。例如，打排球，当球在空中移动时，运动员做好准备动作，等球落到一定的高度或距离时，立刻跳起扣杀，过早或过晚都会使扣球失误。又如体操、武术的动作，都是第一个动作完成后，等待一定时间才接着做下一个动作，节奏感强，起承转合有序，这种动作特点也是靠延缓抑制来实现的。

4. 条件抑制

在一个阳性条件反射建立并巩固后，又加入另一个附加刺激，当阳性条件刺激和附加刺激同时出现时，不用非条件刺激强化，而是只在阳性条件刺激单独作用时才给予强化。经过多次重复后，条件刺激和附加刺激的复合刺激就引起抑制过程（阴性条件反射）。这种由于增加了附加刺激不予强化而引起的抑制，就叫作条件抑制。实质上，条件抑制也可视为分化抑制的另一种形式。

条件抑制现象在体育运动中可以经常遇到，尤其在对抗性的球类运动中很常见。例如，投篮运动员遇到对方阻拦时，就会改为传球，投篮动作受到抑制，这种运动员在附加的条件下变更动作或停止动作，就是靠条件抑制实现的。

三、皮层神经过程的活动规律

兴奋和抑制是中枢神经的基本神经过程，其主要活动规律是兴奋与抑制的扩散和集中，以及相互诱导。

（一）扩散与集中

兴奋和抑制过程的扩散与集中是整个中枢神经的活动规律，但在大脑皮层表现得更加明显和复杂。

在大脑皮层发生兴奋或抑制的过程中，有从发生点向周围区域扩展的特性，叫作扩散。沿着大脑皮层扩展的兴奋或抑制过程，经过一段时间又向发源点回收，叫作集中。

例如，初学动作时，多余动作是兴奋扩散；经多次练习后，多余动作消失，是兴奋集中。睡眠和清醒的过程，是抑制过程的扩散与集中现象。

（二）相互诱导

兴奋和抑制两种神经过程，既处于相互对抗的状态，又彼此紧密地联系着。相互诱导就是其紧密相联系。

兴奋过程使抑制增强时叫作负诱导，抑制过程使兴奋增强时叫作正诱导。

皮层某一部分的神经过程引起周围另一种神经过程增强叫作同时诱导；皮层某部位产生某一神经过程后，引起原来部位相反的神经过程，叫作相继诱导。相互诱导如图 8-34 所示（用"＋"号表示兴奋，用"－"表示抑制）。

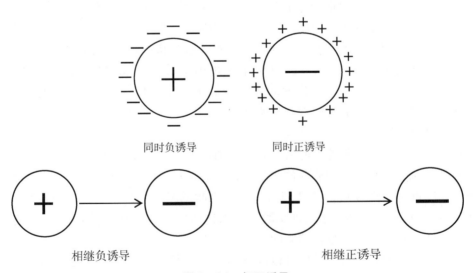

图 8-34 相互诱导

例如，某人专心做某件事时，会对其他事物视而不见、充耳不闻，即同时负诱导。这是由于工作着的皮层中枢形成了一个集中而强烈的兴奋灶，引起周围的神经细胞抑制，当外界刺激传入这些细胞时，不能引起它们的兴奋。

又如，在举重时，有意停止呼吸（憋气），可以增强肌肉的力量，这是由于呼吸中枢处于抑制状态，加强了运动中枢的兴奋，因而肌肉收缩更为有力。这种现象就是同时正诱导。

又像经过充足的睡眠后，精力充沛，精神焕发，就叫作相继正诱导。而经过较强的运动训练后，感觉很疲劳，疲劳的出现就是相继负诱导。

四、大脑皮层的分析与综合能力

分析与综合是中枢神经系统的基本活动。分析是将一个整体分解为它的组成部分的过程；综合是将个别部分联系成为一个整体的过程。中枢神经系一方面对机体的内外环境进行精细的分析，同时又做出复杂的综合，两者是不可分割的活动。

（一）分析活动

分析活动是依靠整个皮层分析器来操作的。先是不同的刺激作用于不同的感受器，并被接受。如光线作用于视网膜，声音作用于耳蜗，肌肉运动作用于肌梭、腱梭等，这是分析的初级活动。在中枢神经的低级部分只有粗糙的分析能力，如中脑的四叠体只能辨别光、声传来的方向（引起探究反射），对光、声的性质与强弱的精细分析，则是在大脑皮层中进行的。

大脑皮层主要是依靠各种条件抑制的形成来对刺激进行分析，其中最主要的是分化抑制。通过分化抑制，人类可以对刺激的性质、大小、强弱等做十分精细的分析与鉴别。如优秀运动员能够辨别只有极微细差异的肌肉感觉，书法家、绘画家也是这样，品酒、品茶专家也能分别品出各种不同酒的酒精含量和茶叶的品质等。

（二）综合活动

各个感受器接受的刺激，最终都要汇集到大脑皮层。大脑皮层通过它们之间的暂时性联系，把皮层中不同的活动点组成一个整体，然后做出反应。

（三）大脑皮层的动力定型

来自外界和内部的各种刺激不断传入大脑皮层，这些刺激的种类、意义、时间和强度都不相同，因而在不同的皮层中枢部位产生了兴奋或抑制，这些兴奋和抑制又受着扩散、集中、相互诱导的影响，不断地进行着分析与综合的活动。可以说，大脑皮层里每一瞬间所存在的兴奋点或抑制点，在空间和时间上就像镶嵌着红红绿绿的宝石的图案一样闪烁,这种现象叫作大脑皮层镶嵌式活动。

大脑皮层的机能活动虽然时刻在变动,但仍具有力求活动按一定形式固定下来的能力。如果刺激物以一定的时间间隔和按一定顺序出现,多次出现以后所形成的一系列条件反射,就会在皮层中成为一个系统,严格地按照固定顺序和反应形式产生效应活动,叫作动力定型。

皮层动力定型的形成,使皮层的活动变得容易和自动化,更加迅速而精确,从而减轻皮层工作负担,即节省化。

我们通常所说的"习惯自然成"就是一种动力定型。好的生活制度可以养成好的生活习惯,科学合理的训练可以培养出高水平的运动技能。

当动力定型非常巩固以后,改变起来就比较困难,但是还可以通过消退抑制等抑制手段去改变。

五、人类高级神经活动的特征

(一) 条件反射多级性

由一个无关刺激与非条件刺激相结合所建立的条件反射,叫作一级条件反射。以另一个新的无关刺激和一个巩固了的条件反射相结合,又可建立起一个新的条件反射,叫作第二级条件反射。在二级条件反射的基础上还可以建立第三级条件反射。以此类推,可以建立四级、五级乃至更多级的条件反射。多级条件反射不是建立在非条件反射的基础上的,所以这种条件反射的神经联系叫作条件–条件联系。

狗只能建立三级条件反射,人的大脑皮层高度发达,所以可以建立多级条件反射,比如人可以掌握高难度、极端复杂的技巧和运动技能,人可以联想等,这些都属于多级条件反射。

(二) 两个信号系统

人与动物的最大区别之一在于人比动物多 1 个信号系统,动物只有 1 个信号系统,相当于人的第一信号系统。

动物只能对具体的刺激,诸如声、光、气味、触、痛等产生反应,只能对具体刺激相结合建立条件反射。人类不仅能对具体的刺激起反应,还能对词语、文字等起反应。语言是人类在社会劳动中创造的,所以词成了人所特有的信号。

例如,"球"并不是具体事物本身,而是那些具体的球的抽象概念。人综合了各种具体球的共同特征,然后用一个词来代表它们,于是"球"就成为具体球的抽象信号。我们把具体的球叫作第一信号,把抽象的信号"球"字,即第一信号的信号叫作第二信号。对不同信号发生反应的皮层系统,分别叫作第一信号系统和第二信号系统。

词来源于具体事物,所以第一信号系统是第二信号系统的基础,只是在人类生活中，第二信号系统的活动往往起着主导作用。例如，思维是一种无声的语言活动，它是大脑皮层第二信号系统的活动。思维活动是建立在具体事物的基础上的，经常不断地得到第一信号系统的纠正。但是，思维活动却能影响人的一切生理过程。例如，心理、情绪可以影响人的食欲、睡眠等。又如，我们思考比赛场景，想到自己的动作时，也可以出现心跳加快、呼吸加深，甚至身体潮红、发热、出汗等。

两个信号系统之间有着密切的关系，神经过程可以由一个信号系统向另一个信号系统扩散。这种扩散是有选择性的，所以叫作选择性扩散。例如，教师叫作学生立正并做"两臂侧平举"动作时，学生大脑皮层第二信号系统的某些皮层细胞产生兴奋，兴奋过程沿着生活过程中曾建立过的暂时性联系，向第一信号系统相应的皮层细胞扩散，后者的兴奋使学生某些肌肉收缩，遂实现两手侧平举的动作。以后，当看到其他人做上臂侧平举时，也能意识到这是"两臂侧平举"动作。这些都是第一信号系统向第二信号系统选择性扩散的结果。

人类借助两种信号间的这种关系，就可以间接认识事物和获得知识。在体育教学活动中，首先是利用词语的作用，即讲解、书本、板书、图解等第二信号，使学生明白动作要领和学习意义等；然后与身体动作的各种感觉相结合，进行练习，这样才能形成正确的动作概念。因此，形象的讲解和正确的示范能够促进学生更快更好地掌握动作。尤其对于青少年儿童，因为他们的第二信号系统尚未发育完善，更要注意使用他们容易理解的语言进行讲解。

教师、教练如果常常让学生去想动作要领，或是引导他们多谈一谈做动作后的体会，就能更好地帮助学生去掌握动作。这是通过第二信号系统的选择性扩散，促进了第一信号系统中暂时性联系的接通。

语言和文字是人类特有的第二信号刺激物，人类的许多条件反射都是借助语言和文字来强化的。像体育教学与训练中，当运动员动作做得正确时，教师、教练说"做得对""正确""很好"等，就是强化；当运动员动作做错时说"错了""不对"等，就是不强化，久而久之通过消退性抑制，使学生改正错误并掌握正确的动作。

思考与练习

1. 试述神经系统的组成（分布）情况。神经系统的基本活动方式是什么？有哪些环节？
2. 简述大脑半球的主要沟（裂）、分叶和主要机能中枢的位置。
3. 试述条件反射的形成过程和意义。举例说明条件反射与非条件反射的区别点。
4. 名词解释：阳性条件反射、阴性条件反射、非条件抑制、条件抑制、第一信号系统、第二信号系统。

第九章 新陈代谢和体温

人体生命活动的基本特征是新陈代谢。新陈代谢即机体与周围环境间的物质交换过程，分为同化和异化两个过程。机体从外界摄取各种营养物质经过消化吸收后，将简单的物质重新构成身体所需要的复杂物质的过程，叫作同化过程（合成代谢）；将机体内一些复杂物质经过一系列化学变化分解为简单物质，或供机体利用，或作为废产物排出体外的过程，叫作异化过程（分解代谢）。

合成代谢中吸收能量（耗能），分解代谢中释放能量（供能），这种能量伴随物质的合成和分解而发生的能量转换过程，叫作能量代谢。生物体内各种形式的能除了做功以外，各种形式的能最终都转化为热能。人体的生长发育、生活劳动等一切生命活动，都需要能量，但人体不能直接利用太阳的光能，也不能利用外部提供的电能、机械能等，人体只能从糖、脂肪和蛋白质的分解、氧化中来获取能量。

第一节 物 质 代 谢

一、糖代谢

（一）糖的生理意义

糖是构成机体组织的成分之一，它更重要的是为机体生命活动提供能量。如全身各个器官，尤其是骨骼肌、大脑的活动所需消耗的大量能量，都首先是由糖提供的（占所需能量的70%）。

糖在体内的含量低于脂肪和蛋白质，有时单靠糖来提供能量还不够，必须由脂肪和蛋白质分解来提供。但是，糖在氧化中需要的氧量少，所以糖是机能最经济的能源物质。

（二）糖在体内的代谢过程

我们日常所食进的糖，多半是多糖（即淀粉）和双糖（蔗糖等），必须经过消化道分解为单糖（葡萄糖），才能被吸收。

单糖自小肠绒毛吸收进入血流，经过门静脉到达肝脏。在肝脏内，一部分被肝脏合成肝糖原,一部分随血液到达肌肉,合成肌糖原储存起来,还有一部分被组织直接氧化利用(大脑就是葡萄糖供能的器官,当血中的葡萄糖含量不足时,会产生头昏、思维迟缓、全身无力等现象)。

肝脏和骨骼肌是贮存糖原的主要场所,肝脏内贮存糖原约 100 g,骨骼肌肉贮存糖原 150～200 g,体内总的糖贮量 300～350 g(在血液中的葡萄糖即血糖约 5 g)。有训练的运动员、骨骼肌发达的人体内糖贮量高于常人。

肝脏在糖代谢过程中起重要作用。肝脏是人体代谢中最重要的器官,除分泌胆汁外,还有担负各类营养物质的转换和解毒等功能,通过肝脏对糖的贮存与释放,调节血糖水平。正常血糖水平是每 100 mL 血液中葡萄糖保持在 80～110 mg(高于 120～180 mg/100 mL,葡萄糖不能全部被肾小管吸收而从尿中排出,即糖尿病;低于 80 mg/100 mL 为低血糖症)。当血糖浓度升高时,肝脏就将血液中过多的葡萄糖变成肝糖原;当血中血糖不足时,肝脏又将肝糖原迅速分解并释放入血中。

当食物中缺少糖类时,肝脏还能把一些非糖物质(氨基酸、脂肪酸、甘油等)先合成糖原,再转变为葡萄糖释放到血液中,供组织利用。

当剧烈运动时,肌肉产生大量乳酸,这时肝脏又将乳酸重新合成糖原,再次供能。如此,在肝脏的调节作用下,保持血糖在正常水平。糖在体内的代谢过程如图 9-1 所示。

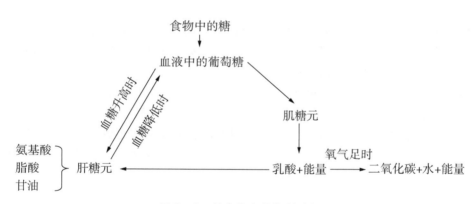

图 9-1 糖在体内的代谢过程

(三)血糖

健康人的血糖水平比较恒定,这对维持人体正常生理机能很重要。血糖过高过低都会使人体机能失调。尤其大脑皮层神经细胞对血糖水平最为敏感,过低的血糖直接导致昏迷。但血糖浓度在人体不同机能状态时仍有一些波动,应引起注意和预防。

血糖可以在进食后暂时升高,运动和劳动时也可由于糖原迅速分解而升高,其波动属正常范围。但在超长距离跑时,长时间肌肉活动消耗了体内大量糖原,血糖可以明显下降。因此,运动员除在饮食中要注意摄取含丰富糖类的食物外,在运动前和运动中途要注意补充含糖饮料,以保持机体的工作能力。

二、蛋白质代谢

(一) 蛋白质的生理意义

蛋白质是生命的基础,是组成身体组织细胞的主要原料,也是供给机体活动的能源物质。体内的蛋白质不断地分解,又不断地再合成新的蛋白质,即不断进行新陈代谢,所以在每天的食物中必须含有一定量蛋白质。如果少年儿童蛋白质供应不足,将会影响生长发育;运动员在长时间运动、体内糖被消耗而未给予补充的情况下,蛋白质也要参加供能。由于蛋白质不能在体内贮存,如果机体对蛋白质摄取不足,将造成蛋白质消耗超出摄取状态(负氮平衡),工作能力也会下降。

一般正常人对蛋白质摄取最低需要量按体重算为 1 g/kg,即平均 60 g 左右(可维持氮平衡)。少年儿童、重体力劳动者和运动员,由于生长发育需要和消耗量较大,必须补充较多的蛋白质才能保持正氮平衡,他们每天需要的蛋白质量按体重算为 2.5~3 g/kg。

(二) 蛋白质在体内的代谢过程

食物中的蛋白质被消化成氨基酸后,被小肠绒毛吸入毛细血管,进入血液循环。氨基酸有 20 多种,其中 8 种是人体不能合成的,必须从食物中补充,称为必需氨基酸;其余 12 种可在体内合成,称为非必需氨基酸。

氨基酸进入血液后有 3 条出路:①成为细胞组织蛋白(如血红蛋白、肌肉中的收缩蛋白、皮肤血管和韧带等的胶原蛋白与弹性蛋白等)、激素、酶类等的构成原料;②作为氧化供能供给身体活动的能源,维持体温等;③转变成糖和脂肪贮存起来(蛋白质本身不能贮存,消耗多少,补充多少)。蛋白质在体内的代谢过程如图 9-2 所示。

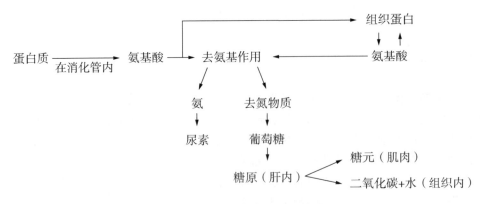

图 9-2 蛋白质在体内的代谢过程

蛋白质在体内分解时，首先分解成氨基酸。在肝脏里，氨基酸经过去氨基作用生成氨，氨又合成尿素，由肾排出体外。另一部分经过去氨基作用的氨，再去掉氮的成分，经过复杂的化学变化（如三羧酸循环等）再合成其他能源物质（糖、脂肪），最后分解为二氧化碳和水。

蛋白质的最终代谢产物，除二氧化碳和水以外，还有尿素、尿酸、肌酸酐和氨等。它们都是在肝内产生又由肾排出的。因此，过多摄入蛋白质食物，超过机体需要量，也会给肝和肾增加负担。

进行力量练习时，肌肉的收缩与舒张都要靠肌肉里的蛋白质的一系列变化来完成，其蛋白质的分解代谢过程异常强烈。运动过后，肌肉里蛋白质的合成代谢过程也大大加强，甚至超过了运动前的水平（超量恢复），这就促进了肌肉蛋白质内含量的提高，所以肌纤维增粗。经常进行力量练习的人肌肉发展更明显。

三、脂肪代谢

（一）脂肪的生理意义

脂肪是含能量最多的物质，1 g 脂肪氧化可释放 9.45 kcal 热量（而 1 g 糖氧化释放能量 4.10 kcal，1 g 蛋白质氧化释放能量 4.35 kcal）。脂肪在身体里的储量也最多，一般男性体内脂肪占体重的 10%～20%；女性体内脂肪占体重的 18%～28%（若低于 17% 可致月经迟发或闭经），所以脂肪是体内的重要能源物质（中等强度运动时，首先以糖类氧化供能，在活动 20～25 min 以后，开始动用体内脂肪供能，所以每次运动时间在半小时以上才有减肥效果）。

脂肪也是身体细胞里的组成成分，制造类固醇激素的原料；脂肪不易传热，皮下脂肪有保温作用；脂肪贮存在内脏周围和腹腔大网膜上，有保护内脏器官的作用。

（二）脂肪在体内的代谢过程

食物中的脂肪，经过消化变成脂肪酸和甘油，被小肠绒毛吸入毛细血管和毛细淋巴管，继而进入血液。经过肝脏的转化，再合成脂肪。其出路有四：①储存起来，形成皮下脂肪，储存在大网膜等处；②参与构成身体的组织；③被某些腺体用来制造特殊的分泌物，如外分泌腺产生的乳汁、皮脂，内分泌腺产生的激素；④直接氧化，生成二氧化碳和水，并释放能量，或在肝脏内转化成肝糖原。

脂肪储量过多则引起肥胖或某些疾病。过多的脂肪堆积在心脏周围，会使心脏的收缩力减弱，加重心脏负担；脂肪过多储存在大网膜、肠系膜、腹腔脏器周围，会使膈肌活动受限，造成呼吸表浅，又由于无效腔的存在，造成吸氧量减少，对身体和运动都很不利。运动员不宜多吃脂肪含量高的食物。

第二节 能量代谢

一、机体的能量来源和利用

（一）能量的来源

体内的能量主要来源于三大营养物质：糖、脂肪和蛋白质。这些物质的分子中蕴藏着化学能，当它们被氧化分解时，储存的化学能即释放出来，释放的能量一般以三磷酸腺苷（Adenosine triphosphate，ATP）形式存在。ATP既是体内直接的供能物质，又是主要的储能形式。体内还有其他储能物质，如磷酸肌酸（Creatine phosphate，CP）等。CP不能直接供能，只有当ATP不足时CP才使二磷酸腺苷生成ATP，再由ATP供能。而当ATP过多时，高能磷酸键可转给肌酸，合成CP。因此，CP是ATP的暂时储存库。

（二）能量的去路

各种能源物质在体内氧化时所释放的能量，50%以上以热能形式散于体外，其余部分以化学能形式储存于ATP等高能磷酸键中，供机体各种生理活动的需要。如合成代谢、神经传导、肌肉收缩，以及细胞进行物质转运等。除肌肉活动做功外，其余生理活动所消耗的能量最终都转变为热能，参与体温的维持（图9-3）。

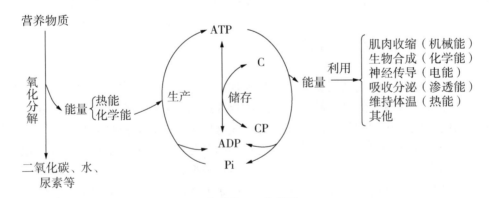

Pi为磷酸；C为肌酸。

图9-3 体内能量的释放、转移、储存和利用示意

二、能量代谢的测定

机体能量代谢遵守能量守恒定律，即食物氧化释放的化学能，除做外功以外，经

生理活动利用后最终都转变为热能（外功也可以折算成为热能）。故测定机体单位时间内所散发的总热量，就可反映机体在此时间内能量代谢的强度。测定能量代谢的方法有两种：直接测热法和间接测热法。

（一）直接测热法

直接测热法是将机体安置在一个密闭、绝热房间内，直接将单位时间内机体散发出来的总热量收集起来并加以测量的方法。此法测量精确，常作为间接测热法的参考标准。直接测热法仪器复杂，使用不便，因而极少应用。

（二）间接测热法

间接测热法的理论依据是化学反应中所遵循的定比定律，即在一般化学反应中，反应底物的量与产物量之间成一定的比例关系。例如，葡萄糖无论是在体内氧化还是在体外燃烧化学反应式都有下面的定比关系：

$$C_6H_{12}O_6 + 6O_2 \rightarrow 6CO_2 + 6H_2O + \Delta Q$$

间接测热法的基本原理就是利用这种定比关系，查出一定时间内整个人体中氧化分解的糖、脂肪、蛋白质各有多少，然后据此计算出该段时间内整个机体所释放出来的热量。由于食物的结构不同，氧化时所产生的热量和耗氧量也不同，因此涉及以下几个概念和有关数据。

1. 食物的热价

1 g 食物氧化时所释出的热量，称为食物的热价。食物的热价可分为生物热价和物理热价，两者分别是指食物在体内氧化和在体外燃烧时所释放的热量。3 种主要营养物质的热价如表 9-1 所示。根据表 9-1，糖和脂肪的生物热价和物理热价相同；而蛋白质由于在体内不能完全氧化，故其生物热价小于物理热价。

表 9-1　3 种主要营养物质氧化时的有关数据

营养物质	产热量/（kJ·g^{-1}）		耗氧量/（L·g^{-1}）	CO_2产量/（L·g^{-1}）	呼吸商	氧热价/（kJ·L^{-1}）
	物理热价	生物热价				
糖	17.2	17.2	0.83	0.83	1.00	24.1
脂肪	39.8	39.8	2.03	1.43	0.71	19.6
蛋白质	23.4	18.0	0.95	0.76	0.80	18.9

2. 食物的氧热价

某种食物氧化时每消耗 1 L 氧所产生的热量，称为食物的氧热价。

3. 呼吸商

某营养物质在体内氧化时，一定时间内的 CO_2 产生量与 O_2 消耗量的比值称呼吸商（respiratory quotient，RQ）。

$$RQ = \frac{CO_2\ 产生量(单位:mol\ 或\ mL)}{O_2\ 消耗量(单位:mol\ 或\ mL)}$$

一般情况下，体内能量主要来自糖和脂肪的氧化，蛋白质氧化供能很少，可忽略不计。糖和脂肪氧化时的 CO_2 产生量与 O_2 消耗量的比值，称为非蛋白呼吸商（non-protein respiratory quotient，NPRQ）。糖和脂肪在不同比例氧化时的非蛋白呼吸商和氧热价如表 9-2 所示。

表 9-2 非蛋白呼吸商与氧热价

非蛋白呼吸商	氧化百分比		氧热价 /（kJ·L^{-1}）
	糖/%	脂肪/%	
0.71	0.00	100.00	19.62
0.75	15.60	84.40	19.84
0.80	33.40	66.60	20.10
0.82	40.30	59.70	20.20
0.85	50.70	49.30	20.34
0.90	67.50	32.50	20.61
0.95	84.00	16.00	20.87
1.00	100.00	0.00	21.13

4. 能量代谢的测算法

通常的测法是：测得一定时间内的耗氧量和二氧化碳产生量，求出呼吸商，根据表 9-2 查出相应的氧热价，然后将氧热价乘以耗氧量，即可得出该段时间内的产热量。还有一种更简便的方法：测出一定时间内的耗氧量，然后以一般膳食时呼吸商 0.85 的氧热价 20.36 kJ/L 为标准，乘以耗氧量即可。公式如下：

$$产热量 = 20.36\ kJ/L \times 耗氧量$$

三、影响能量代谢的因素

影响能量代谢的因素主要有肌肉活动、精神活动、食物的特殊动力效应和环境因素。

（一）肌肉活动

肌肉活动对能量代源的影响最为显著，机体任何轻微活动，都可提高能量代谢率。机体产热量的增加与肌肉活动的强度成正比。剧烈运动或进行高强度劳动时，短时间内产热量比平时增加数倍至数十倍。表 9-3 显示进行不同强度的劳动或运动时能量代谢的增长情况。

表9-3　不同活动状态时能量代谢值

人体活动项目	平均产热量/（kJ·m^{-2}·min^{-1}）
躺卧	2.730
开会	3.400
擦窗户	8.303
洗衣服	9.890
扫地	11.372
打排球	17.049
打篮球	24.222
踢足球	24.975

（二）精神活动

精神和情绪活动对能量代谢也有显著影响。平静状态对能量代谢的影响并不大，但精神紧张，如激动、愤怒、恐惧及焦虑等，机体产热量显著增加，与骨骼肌张力增加以及儿茶酚胺释放促进代谢有关。

（三）食物的特殊动力效应

进食后一段时间内，人虽处于安静状态，但机体产热量也比进食前有所增加。食物能引起机体额外产生热量的现象称为食物的特殊动力效应。各种营养物质的特殊动力效应不同，蛋白质的特殊动力作用最显著，糖类和脂肪次之。食物特殊动力效应产生的确切机制目前尚不完全清楚，可能与肝脏处理氨基酸和合成糖原有关。

（四）环境温度

安静状态时的能量代谢，以在20～30℃的环境中最为稳定。高于或低于此温度范围，代谢率均增高。当环境温度低于20℃时，寒冷刺激引起寒战及骨骼肌紧张性增强，使能量代谢增加；当环境温度高于30℃时，体内化学反应速度增加、发汗功能旺盛以及呼吸、循环功能增强等均可引起代谢率增加。

四、基础代谢

在基础状态下的能量代谢称为基础代谢。所谓基础状态是指人体处于以下状态：①清晨、清醒、静卧、精神安定；②空腹（禁食12 h以上）；③室温保持在20～

25 ℃。在这种状态下,体内能量的消耗只用于维持一些基本的生命活动,能量代谢水平比较稳定。基础状态下单位时间内的能量代谢称为基础代谢率(basal metabolic rate,BMR)。需要指出的是,BMR 比一般安静时的代谢率要低,但并非最低,因为熟睡(未做梦)时的代谢率更低。

实验中,若以每千克体重的产热量进行比较,则小动物的产热量要比大动物高;而以每平方米体表面积的产热量进行比较,则各种动物的产热量就很接近。因此,能量代谢率与体重不成比例关系,而与体表面积成正比。基础代谢率一般以每小时每平方米体表面积的产热量为单位,即 $kJ/(m^2 \cdot h)$。对体表面积的测定,可用 Stevenson 公式推算:

$$体表面积(单位:m^2) = 0.0061 \times 身高(单位:cm) + 0.0128 \times 体重(单位:kg) - 0.1529$$

另外,在实际应用中,也可根据身高和体重在图 9-4 中直接连线读取。将受试者身高和体重连线,此线与体表面积交点的对应数值即为受试者的体表面积。

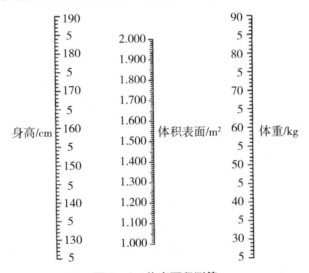

图 9-4 体表面积测算

基础代谢率(BMR)有一定的生理变动,年龄和性别都对其有影响。我国人各年龄段正常的 BMR 平均水平如表 9-4 所示。

表 9-4 中国人正常 BMR 平均值　　　　单位:$kJ/(m^2 \cdot h)$

年龄/岁	11~15	16~17	18~19	20~30	31~40	41~50	>51
男性	195.5	193.4	166.2	157.8	158.7	154.1	149.1
女性	172.5	181.7	154.1	146.5	146.4	142.4	138.6

BMR 的表示方法:①以绝对数值表示,即用实际测得值表达,如表 9-4 所示。②以相对数值表示,临床习惯以正常 BMR 的标准值作为 100%,以实测值与表 9-4 所列的正常值比较,得出相差的百分数。计算公式如下:

$$BMR = \frac{实测数值 - 正常平均值}{正常平均值} \times 100\%$$

相差百分数在 -15%～-10% 和 10%～15% 范围内均属正常，上下相差超过 20% 时才可能是病理情况。

基础代谢率常作为机体能量代谢水平的评价指标，临床常用于辅助诊断一些疾病。如甲状腺功能低下时 BMR 比正常值低 20%～40%，甲状腺功能亢进时 BMR 比正常值高 20%～80%。此外，肾上腺皮质和脑垂体异常时，BMR 也可出现异常。

第三节 运动时能耗量的计算及其意义

一、运动时能耗量的计算

人即使处于极其安静状态下，也必须消耗一定的能量以维持呼吸、循环、代谢等正常生命活动的进行。据测定，此值若以吸氧量来表示，将相当于 $250\sim300$ mL·min^{-1}，而运动时的净能耗量是指真正用于运动的能耗量，故不应包括维持正常生命活动所需要的能量。因此，在计算一项运动的净能耗量时，必须减去同一时间内用以维持正常生命活动所需的能量，即安静时的能耗量。此外，还必须考虑运动时能量代谢的强度远比一般劳动大，不可能全部由有氧代谢来供应，经常伴有或大或小的氧亏，这部分氧气需在运动后的恢复期内偿还。因此，在计算某项运动的净能耗量时，还必须包括恢复期内用以偿还氧气的这部分过量氧耗（等于恢复期内的吸氧量减去同一时间内安静时的需氧量）。故在实际测算时，测得运动中和恢复期的吸氧量后，先按下式求出该运动的净需氧量：

运动的净需氧量 = {（运动中吸氧量 + 恢复期吸氧量） - [安静时吸氧量 × （运动时间 + 恢复时间）]}/运动时间

再根据呼吸商查出氧热价，用氧热价乘以运动时间的净需氧量，即得运动时的净能耗量。例如，运动员连续进行深蹲起 2 min，2 min 内的吸氧量为 3.1 L，运动后 5 min 时吸氧量才恢复到安静水平，而在这 5 min 恢复期内的吸氧量总量为 2.4 L，则该受试者 2 min 深蹲起的净需氧量为 {(3.1 + 2.4) - [0.25 × (2 + 5)]}/2 = (5.5 - 1.75)/2 = 3.75/2 = 1.875(L·min^{-1})。如果运动中和恢复期的呼吸商均为 0.9，从氧热价表中查出氧热价为 20.62 kJ，那么深蹲起的净能耗量为 1.875 × 20.62 = 38.66 kJ·min^{-1}，为安静时能耗量的 5.6 倍。影响运动时净能耗量的因素比较复杂，但主要取决于运动的强度和持续时间。由于不同运动项目、不同运动强度和不同运动持续时间其能耗量各不相同，故运动时的净能耗量的差异范围很大。例如，马拉松跑时消耗的能量是安静时的 20～30 倍，全速冲刺跑时消耗的能量可达安静时的 120 倍或更大。

二、计算运动时能耗量的意义

计算运动时能耗量可以推知运动者的能量消耗状况,从而了解运动的强度,即肌肉工作的机械效率,为改进运动员的营养和判断运动负荷提供科学依据。

(一) 评定运动强度

由于体育运动的激烈程度与能耗量的多少呈正相关,因而可用能耗量作为参数来划分运动强度。常用的方法有两种。

1. 按活动时能耗量与基础代谢的比值来划分

此比值又称为相对代谢率(relative metabolic rate,RMR),即

$$运动强度(相对代谢率) = \frac{运动时能耗量}{基础代谢}$$

根据相对代谢率(RMR),可把运动或体力活动的强度分为轻(3RMR)、重(4~8 RMR)和很重(大于9 RMR)3个等级。

2. 按人体安静时能耗量的倍数或梅脱(met)来划分

梅脱与安静时能耗量或代谢率相当。若以吸氧量来表示,安静时能耗量相当于 $250 \text{ mL} \cdot \text{min}^{-1}$。故1 met等于每分钟吸气250 mL,2 met等于2倍安静时能耗或 $500 \text{ mL} \cdot \text{min}^{-1}$,以此类推。若按运动时吸氧量或met来划分,通常将运动强度分为5级,表9-5是根据无训练者在完成不同运动强度时的能耗量来制定的。

表9-5 运动强度的分级表(5级)

性别	能别	运动热量消耗/ ($k \cdot min^{-1}$)	每分钟耗氧量/ ($L \cdot min^{-1}$)	每千克体重 每分钟耗氧量/ ($mL \cdot min^{-1} \cdot k^{-1}$)	梅脱/met
男	轻	8.4~20.5	0.40~0.99	6.1~15.2	1.6~3.9
	中等	21~31	1.00~1.49	15.3~22.9	4.0~5.9
	重	31.4~41.4	1.50~1.99	23.0~20.6	6.0~7.9
	很重	42~52	2.00~2.49	30.7~38.3	8.0~9.9
	过重	52.3~	2.50~	38.4~	10.0~
女	轻	6.3~14.5	0.30~0.69	5.4~12.5	1.2~2.7
	中等	14.7~22.6	0.70~1.09	12.6~19.8	2.8~4.3
	改	23~31	1.10~1.49	19.9~27.1	4.4~5.9
	很重	31.4~39.4	1.50~1.89	27.2~34.4	6.0~7.5
	过重	39.8~40	1.90~	34.5~	7.6~

（二）计算机械效率

1. 机械效率

肌肉活动时所做的机械功与所消耗的总能量之比，称为肌肉工作的机械效率，单位能耗所完成的功越大，机械效率就越高。其公式为

$$机械效率 = \frac{完成的功}{能耗量} \times 100\%$$

例如，某人在 10 min 内完成的外功 49 kJ，能耗量为 251 kJ，则肌肉的工作效率为 $49/251 \times 100\% = 19.5\%$。

但此时所消耗的能量除了用于纯外功之外，还用于基础代源，维持姿势及其他附带动作等，即"空转"所消耗的能量。在计算机械效率中将这部分能耗减掉，就是净效率。上例这部分能量假定是 10 min 内为 41 kJ，则其净效率为 $49/(251 - 41) \times 100\% = 23.3\%$。在实际操作中，是否减掉"空转"所消耗的能量，可根据测定目的来确定。机械效率的高低随工作性质（动力性工作、静力性工作或是两者的混合）和个体差异而不同。通常认为，人的动力性工作的机械效率为 20%～25%，静力性工作的机械效率则较低；有氧为主的运动比无氧代谢为主的运动的机械效率高。

2. 训练对机械效率的影响

通过系统的训练，可使运动时的能量利用出现节省化，即在完成同样的运动负荷时，有训练者消耗的总热能减少，因而可提高工作效率。

长期训练可能使能量节省化的主要原因是，经过训练以后动作更加协调自如，与动作无关的活动减少至最低程度，因而出现能量利用的节省化，机械效率提高；同时训练也提高了呼吸、循环系统的功能水平，使这些器官本身的工作效率提高。如完成较小强度的运动负荷时，有训练者比无训练者的心率低，呼吸频率减小，因而心脏及呼吸器官消耗的能量也减少。

机械效率的提高在一些需要改善技术的活动中表现最为明显，如优秀短跑运动员肌肉的机械效率可达 41%，即使是技术良好的运动员，通过训练也能提高机械效率。

第四节 体 温

人体的温度可分为核心温度和表层温度。机体核心部分的温度称为核心温度，机体表层部分的温度称为表层温度。表层温度在人体各部分之间差异较大，且易受环境温度的影响，不稳定；核心温度虽然因各器官代谢水平不同而存在差异，但因为血液循环使热量不停地交换，所以各部分之间的差异较小，比较稳定。生理学中体温是指人体核心部分的平均温度。人和高等动物因为体内有完善的体温调节系统，所以具有相对稳定的体温，这是进行正常生命活动的必要条件。

一、体温的正常值及生理变动

（一）体温的正常值

由于身体各组织器官的代谢率和散热条件不同，其温度存在一定的差别。由于核心温度不易测试，临床上常用腋窝温度、口腔温度和直肠温度来代表体温。直肠温度的正常范围是 36.9～37.9 ℃，口腔温度的正常范围是 36.7～37.7 ℃，腋窝温度的正常范围是 36.0～37.4 ℃。

（二）体温的生理变动

体温可受昼夜、年龄、性别、肌肉活动状态等因素的影响。

1. 昼夜变化

正常体温呈现明显的日节律。清晨 2～6 时最低，午后 1～6 时最高，但波动幅度一般不超过 1 ℃。

2. 性别

相同状态下，成年女性的平均体温比男性约高 0.3 ℃。女性的基础体温随月经周期而有规律地波动。月经期和排卵前期体温较低，排卵日最低，排卵后升高 0.3～0.6 ℃（图 9-5）。因此，测定成年女性的基础体温有助于确定受试者是否有排卵和排卵日期。排卵后体温升高主要是孕激素作用所致。

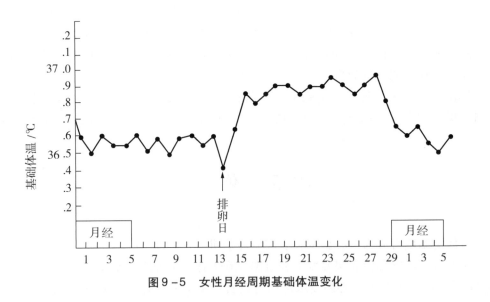

图 9-5 女性月经周期基础体温变化

3. 年龄

新生儿的体温调节能力弱，其体温易受环境温度的影响。儿童和青少年体温较高，老年人代谢率低，体温较低。

4. 肌肉活动

剧烈活动时，机体的代谢增强产热增加，可使体温升高。因此，在测量体温时，要让受试者在安静状态下进行。

5. 其他因素

情绪激动和精神紧张等均可使体温升高；麻醉药可抑制体温调节中枢，扩张皮肤血管使散热增加，体温降低，故在术中和术后应注意保温。

二、机体的产热和散热

正常体温的维持是产热和散热两个过程动态平衡的结果，而产热和散热的平衡有赖于体温调节系统的调控。

（一）产热

1. 产热器官

人体的主要产热器官是内脏、骨骼肌和脑。由表9-6可知人体安静时主要由内脏产热，内脏中肝的代谢最旺盛，产热量最大，人体运动或劳动时骨骼肌的产热量最大。

表9-6 几种组织器官在不同状态下的产热

组织器官	重量（占体重的百分数）	产热量（占机体总产热量的百分数）	
		安静状态	运动或劳动
脑	2.5%	16%	1%
内脏	34%	56%	8%
骨骼肌	56%	18%	90%
其他	7.5%	10%	1%

2. 产热方式

机体在寒冷环境中主要依靠下列方式增加产热量以维持体温。

（1）寒战产热：寒战是指寒冷环境中骨骼肌发生不随意的节律性收缩。寒战时屈肌和伸肌同时收缩，肌肉收缩不做外功，能量全部转化为热量。寒战发生时机体代谢率增加4～5倍，有利于机体在寒冷环境中的热平衡，维持体温。

（2）非寒战产热：非寒战产热又称为代谢产热，指机体处于寒冷环境中，除寒战产热外，体内还会发生广泛的代谢产热增加的现象，这种非寒战产热以褐色脂肪的产热量为最大，约占非寒战产热总热量的70%。新生儿有褐色脂肪贮存，而不发生寒战，故非寒战产热对新生儿来说具有重要意义。

3. 调节性产热

寒冷刺激作用于机体,通过中枢神经系统使腺垂体的促甲状腺激素释放量增加,进而促进甲状腺激素的释放。例如,机体在寒冷环境中度过几周以后,甲状腺激素的分泌量可增加2倍以上,代谢率增加20%~30%。此外,寒冷刺激也可兴奋交感-肾上腺髓质系统,使肾上腺素和去甲肾上腺素分泌增多,机体产热量增加。

(二) 散热

新陈代谢产生的热量随着流动的血液带到体表,通过皮肤散发至周围环境,因而人体皮肤是主要散热部位。当环境温度低于体温时,大部分的体热通过皮肤的辐射、传导和对流散热。当环境温度高于体温时,会通过皮肤蒸发散热。另有一小部分热量通过呼吸、排尿和排粪而散失。在环境温度为21℃时人体散热方式及其所占比例如表9-7所示。

表9-7 在环境温度为21℃时人体散热方式及其所占比例

散热方式	散热量/kJ	百分比/%	散热方式	散热量/kJ	百分比/%
辐射、传导、对流	8792	70.0	加热吸入气体	314	2.5
皮肤水分蒸发	1821	14.5	排尿、排粪	188	1.5
呼吸道水分蒸发	1005	8.0	合计	12560	100.0
呼气	440	3.5			

1. 皮肤散热的方式

(1) 辐射散热:是指人体以红外线的形式直接将体热向外界散发的方式。机体以这种方式散热的量主要取决于皮肤与周围环境之间的温度差和机体的有效辐射面积。当环境温度低于皮肤温度时,辐射散热是机体散热最主要的方式,且皮肤与环境之间的温度差越大或有效辐射面积越大,散热量越多。但当环境温度高于皮肤温度时,机体不仅不能散热,反而会从周围环境吸收热量。

(2) 传导散热:是指体热直接传给与皮肤接触的温度较低物体的散热方式。其散热的效率取决于皮肤与所接触物体的温度差、接触面积,以及物体的导热性能。衣物和人体脂肪的导热性能较差,故衣物可保暖,而肥胖者的热量也不易散发,在炎热的天气里易出汗。水和冰的导热性较好,临床上常利用冰帽、冰袋给高热患者降温。

(3) 对流散热:是指通过空气流动进行热量交换的散热方式。机体先将体热传给与皮肤接触的一薄层空气,使之温度升高,这部分空气又与周围较冷的空气交换,从而使体热源源不断地散发到周围环境中去。因此,对流散热是传导散热的一种特殊形式,通过这种方式散热的量取决于皮肤与周围环境之间的温度差和风速。衣服覆盖皮肤表层,可减少对流散热。

以上3种散热方式都只有在环境温度低于皮肤温度时才能有效进行。当环境温度升高到接近或高于皮肤温度时,蒸发便成为唯一有效的散热方式。

(4) 蒸发散热：是水分从体表汽化时吸收体热的散热方式。体表每蒸发 1 g 水可使机体散发 2.43 kJ 的热量，故蒸发是一种十分有效的散热方式。临床上采用乙醇（酒精）擦浴为高热患者降温就是依据这一原理。蒸发散热的量受环境温度和湿度的影响。环境温度升高可加快蒸发速度，而环境湿度增高则可减慢蒸发速度。因此，在高温且湿度较大的环境中，由于辐射、传导、对流散热不能有效进行，而且蒸发散热也受影响，人会感到闷热，容易造成体热淤积，发生中暑。蒸发散热可分为不感蒸发和发汗两种形式。①不感蒸发：是指体液中水分不断渗透到体表而被汽化的现象。这种蒸发不易被人们察觉，与汗腺活动无关。在低于 30 ℃ 的环境中，人体通过不感蒸发所丢失的水分基本恒定，每日约 1000 mL，其中经皮肤蒸发 600～800 mL，经呼吸道黏膜蒸发 200～400 mL。在体温升高时，不感蒸发的量可增加；婴幼儿不感蒸发的速率比成人高，故在缺水的情况下，幼儿更易发生严重脱水。②发汗：是指汗腺主动分泌汗液的过程。通过汗液在体表的汽化，可有效带走大量体热。发汗易被意识到，故又称为可感蒸发。汗液中水分约占 99%，固体成分不到 1%。固体成分中，主要是 NaCl，也有少量乳酸、KCl 和尿素等。汗液中的 NaCl 浓度一般低于血浆，因此汗液为低渗液。当人体大量出汗而造成脱水时，常表现为高渗性脱水。

2. 皮肤散热的调节

（1）皮肤血流量的调节：当皮肤温度高于环境温度时，机体主要通过辐射、传导和对流的方式散热。通过以上 3 种方式散热的量主要取决于皮肤与环境之间的温度差，而皮肤温度的高低则取决于皮肤血流量。机体可通过改变皮肤血管的舒缩状态来改变皮肤血流量，从而改变从机体深部带到体表的热量，进而调节散热量。皮肤血管受交感神经支配，交感神经通过改变其紧张性活动来调节血管口径，从而起到调节皮肤血流量的作用，皮肤血流量最少时可少至不足心输出量的 1%，最多时则可达到心输出量的 12%。在寒冷的环境中，交感神经紧张性增强，皮肤血管收缩，血流量减少，皮肤温度降低，散热量减少；而在炎热的环境中，交感神经紧张性降低，皮肤血管舒张，动-静脉短路开放，血流量增加，皮肤温度升高，散热量增多。当人体处于气温适中（20～30 ℃）的环境中，且产热量没有大幅度变化时，机体既不发汗，也无寒战，仅通过调节皮肤血管舒缩，就能保持体温相对恒定，这是一种节能的调节方式。

（2）发汗的调节：人体内有两种汗腺，即顶泌汗腺（大汗腺）和小汗腺。顶泌汗腺局限分布于腋窝和会阴等处，其分泌活动与体温调节无关。与体温调节有关的是小汗腺，它们广泛分布于全身皮肤。汗腺受交感神经支配，其节后纤维末梢释放乙酰胆碱，作用于汗腺细胞上的 M 受体而引起汗液分泌，故夏天应慎用 M 受体拮抗剂（如阿托品类药物），以免引起闭汗。发汗是一种反射性活动。发汗中枢存在于从脊髓到大脑皮层的各级中枢，但主要是下丘脑。

三、运动时体温的变化和调节

运动时人体新陈代谢加强，产热增加，虽经体温调节加强了散热过程，但仍因落后于产热过程而使体温升高。运动时人体温度的适度升高对运动是有利的。适当地升高体温，可以提高神经系统的兴奋性；减少肌肉的黏滞性，使肌肉收缩速度加快，提高肌肉组织中的血流速度和血流量；促进氧合血红蛋白解离氧，加速氧和二氧化碳的交换速度；等等。这些变化都能提高人体的运动能力。

人体进行剧烈运动时体温甚至可达40 ℃，体温过高对机体是不利的。研究证明，人体活动的最佳温度为37.2 ℃，而肌肉的温度为38 ℃。准备活动后的体温大体上就是这个水平。

体温升高的程度与运动强度、持续时间、运动时的气象（气温、水温、风速、空气湿度）及运动员的训练水平有关。一般情况下，运动强度越大，持续时间越长，体温也升得越高。如中距离赛跑后腋下温度可升高到37.5～38 ℃；长距离赛跑后温度可升高到38.5 ℃；超长距离赛跑后温度可可升高到39.75 ℃，有时甚至超过40 ℃。因此，在高气温、高湿度的条件下长时间运动时，应注意预防中暑（热射病）。

训练水平提高，产热和散热的调节机能日趋完善，对冷热环境的适应能力也会提高。研究发现，运动员在气温5～7 ℃的条件下，进行滑雪训练后，体温有所升高。此外，还证明在炎热气候条件下进行训练，运动员散热过程能得到改善。因此，在不同气候条件下进行训练，人体对温度的适应能力就会提高。由此可见，"冬练三九，夏练三伏"，能更好地提高体温调节能力，有利于增强体质和提高运动技术水平。

思考与练习

1. 名词解释：新陈代谢、同化、异化、血糖。
2. 糖、脂肪、蛋白质各有什么生理意义？
3. 蛋白质的基本组成单位是什么？简述其代谢过程。
4. 试述体温的正常值和生理变动因素。

第十章　运动技能的形成与身体素质

第一节　运动技能的形成

人类的走、跑、跳、投等基本动作，都是在生活过程中形成的，而在体育训练中不断得到发展和提高。体育训练是把这些单个的基本动作有组织地串联起来，形成复杂的、更高级的运动技能。同时，通过系统的、科学的教学训练，人的身体素质也得到了提高。

一、运动技能形成的生理机制

人类一切有意识的活动都是条件反射，故运动技能的形成机制也是条件反射。运动技能是复杂的、链锁的，本体感受性的运动性条件反射，又叫作运动动力定型。它与简单的条件反射不同。表现在：

（1）参与形成运动性条件反射的中枢多，既有皮层运动中枢，又有视觉、听觉和本体感觉中枢，还有支配内脏活动的中枢参加活动。

（2）反射活动不是单一的，而是连贯的，前一个动作结束就是后一个动作开始，前一个动作成为后一个动作的条件刺激物，彼此形成链锁。

（3）肌肉的肌梭、腱梭、本体感觉的传入冲动，在形成运动技能过程中起着重要作用。

（4）在形成运动技能时，人的两种信号系统同时参加活动。

二、运动技能形成的阶段性变化

在学习一个新动作时，由不会、不熟练到会做，熟练掌握，大致要经过 2 个阶段。

（一）泛化阶段

学习任何一个新动作的初期，由于大脑皮层分化抑制尚未确立，皮层的兴奋和抑制过程都呈现扩散状态，使条件反射的暂时联系不稳定，产生动作泛化现象。表现为动作僵硬、不协调，不该收缩的肌肉收缩，该放松的肌肉放松不了，出现多余的动作等。就像初学骑自行车的人的表现一样。这种现象是由于大脑皮层细胞的兴奋扩散造成的。

（二）分化阶段

经过不断地练习，对运动技术的内在规律初步掌握，一些不协调的和多余的动作慢慢消失，错误动作也得到一定程度的纠正。这时大脑皮层的兴奋和抑制过程都逐渐集中。由于抑制过程加强，特别是分化抑制得到发展，大脑皮层的活动由泛化转入分化阶段。这时，错误、多余的动作得到纠正，能够较顺利和连贯地完成完整技术动作，初步建立了动力定型，但仍不够巩固。若遇到有外人参观或参加比赛，老毛病又犯了，出现多余的动作或错误的动作；刚学会骑车时前方遇阻不知所措；等等。

（三）稳定阶段

在第二阶段的基础上，加强训练就可以掌握整套新动作，建立巩固的动力定型。这时大脑皮层的兴奋和抑制过程在时间和空间上都更加集中和精确，不仅动作准确完美，而且在一些动作环节上出现自动化现象，即不必用意识去控制而完成动作，在外界环境变化（参观和比赛）时，动作结构也不会被破坏；骑车自如，可以左右环顾等。这时内脏机能活动也能很好地配合，完成动作自觉轻松自如。

运动技能形成的三个阶段是相互联系的统一过程，没有特别明显的界限，而是互相穿插的，只是由于运动员的训练水平不同，各个阶段表现的时间长短不同而已。

三、影响运动技能发展的因素

运动技能的形成和发展快慢受一些因素的影响，例如，运动项目复杂与难易程度不同、动作性质与结构不同、身体素质差异、训练程度不一、个性特征与教学训练方法等，都可以影响运动技能的形成。

学习难度较大的动作时，尤其是在器械做新、难动作时，首先要消除学生的害怕心理，就是难度不算大的动作，如踢足球定位球时，如果有足踝或脚尖受伤的经历，也会出现防御反射。教学时首先要设法消除其害怕心理和防御反射。如体操要求绷直脚背，对学习武术、跨栏等是不利的；又如篮球运动员改学排球也往往容易产生触网的错误。

身体素质全面发展的田径运动员，学习其他项目诸如网球、篮球等比较容易；有一定体操基础的运动员学习器械上新难动作或空中翻转的跳水动作比较容易。

其中，教学和训练方法对运动技能的形成和发展起着举足轻重的作用。

（1）要充分发挥和利用视觉与本体感觉之间的相互作用，强化正确动作，消除错误动作。典型的像对着镜子做体操的自由操和健美操等。

（2）要充分发挥和利用听觉与本体感觉之间的相互作用，建立正确的动作频率和节奏感。背景音乐常用于艺术体操、健美操、自由体操和花样滑冰等，在场地练习长跑时尝试移植过来，不仅可建立正确的频率与节奏感，也可减少枯燥感。

（3）要充分发挥和利用位置感觉与肌肉本体感觉之间的相互作用，有了三维空间翻腾和旋转感知的精确分化能力，才能完成体操、跳水等复杂空中动作。降低练习高度或用保护带反复练习等可加速掌握动作。

（4）充分利用人的联想机能，想练结合。在练习或比赛后回想动作完成的质量；在比赛之前要集中精力和想象力，思考比赛中可能遇到的情况、应付的方法和一些动作要领等。

（5）教学中要注意循序渐进、由易到难，注意加强帮助和保护，充分利用和发挥第二信号系统的作用。

第二节 身体素质

身体素质是指人在运动中所表现出来的力量大小、动作快慢和反应时间长短及动作持续的时间长短。通常又把这些表现在运动中的力量、速度、灵敏和耐力总称为身体素质。从事任何运动训练都可以使身体素质得到发展，而良好的身体素质又是掌握运动技能、提高运动成绩的基础。

一、力量素质

力量素质是指以肌肉收缩力对抗阻力的能力。人体的所有运动几乎都是由对抗阻力而产生的，因此，有良好的力量素质是取得优异运动成绩的重要基础。例如，跑速有赖于强大的肌力蹬地；运动持续时间的长短也有赖于力量大小；柔韧、灵敏、协调、平衡等机能能力也都和力量素质有密切关系。力量素质是人体最重要的身体素质，是其他身体素质的基础，被叫作素质的素质。

力量素质可分为动力性力量和静力性力量。动力性力量的肌肉收缩形式以等张收缩为主，如跑、跳、投掷等；静力性力量的肌肉收缩形式以等长收缩为主，如举重、倒立、平衡、耗腿等。

（一）力量素质发展的生理学基础

1. 骨骼肌的生理横断面积大小

肌肉的形状除长梭形外，有三角形、扁而宽阔形等，在肌腹呈长梭形的类型里，它的肌纤维走向也不同，有的呈羽毛状，有的呈半羽状。肌肉收缩的力量取决于一块肌肉中所有肌纤维一起收缩时产生力量的大小。所谓生理横断面积，就是横切所有肌纤维所取得的面积，显然羽状肌的生理横断面＞半羽肌＞梭形肌。

2. 骨骼肌结缔组织发达程度

长期力量训练可以使肌纤维增粗，肌束膜增厚，肌腱与骨附着点的结合力增强，抗牵拉的力量增大。

3. 肌肉发力前的初长度

预先拉长肌肉（肌肉做离心收缩），肌肉的本体感受器肌梭、腱梭受到刺激引起中枢神经产生牵张反射，收缩时产生的力量增大。如跳前屈膝、踢球前的腿后摆等。

4. 肌纤维的类型

肌肉里有快收缩（白）肌纤维和慢收缩（红）肌纤维。快白肌里含的肌原纤维多、肌糖原多，前者含的收缩蛋白多，后者供能多，所以白肌比红肌收缩快而有力。对于肌纤维数目相等的肌肉来说，白肌纤维占的比例越高，肌肉收缩产生的力量越大。

5. 神经系统的调节能力

（1）中枢神经系统的兴奋性高，支配肌肉活动的运动神经元同时兴奋的数目多，使参加肌肉收缩的运动单位增多，并使每个运动单位发生较大力量的收缩，肌肉产生的力量增大。

（2）调节肌肉收缩活动时，不仅支配原动肌的中枢兴奋，同时需要协同肌和对抗肌的配合，中枢神经间的良好协调配合能力，既可减少能量的无谓消耗，又可更好地发挥主动肌的收缩功效，产生更大的力量。就拿简单的屈肘关节提起重物来说，如果只有屈肘的肱二头肌和肱肌用力，没有肱三头肌的及时放松也不行。

6. 内脏的机能能力

肌肉活动时需要及时供能，如果内脏机能处于较低水平，氧气和营养物质供应不上，肌肉不但收缩无力，也不可能持久。

（二）影响力量素质发展的因素

影响力量素质发展的因素如下：

（1）重量（负荷）的大小：在一定的限度内，负荷的重量越大，越有利于力量素质的发展。

（2）动作的快慢：在规定的时间内，动作越快越能发展力量素质。

（3）年龄特点：一般13～14岁以后，力量素质才有较明显的增长。

（三）发展力量素质的原则

1. 超负荷原则

超负荷指练习时所采用的阻力负荷，要超过本人已经适应的负荷或超过平时训练的负荷。较大的负荷才能对肌肉产生较强的刺激，使肌肉产生相应的适应性变化，使肌肉收缩时力量增强。

2. 渐增负荷原则

在力量练习过程中，随着训练水平的提高，肌肉克服的阻力要逐渐增加，才能有效地发展肌力。否则，不增加负荷，肌肉力量素质不但不能发展，反而转向耐力练习了。

3. 有效运动负荷原则

只有足够大的运动负荷（运动强度）和足够长的时间，才能使机体的形态、结构和机能产生一系列、良好的适应性变化。正常情况下，每次力量练习应不少于3组，接近或达到肌肉疲劳的力量练习，才能使力量素质得到提高。

4. 专门性原则

一是与正式动作结构非常相似，二是与正式动作的发力特点非常相似。如身体姿势、动作幅度、方向、节奏和速度等方面都要与专项一致。如果为了增加起跑蹬地力量，就不能一味地采用杠铃负重深蹲练习；而增强排球扣球力量可以采用助跑加扣球臂抛实心球，既能发展扣球臂肌力，又能培养运动员的专项技术能力。

5. 合理练习顺序原则

合理练习顺序原则指在力量练习中，应先练习大肌肉群，后练习小肌肉群；前后练习中避免使用同一肌群的原则。这是因为大肌群运动中枢兴奋性高，通过兴奋扩散作用，对其他肌肉也会产生一定的刺激；另外，大肌肉群不易疲劳，故应从大肌群开始然后到小肌群。又如前后练习使用同一肌群，不但不能保证练习质量，还容易出现肌肉疲劳和运动损伤。

练习顺序可遵循：①大腿和髋部；②胸和上臂；③背和大腿后部；④小腿和踝；⑤肩带和上臂后部；⑥腹部；⑦上臂前部。

6. 系统性原则

系统性原则指力量练习应进行全身系统安排的训练原则。

力量训练频率越高，肌肉力量增长越快，但停止训练后消退也越快；训练频率较低，训练时间较长，肌力增长较慢，但力量保持的时间较长。如果每2周训练1次，肌力可保持原来水平；如果每6周训练1次，肌力可保持较长时间；如果不再进行训练，30周后原来增长的肌力可完全消退。

二、速度素质

（一）速度素质的概念与分类

1. 速度素质的概念

速度素质是指人体快速运动的能力或在最短时间内完成一定运动的能力。

2. 速度素质的分类

（1）反应速度：人体对刺激发生反应的快慢。如短跑运动员听到枪声到起动的快慢。

(2）动作速度：机体完成单个动作的速度。如投掷运动员器械出手的速度。

(3）位移速度：人体在单位时间通过的距离或人体通过某一特定距离的快慢。如跑速、游速。

（二）速度素质的生理学基础

1. 反应速度

反应速度取决于大脑皮层的兴奋性和灵活性（后者即兴奋与抑制转换的快慢）。良好的兴奋状态能够提高反应速度。运动员处于良好的赛前状态时，做出反应的时间可以缩短。

2. 动作速度

(1）白色快肌纤维越粗，占的比例越大，肌肉收缩越快。在第29届北京奥运会上，牙买加运动员博尔特快肌纤维比例达70%，高出其他优秀短跑运动员近10%，故创造了100 m 9.69″和200 m 19.30″的世界纪录。

(2）肌肉力量越大，完成动作越快（凡能影响肌力的因素都影响动作速度）。

(3）肌肉组织兴奋性越高，完成动作的速度越快。

(4）条件反射越巩固动作时间缩短，动作速度越快。

(5）神经系统对主动肌、协同肌和对抗肌的调节能力越强，动作速度越快。

3. 位移速度

位移速度影响因素较复杂，以跑速为例，跑速主要取决于步长和步频，其余因素与前两者相同。牙买加运动员博尔特身高1.96 m，步长也有先天条件。

（三）影响速度素质发展的因素

1. 力量因素

力量大者发展速度快。因此，提高力量素质有利于速度素质的发展。

2. 练习的强度

在一定限度内加大练习的强度有利于速度素质的提高。

3. 年龄的特点

实践证明，年龄在13岁左右时，发展速度素质较快，应该抓住这一时期对速度素质进行训练。

三、耐力素质

（一）耐力的概念与分类

1. 耐力的概念

耐力是指人体进行长时间肌肉工作的能力，或者人体对抗疲劳的能力。

2. 耐力的分类

（1）按运动后外在表现分为速度耐力、力量耐力和静力耐力。
（2）按照参与的主要器官分为呼吸循环耐力和肌肉耐力。
（3）按照参加工作的肌群数量分为全身耐力和局部耐力。
（4）按照运动能量代谢的特点分为有氧耐力和无氧耐力。
（5）按照与专项运动的关系分为一般耐力和专项耐力。

（二）耐力素质的生理学基础

1. 有氧耐力（普通耐力）

（1）骨骼肌纤维中红色慢收缩肌纤维（简称红肌）比例高。红肌中肌红蛋白、线粒体含量高，肌红蛋白储备和输氧能力高，线粒体是肌肉能源供应站，有利于肌肉长时间工作。
（2）体内能量物质肝糖原、肌糖原储备多，有利于提高耐力素质。
（3）神经系统机能状态，包括大脑皮层兴奋和抑制过程的均衡性、强度等都处于良性状态，有利于耐力素质的发展。
（4）内脏机能状态良好，如呼吸机能、心血管机能良好，肺的通气量大，心输出量大，有利于耐力素质的发展。

2. 无氧耐力

（1）骨骼肌内无氧酵解供能的能力高。
（2）血液中缓冲乳酸的能力高。
（3）大脑皮层对血液 pH 变化的耐受力高。

（三）影响耐力素质发展的因素

（1）动作速度：在相同的条件下，加快动作速度就有利于耐力的发展。
（2）中等强度的训练也是耐力素质发展的重要条件之一。
（3）年龄也对耐力素质的发展有影响，年龄小不应急于发展耐力素质，而应采用多样化的全面的训练方法。

四、柔韧与灵敏素质

（一）柔韧素质

柔韧素质即各关节的灵活性（活动范围大小）或关节运动幅度。
影响柔韧素质的因素有：①该关节的骨性结构；②该关节周围组织体积的大小；③该关节周围的韧带、肌腱、肌肉和皮肤的延展性；④中枢神经系统对骨骼肌的调节，如关节运动的主动肌与对抗肌的协调性。对抗肌的放松程度直接影响关节运动幅度。

（二）灵敏素质

灵敏素质是一种综合素质，是指人体在各种条件下迅速改变体位、转换动作和随机应变的能力。它也是机体各种运动技能和身体素质的综合表现。

灵敏性的生理学基础有：①大脑皮层的灵活性和分析综合能力。皮层神经过程的灵活性越高，机体对内外环境变化做出的反应越迅速，调整和修正动作的能力越强。②感觉器官的机能状态良好，动作准确，转换迅速。③运动技能掌握越多，越熟练，建立的动力定型越完善，大脑皮层里暂时性神经联系间的接通也越迅速、准确。

五、身体素质间的相互关系

运动时，人体骨骼肌表现出一定的力量、速度、耐力和灵敏，这些身体素质之间是相互影响的，它们之间或者产生密不可分的良好影响，或者产生互相制约的不良影响。

（一）身体素质之间的良好影响

人体运动时，体内各器官系统在神经系统的有力协调下工作，动作才能按质量要求完成，并表现出有力、协调、轻松、完美。这也说明各种身体素质之间有紧密地配合，互相之间有良好影响的结果，唯有如此，运动技能才能不断提高。

（二）身体素质之间的不良影响

依照人体发育的特点，采用科学指导，全面发展各种身体素质，一般不会出现不良影响。但如果违反生理规律，过早地发展力量和耐力素质，就不利于速度素质的发展。

思考与练习

1. 运动技能的生理本质是什么？
2. 运动技能形成分为哪几个阶段？举例说明各阶段的外在表现。
3. 你认为影响你自己运动技能形成的良好与不良因素是什么？
4. 什么是身体素质？身体素质包括哪几项内容？
5. 根据各项身体素质发展的生理学依据，你能说明过早发展力量和耐力会对发展速度产生不良影响的原因吗？

第十一章 运动过程中人体机能的变化规律

第一节 赛前状态

一、赛前状态的概念

在运动开始之前，机体内就产生一系列的如同正式比赛时的机能变化，这些变化称为赛前状态。

二、赛前状态的表现

正式比赛之前，身体内的各个器官、系统就加强了活动，如脉搏加快，血压升高；呼吸加深加快，肺通气量加大；汗腺分泌增多，尿频；物质代谢增高，表现为体温上升、血糖浓度升高；神经系统也有变化，表现为出现情绪紧张等一些综合性反应。

三、产生机制

赛前状态的产生是运动员在平时训练过程中形成的运动性条件反射，在正式比赛之前通过人的第二信号系统的作用表现出来。

赛前状态的一系列表现有它好的一面，即在正式比赛之前就已充分地调动了体内潜力，有利于缩短工作适应过程，为提高成绩和尽早克服机能惰性做好充分准备。运动员们应该抓住这一有利的影响来争取好成绩。

第二节 准备活动

一、准备活动的概念

准备活动是在正式练习之前所做的一套动作。准备活动是在赛前状态的基础上进行的，反过来又影响赛前状态。

二、准备活动的意义

准备活动是为了提高神经系统的兴奋性，加强各器官、系统的机能活动，及早克服生理惰性，调整赛前状态的影响，为正式练习或比赛做好准备。准备活动能使血液循环增快，骨骼肌肉毛细血管开放，关节滑液增多，既可有效地缩短工作适应过程，又可预防运动损伤。

三、如何进行准备活动

准备活动对后面的正式练习或比赛有良好的影响，这是因为它与正式练习或比赛的动作结构极相似。准备活动可分为一般性准备活动、专项准备活动和混合性准备活动。

一般性准备活动是为了普遍提高身体素质和机能；专项准备活动是为了提高专项素质与机能；混合性准备活动是一般性准备活动和专项准备活动的结合。混合性准备活动所起的作用更大，效果更好。

第三节 工作适应过程

一、工作适应过程的概念

运动训练和从事一般工作一样，人的工作效率不可能在一开始就立刻达到最高水平，而是在活动开始后一段时间内逐步提高的，这个逐步提高的过程叫作工作适应过程。

二、工作适应过程的机制

工作适应过程是由人体内脏和多个器官系统本身的惰性引起的，这种惰性包括物理方面和生理方面的。

（一）物理惰性

物理的位移是在外力作用下沿着直线前进的。开始时，产生初速度，继而产生加速度。初速度小于加速度的原因是物体本身惰性的结果。人体的移动也符合这一规律。

（二）生理规律

（1）人的一切活动都是反射，反射要通过反射弧固定的神经联系，最简单的反射弧也要经过2个以上神经元的突触联系，突触间神经递质传递需要一定的时间。而运动性条件反射是复杂的、链锁的，要通过多个神经元和突触的传递，所以需要一定的时间。

（2）运动时内脏器官的惰性大于骨骼肌的惰性。为了满足骨骼肌活动时的供能要求，必须使内脏器官有一段加强活动的时间。

（3）动作越复杂，工作适应过程也越长，内脏器官惰性反应也更大。

（4）"极点"现象：由于内脏器官的活动赶不上运动器官活动时的供能需要，在运动开始后一段时间内，感到身体非常难受，呼吸困难，肌肉无力，动作减慢，有停止运动的想法，这种现象叫作"极点"。

"极点"的产生可影响运动成绩的提高。它产生的原因主要是身体缺氧和体内乳酸堆积。乳酸的酸性较强，血液变酸可直接刺激大脑皮层，产生保护性抑制，使动作结构紊乱，运动成绩下降。

当"极点"产生后应该继续活动，不要停止下来，因为这时正是内脏机能扩大的有利时机。经过多次训练后，内脏器官机能提高，缺氧和乳酸刺激会减少，身体不适感会降低，运动成绩会随之提高。

"极点"是中跑以上各项赛跑中极易出现的现象，要善于利用这一现象来扩大内脏器官的机能可能性，让它产生良好的作用。

赛前状态、准备活动和工作适应过程，三者是互相联系、互相影响的。因此，在训练和比赛过程中应全面考虑三者的关系，使之达到预期的良好效果。

第四节　疲　　劳

一、疲劳的概念

由于工作或运动训练而出现的工作能力暂时下降的现象叫作疲劳。

疲劳这是一种正常的生理现象（保护性抑制），经过一段时间休息后，疲劳可以消除，又恢复了工作能力。因此，它不会影响人体的健康（应与病理性的"过度训练"或"过度疲劳"相区别）。

二、疲劳产生的原因

人的一切活动都是反射，疲劳就出现在反射弧的某一环节中。在反射弧的各环节中，以中枢神经最易产生疲劳，其次是效应器——运动终板，再次是肌纤维。

三、减轻或消除疲劳的方法

推迟疲劳的出现：

（1）运动训练本身就是通过各种训练手段来减轻或推迟疲劳的产生，并提高运动成绩的。这是因为运动员经过专业训练后，人体各器官、系统得到了锻炼，提高了机能，较之一般人能够在更长一段时间内活动，并能保持动作协调，省力，这就推迟了疲劳的出现。

（2）要会休息，"会休息，才会工作"。要提高运动成绩，除训练手段外，学会休息也是一个重要方面。合理地休息可及早消除疲劳。休息的形式有两种：①静止性休息，又叫作消极性休息。其主要形式是睡眠。在睡眠期间，体内物质代谢的同化过程加强，有利于机体消除疲劳。成人睡眠需要 7～8 h/d，运动员应增加 1 h。②活动性休息，又叫作积极性休息，它是采用转换活动或训练内容来代替静止性休息。积极性休息不能代替睡眠，但对大脑皮层的机能提高很有好处。

不论是日常学习、工作还是运动，大脑皮层细胞都不可能全部兴奋，而是相关的皮层中枢部位兴奋，并产生疲劳。如果转换另一种动作方式，使原来兴奋着的皮层转为抑制，而支配另一种活动方式的皮层中枢部位转为兴奋，并产生一种负诱导作用，使原先疲劳的皮层中枢部位抑制加深，更有利于疲劳的消除。

比如上课听讲，皮层听觉语言中枢产生疲劳，下课时，有的人采用消极性休息，趴在课桌上小睡；有的人到院子里做游戏、跳绳等；下节课上课时，小睡者仍处于迷糊状态，而玩耍者却可能精神振奋，更能集中注意力听课了。

四、测定疲劳的方法

（一）观察法

观察运动的反应，如出现面色苍白、两眼无神、表情淡漠、哈欠连天、反应迟钝、精神不集中、运动成绩下降等现象，可初步判定有疲劳产生。

（二）生理测定法

（1）视觉阈值增大（所谓阈值如同过门槛，门槛越高，跨过门槛时就更得把腿抬高）；视敏度降低。

（2）测握力、背肌力，肌力减小。

（3）肺活量、呼吸差（吸气与呼气各测得的胸围数之差）、肺通气量均减少。

（4）安静时脉搏加快，血压升高。

（5）血糖下降，血乳酸增多，血液 pH 左偏，尿中出现蛋白。

通过以上指标的测定，综合分析后，可以确定疲劳程度。应及时发现疲劳和消除疲劳；平时训练中调整运动量，预防疲劳，使训练达到预期效果。

思考与练习

1. 名词解释：赛前状态、"极点"、疲劳、积极性休息。
2. 准备活动的意义何在？

第十二章 运动性伤病的预防与处理

参加体育锻炼是为了增强体质，增进身心健康，促进德、智、体全面发展。如果在体育锻炼时，不重视运动损伤的预防工作，没有采取积极的预防措施，就可能发生各类伤害事故，轻者影响学习和工作，重者可造成残疾甚至危及生命，对国家和个人带来不应有的损失，影响运动技术水平的提高，并造成不良的心理影响。

随着时代的进步和社会的发展，体育运动的内容和形式在不断变化和发展，运动技术水平也不断地追求更快、更高、更强，对运动员的要求大大增加，这必然使伤害事故有所增多。因此，积极预防运动损伤对广泛开展群众性体育运动有积极的意义，对增强国民体质和迅速提高我国的运动技术水平具有积极的作用。

第一节 运动损伤的原因及预防

一、运动损伤的原因

造成运动损伤的原因是多方面的、复杂的。根据目前国内外有关运动损伤原因的综合研究资料，可归纳为基本原因（直接原因）和潜在原因（诱因）两个方面。

（一）基本原因（直接原因）

运动损伤的基本原因有以下6个方面。

1. 缺乏运动损伤知识

运动损伤的发生与体育活动组织者、指导者、参加者缺乏必要的预防运动损伤的知识有关。由于缺乏基本知识，不善于对学生进行安全教育，不懂得采取各种行之有效的预防措施，在发生损伤后不能分析原因、总结经验教训，因此运动中的伤害事故时有发生。

2. 各种训练不够

一般来说，运动损伤的发生与身体素质训练、专项技术训练、战略战术训练及心理品质培训不够有密切关系。一般身体素质不良时，肌肉力量和弹性就较差，反应迟钝，关节灵活性和稳定性也较差，因而容易致伤。专项技术训练不够时，往往动作要领掌握不好，存在缺点和错误，这类不佳的技术动作，极易违反身体结构、机能特点和运动时的生物力学原理,因而容易发生损伤。因战略战术训练不够而致伤的虽然较少发生,但易被忽视。如在耐力运动中的速度分配不当,赛车比赛时"超越"时间、地点选择不合理而造成的损伤。运动员缺乏勇敢顽强、坚毅、果断、"胜不骄、败不馁"的品质也是致伤的原因。

3. 教学、训练和比赛活动安排不当

(1) 准备活动问题:如未做准备活动或准备活动不充分就开始正式运动,或准备活动离正式运动的时间太长;准备活动量过大或与专项内容结合不好;准备活动过程中违反循序渐进的原则,一开始速度过快、用力过猛等。

(2) 运动量过大:运动量安排不当,尤其是运动量过于集中,使局部负担量过大,是运动训练中特别是专项训练中造成损伤的主要原因。在体育课中,同样也存在局部负担量过重、而导致损伤的发生。

(3) 组织方法上有缺点:在组织教学、训练过程中,不遵守循序渐进和区别对待的原则;教师负责的学生人数过多;缺乏必要的保护措施及自我保护的能力;运动场地小,人多拥挤,不分区使用;教师对学生的组织纪律要求不严,允许有伤病的学生参加剧烈运动;等等。另外,比赛日程安排不当,比赛场地和时间的任意更改,都可能发生运动损伤。

4. 运动参加者的生理功能、心理状态不良

在睡眠或休息不好,患病或伤病初愈阶段及过度疲劳的情况下,生理功能和运动能力都相对下降,这时若参加剧烈运动,就可能因肌肉力量弱、反应较迟钝、注意力减退、身体协调性差而导致损伤。心理状态与损伤的发生也有密切关系。如心情不舒畅,情绪不高,对训练和比赛缺乏自觉性和积极性,思想不集中,急躁、胆怯、犹豫等,都容易导致动作失常而引起损伤。

5. 场地、器材设备、服装不符合要求及气候不良等

运动场地设备不良,如场地不平、有碎石杂物,跑道太硬太滑,沙坑过硬或沙内有砖石,器械维护不良,安装位置不合理,不符合年龄、性别、训练水平的特点等都可造成损伤。此外,运动时服装、鞋袜不符合卫生要求,以及缺乏必要的护具等,也会在运动中造成损伤。气候条件不良,如气温过高,湿度过大,容易发生疲劳和中暑,或因大量出汗造成体内水盐代谢失去平衡,而发生肌肉痉挛。气温过低或天气潮湿,容易发生冻伤或肌肉僵硬而被拉伤。

6. 动作粗野或违犯规则

在比赛中,不遵守规则,不服从裁判,动作粗野,故意犯规或搞小动作。在教学训练中,互相逗闹、嬉戏,不遵守纪律等。这些原因引起的损伤在篮球、足球运动中最为常见。

(二)潜在原因(诱因)

诱因即诱发因素,它必须在局部负担量过大、技术错误等直接原因的同时作用下,才可成为致伤因素。它是由人体某些部位的解剖生理特点和运动项目本身的技特点两个潜在因素所决定的。

1. 各项运动的不同技术特点

各项运动都有它自己的技术动作特点，运动过程中身体各部位所承受的负担量不同，若训练方法不当，容易引起负担较大部位的受伤，如篮球运动员最易伤膝，体操运动员极易伤肩，等等。

2. 局部解剖生理特点

某些组织所处的特殊解剖位置，在运动时可与周围组织发生挤压和摩擦，如肩袖肌腱；局部组织较脆弱，抗拉或抗折能力较弱，在一定外力作用下易造成损伤，如髌板；有的关节在一定的屈曲角度时，稳定性下降，关节面间易出现"不合槽"运动而引起捻错与摩擦，如膝关节半蹲位扭曲下发力等。

以上两个因素如果因某种主观情况同时起作用，例如，过度训练，就容易发生运动专项损伤。下面就篮球运动与体操运动易出现的损伤做具体分析。篮球运动员最易伤膝。就篮球的基本技术来看，其主要特点是膝于半蹲位滑步、进攻、防守、制动、踏跳与上篮。这些动作都要求膝于半屈曲位150°角，屈伸与扭转，而膝的这个角度，又恰恰是它的生理弱点。因为膝的上下杠杆较长，半屈时膝的内、外侧韧带及交叉韧带（又称"十"字韧带）都处于较松弛的状态，不能保护膝的稳定。因此，很易发生韧带或半月板损伤。另外，由于这时膝的稳定主要是依靠股四头肌的收缩，通过髌骨的作用来完成的，因此，这时髌骨既要保护关节的稳定，又要根据篮球动作的特点伸膝和扭曲"发力"，这就很易使髌骨软骨磨损出现髌骨软骨病。铁饼运动员易发生此病的原因也是如此。

体操运动员易损伤肩部，出现肩袖损伤。这主要是由于吊环、高低杠、单杠的各种悬吊转肩动作的特殊要求而发生的。肩关节是个悬垂关节，肩关节盂小、肱骨头大，因此它能完成大范围的各个方向的回转动作。但其之所以能在悬吊位完成各种动作而不发生脱臼，主要是依靠肩袖肌腱的固定作用，因此肩袖在完成这种动作时负担最重，就极易受伤。更由于它在肱骨大结节的附着点于抬肩时与肩峰经常摩擦，因此一旦活动过多、范围过大，就很易被磨损或拉伤而引起肩袖损伤。另外，像举重中的抓举（肩突然上举并外展）、排球运动员挥臂扣球等也都是同样原因引起肩袖损伤的。

教师、教练员和医生认识了这些规律，就可以在训练与治疗中，注意并有计划地使以上矛盾的两个潜在因素向有利的方面发展，如加强易伤部位的准备活动，加强易伤部位的肌力练习，恰当地安排运动量，避免过多易伤动作的练习。

二、运动损伤的预防

（一）提高防伤意识

运动损伤的发生，常与体育运动参加者、组织者、指导者对运动损伤的危害认识不足、思想上无防伤观念、缺乏预防运动损伤的基本知识有关。忽视了循序渐进的原则，盲目地进行体育锻炼，甚至将预防运动损伤的科学态度与勇敢、顽强、拼搏的体育精神对立起来，使体育运动参加者、组织者、指导者不能积极地采取各种预防措施，发生损伤后也不能进行积极有效的治疗。

青少年生活经验不足，缺少防伤意识，运动中好胜心强，盲目地从事力所不及的运动动作，是导致运动损伤的主要原因。女生在体育运动中，有胆小、害羞、畏难等情绪，做动作时恐惧、犹豫、紧张等，也会造成因动作失败而受伤。

要充分认识运动损伤给体育锻炼参加者带来的危害，在组织性、纪律性及安全性方面进行教育，克服麻痹思想，树立以预防为主的思想观念。

（二）进行科学的运动，防止运动损伤

进行科学合理的教学、训练及活动，组织安排要遵循体育卫生原则。不同运动项目要加强易伤部位及相对薄弱部位的训练，尤其重视准备活动和伸展性练习，重视技术动作的正确合理运用。

1. 准备活动

为身体运动做准备，不同种类的运动要有不同的准备活动。合理的准备活动必须包括一般性和专项性两个方面。一般性的准备活动常有跳、慢跑、牵拉、抗阻力量练习法等。专项准备活动应该包括从事的运动所涉及的人体运动部位的活动。准备活动的时间应为 15～30 min。强度应依照项目而定，主观测定强度的指标是出汗但不疲劳。

2. 伸展性练习

柔韧性是身体素质的一个重要方面，大幅度顺利地运动关节的能力是身体机能的一个重要部分。特殊的关节、肌肉可由于损伤、活动过度或缺乏活动而导致僵硬。加大关节的柔韧性练习可以减少肌肉韧带的损伤及肌肉的酸痛。柔韧性的增加除了可加大关节的活动范围，还能防止损伤；不但能提高体操的成绩，而且有助于提高其他体育项目的成绩。因此，柔韧性练习越来越多地受到重视。

有两种发展伸展性的方法。一种是静力伸展，就是关节被动运动到极限，如压腿，可以有效地预防运动损伤；另一种是动力伸筋法，就是肌肉收缩达到关节运动的最大值，如踢腿有利于运动的完成。运动员常用的伸展法有静态牵拉、震荡牵拉及本体感觉神经肌肉促进法。

3. 掌握正确的运动技术，提高运动成绩，防止运动损伤

体育领域中的运动技术是指合理有效地完成动作的方法。这里的合理有效是指运动技术应该符合规则的要求，特别是应该符合人体运动的规律。运动技术掌握不正确，造成局部负荷过重，在动作定形之后反复地练习，不但运动成绩不会提高，相反会引起损伤的不断发生。因此，要注意在动作的形成阶段，不断地调整动作的节奏和结构，使之合理化，避免运动损伤的发生。

4. 加强易伤部位及相对薄弱部位的锻炼

运动项目及其技术、战术动作对人体有特殊的要求，人体自身某些部位在运动中

所表现出的解剖生理弱点，这些都是导致运动损伤发生的潜在因素。因此，根据项目特点加强易伤部位的锻炼，是避免运动损伤发生的有效方法。

5. 充分地恢复

恢复手段对于预防损伤及提高成绩都有益处。不及时采用恢复手段会影响技术动作，导致运动疲劳。如出现这种现象并且训练承受能力下降，就表明运动过量了，不及时纠正就会出现过度疲劳。多数情况下，运动员对运动过量的反应是加大训练来提高运动承受能力。这是错误的，这样易造成损伤，也易更快造成过度疲劳。科学的方法是及时调整运动量，并采用恢复手段。

运动员及教练员应及时观察身体状态并调整训练计划，这非常重要。训练日记应详细记录赛季、睡眠休息日及晨脉。若有连续晨脉增加，特别是伴有成绩下降、肌力下降，则应减量或停训 1～2 d。

（三）加强自我保护

（1）过度心理紧张，可以使肌肉紧张，而紧张的肌肉使主动肌和被动肌之间的协调失衡，既影响了技术动作，又加大了损伤危险性。

（2）注意力不集中使运动员的反应力下降，也是造成损伤的一个因素。

（3）心理淡漠也易造成损伤。失去兴趣的队员，不愿去做准备活动，技术动作也易出现错误造成损伤。

（4）要经常认真地对运动场地、设备、器材及个人运动用品进行检查，防止在运动中出现意外。

（5）在体育比赛中遵守体育道德规范，尊重竞争对手，避免恶意犯规现象的发生，保证自己和对手的运动安全。

（四）营养和预防损伤

营养不良可以加大损伤的危险性。糖供应不足，加大蛋白质、脂肪的分解，使蛋白质耗损，可导致肌肉损伤。营养不良是大强度训练中肌肉拉伤的原因之一。不能及时补充水可增加血液的黏稠性而导致肌肉损伤。矿物质是骨的重要组成成分，矿物质的不足会影响骨的营养而加大其损伤的危险性。体重不当也是造成损伤的因素，减体重对于许多项目都很重要，但不正确地减体重可影响营养摄入而增大损伤的概率。

（五）加强医务监督，防止运动损伤

对学生或经常参加体育活动的人，均应定期进行体格检查。参加重大比赛前后，要进行身体检查或复查，以观察体育锻炼、比赛前后的身体机能变化。对体检不合格者，不允许参加比赛。伤病初愈的人参加体育比赛或训练时，应取得医生的同意。检查时，根据不同运动项目的特点和运动损伤的发生规律，要特别注意观察运动系统的

局部反应，如局部有无肿胀、发热，肌肉有无酸痛，关节有无肿胀等。如有不良反应，要及时诊治，此时，不宜加大运动负荷，更不宜练习高难度动作或参加比赛。

（六）使用运动保护器械避免损伤的发生

适合的运动保护器械可以使运动员避免在运动中发生损伤，例如，排球运动中为避免运动员的踝关节崴伤而设计的护踝。此外，绷带和粘膏支持带的使用对于保护和治疗受伤运动员也起着非常重要的作用。

运动保护器材的选择和购买是运动员健康防护中的一个重要因素。这在直接接触和对抗的运动中尤其重要，比如足球、曲棍球、长曲棍球；在非直接接触的运动中也是如此，比如网球。只有正确选择和使用运动保护器材才能达到防止损伤的目的，否则使用太旧、已损坏或不合适的保护器材将会增加损伤的危险性。

第二节　运动损伤的急救

运动损伤的急救及早期处理是非常重要的，及时合理的急救，不仅对救护生命、减轻痛苦和预防并发症等具有重要意义，而且可以为下一步治疗康复打下良好的基础。反之，则有可能加重损伤导致感染，甚至致残、致命。

一、休克和休克的现场处理

休克是指人体受到强烈的有害因素作用而发生的一种急性循环功能不全综合征。

（一）原因和原理

运动损伤中并发的休克多见为外伤性休克，主要是损伤引起的剧烈疼痛所致，多见于脑脊髓损伤、骨折、睾丸挫伤等。由于神经作用使周围血管扩张，有效血容量相对减少；其次为出血性休克，由于损伤引起大量出血如腹部挫伤肝脾破裂时的腹腔内出血，血容量突然降低，有效循环血量不足所致。其他还有心源性休克、中毒性休克、过敏性休克等。

休克发病的原理是微循环内血液灌流障碍导致有效血循环量不足，全身组织、器官缺血缺氧，功能障碍。

（二）征象

患者一般表现为虚弱、表情淡漠、反应迟钝、面色苍白或发绀、四肢厥冷、脉搏细速、尿量减少和血压下降等（收缩压降至 80 mmHg 以下，脉压小于 20 mmHg）。休克严重时可昏迷，甚至死亡。部分患者在休克初期血压可正常或略高，但过后必将出现血压特别是脉压的降低，所以不能因暂时的血压正常而忽视了休克的存在。

（三）急救

使患者安静平卧或头低脚高仰卧位（呼吸困难者不宜采用），保暖，但不要过热，以免皮肤血管扩张，影响生命器官的血液灌注量和增加氧的消耗。保持呼吸道通畅。昏迷患者，头应侧偏，并将舌牵出口外，必要时可给氧或行人工呼吸。可针刺或按摩人中、百会、涌泉、内关、合谷等穴。针刺时宜用强刺激手法。对骨折者应进行必要的急救固定，如有伤处出血，应及时采用适当的方法止血，疑有内脏出血者应迅速送医院抢救。疼痛剧烈时应给镇痛剂和镇静剂，以减轻患者痛苦，防止加重休克。

休克是严重而危险的病理状态，在急救的同时，应迅速请医生或及时将患者送到医院治疗。

二、心肺复苏

在一些体育运动的严重意外事故中，如溺水、外伤性休克等，可能出现呼吸和心跳骤然停止。心搏骤停一旦发生，若得不到及时抢救复苏，4～6 min 后会造成患者脑和其他人体重要器官组织的不可逆损害，因此，心肺复苏必须在现场立即进行。心肺复苏由 3 个重要环节组成，即胸外心脏按压（C）、开放气道（A）和人工呼吸（B），有条件时请立即使用自动体外除颤器抢救患者。

（一）胸外心脏按压

患者仰卧于平地上（摆正体位；要求：坚硬、绝缘、安全），也称为复苏体位。

按压姿势：急救者采用跪式体位，将一只手的掌根放在患者胸部中央，胸骨下半部上，将另一只手的掌根置于第一只手上；手指不接触胸壁；按压时双肘需伸直，垂直向下用力按压。按压部位：胸部两乳头连线中点（胸骨中下 1/3 处）。胸外心脏按压如图 12-1 所示。按压频率：100～120 次/分；按压深度：5～6 cm；按压与通气比率：30∶2。

胸外心脏按压有效指征：颈部能摸到颈动脉搏动，表明按压有效。面色、口唇、甲床及皮肤颜色由紫转红，复苏有效。瞳孔由大变小表明复苏有效。出现大脑活动迹象，如患者开始挣扎、自主呼吸、吞咽动作、肌肉张力增高等。

注意事项：每次按压之后应让胸廓完全回复。胸部按压停顿不能超过 5 s，短暂停止将影响心排出量。强调按压需连续不断。按压时间与放松时间相等，手掌始终保持紧贴患者胸壁，按压放松时，手掌根部亦不离开按压处，以防移位。双臂伸直用力，与肋骨垂直，借助上身重量垂直施压。手指勿按在胸壁上，否则易造成肋骨骨折。按

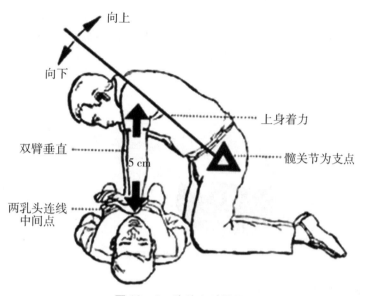

图 12-1 胸外心脏按压

压动作不能摇摆，不能冲击或用力过猛，否则易肋骨骨折。按压要有力，放松要突然，才能导致整个胸腔内压改变，产生抽吸作用，以利于血液回流至心脏。按压力量视患者体质而定，对于老人要小心，因其骨质松脆，用力过大很易骨折；对于儿童，用单手或双手于乳头连线水平按压胸骨；对于婴儿，用两手指于紧贴乳头连线下放水平按压胸骨。

（二）开放气道

有以下 3 种方法可打开气道。

1. 仰头举颏法（图 12-2）

将一只手置于患者的前额，然后用手掌推动，使其头部后仰；将另一只手的手指置于颏骨附近的下颌下方；提起下颌，使颏骨上抬。注意：在开放气道的同时应该用手指挖出患者口中异物或呕吐物，有假牙者应取出假牙。

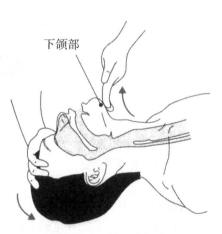

图 12-2 仰头举颏法

2. 仰头抬颈法（图 12-3）

急救者一手放在患者颈后，抬高颈部，另一手按压患者前额，以使头向后倾斜。头后仰的角度为 25°～45°。仰头抬颈法是伸展头颈连接处，而不是过度伸展颈椎。应用此法也可使患者舌根抬起，以解除气道阻塞。

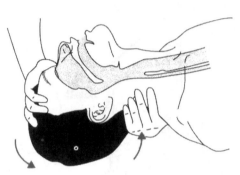

图 12-3 仰头抬颈法

3. 双手举颌法（图 12-4）

急救者一边一只手，按住患者下颌角并向前抬举，头后仰的同时使下颌骨向前移；急救者双肘应支撑患者所躺的平面。此法一般不用过度伸颈，头被小心固定，用不着向后仰，因此适用于疑有颈外伤者。但此法使用时较费力，单人抢救时不易同时做胸外心脏按压。

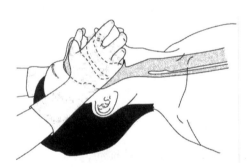

图 12-4 双手举颌法

（三）人工呼吸

急救者给予人工呼吸前，正常吸气即可，无须深吸气。所有人工呼吸，均应该持续吹气 1 s 以上，保证有足够量的气体进入并使胸廓起伏；过度通气（多次吹气或吹入气量过大）可能有害，应避免。

实施口对口人工呼吸（图 12-5）是借助急救者吹气的力量，使气体被动吹入肺泡，通过肺的间歇性膨胀，以达到维持肺泡通气和氧合作用，从而减轻组织缺氧和清除二氧化碳。托住颈部并使头后仰，以右手拇指和食指捏紧患者的鼻孔，用自己的双唇把患者的口完全包绕，然后吹气 1 s 以上，使胸廓扩张；吹气毕，施救者松开捏鼻孔的手，让患者的胸廓及肺依靠其弹性自主回缩呼气，同时均匀吸气，以上步骤再重复 1 次。对婴儿及年幼儿童复苏，实施口对口、鼻人工呼吸。如面部受伤妨碍口对口吹气时，可口对鼻通气。

图 12 -5 口对口人工呼吸

进行心肺复苏急救时，应沉着、冷静、迅速，急救一经开始，就要连续进行，不能间断，抢救人员不可轻易放弃心肺复苏操作，一直做到患者恢复自主呼吸心跳。在抢救的同时，应迅速派人请医生来处理。

下述情况下可考虑终止心肺复苏：呼吸和循环已经有效恢复。医师到达现场接手并开始抢救。医师已判断患者脑死亡。现场有较大危险威胁，全体人员须立即撤离。

三、溺水

溺水又称为淹溺，是指人淹没于水中时所发生的被水、淤泥、杂草等堵塞呼吸道和/或喉头，气管反射性痉挛所导致的窒息和缺氧现象。严重时呼吸心跳停止导致死亡，称为溺死。溺水是世界上意外死亡的常见原因之一，多发于夏、秋季节，大约 90% 的溺水发生于淡水中，其中 50% 的溺水发生在游泳池。溺水可发生于任何人，但多见于青少年、儿童和老年人。常见原因为初学游泳者、游泳时间较长，产生疲劳、低血糖或过度换气致呼吸性碱中毒和肌痉挛；潜在心脑血管及其他疾病者游泳时疾病发作；水上运动、跳水或潜水意外（头颈或脊髓损伤）；划船、冰上活动和钓鱼等意外落水；冬泳前饮酒；其他也可见于洪涝灾害、轮船沉没；等等。

溺水的进程很快，若抢救不及时，一般 4～6 min 即会呼吸心跳停止、死亡。有研究指出，溺水者溺水 6～9 min 死亡率达 65%；超过 25 min，生还希望几乎为零。但是，若在 1～2 min 内得到正确救护，挽救成功率可以达到 100%，因此溺水急救必须分秒必争。

淹溺现场急救基本原则：首先应将溺水者尽快救出水面，保持呼吸道通畅，控水方法延误心肺复苏时间，应该摒弃不用。迅速恢复有效呼吸。

1. 水中急救

（1）自救（图12-6）：采取仰面体位，头顶向后，口鼻向上露出水面，保持冷静，设法呼吸，等待他救。会游泳者，当腓肠肌痉挛时，将痉挛下肢的大脚趾用力往上方拉，使大脚趾跷起，持续用力，直至剧痛消失，痉挛也就停止。

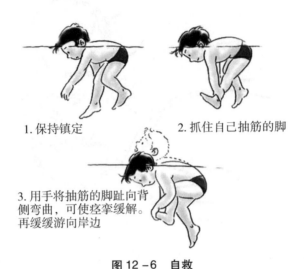

图12-6 自救

（2）他救（图12-7）：救护者应从其背后接近，用一只手从背后抱住溺水者头颈，另一只手抓住溺水者手臂，游向岸边。救护时应防止被溺水者紧紧抱住。

图12-7 他救

2. 地面急救

（1）畅通呼吸道：立即清除口、鼻杂草、污泥，保持呼吸道通畅；随后将患者腹部置于抢救者屈膝的大腿上，头部向下，按压背部迫使呼吸道和胃内的水倒出。但是，有关控水新观点表明，控水实际效果不明显，应尽快进行心肺复苏。

（2）心肺复苏：对呼吸、心搏停止者应迅速进行心肺复苏，尽快胸外心脏按压和口对口人工呼吸；有条件时及时进行心脏电击除颤；在患者被转运的过程中，不能停止心肺复苏。

四、出血和止血

正常情况下，血液只存在于心脏、血管内，如果血液从血管或心腔流出到组织间隙、体腔或体表，称为出血。

（一）出血的分类

根据损伤血管的种类，出血可分为3类。

1. 动脉出血

血色鲜红，血液像喷泉样流出不止，短时间内可大量出血，易引起休克，危险性大。

2. 静脉出血

血色暗红，出血方式为流水般不断流出，危险性小于动脉出血，但大静脉出血也会引起致命的后果。

3. 毛细血管出血

血色红，多为渗出性出血，危险性小。

临床上所见的出血，多为混合性出血。

根据受伤出血的流向可分为两类。

1. 外出血

体表有伤口，血液从伤口流到身体外面，这种出血容易发现。

2. 内出血

体表没有伤口，血液不是流到体外，而是流向组织间隙（皮下肌肉组织），形成瘀血或血肿；流向体腔（腹腔、胸腔、关节腔等）和管腔（胃肠道、呼吸道）形成积血。由于内出血不易被发现，容易发展成大出血，故危险性很大。

（二）止血法

正常健康成人的血液总量为自身体重的7%～8%，骤然失血达总血量的20%就可能出现休克，危及生命。因此，及时有效地止血非常重要。常用的外出血临时止血法有以下6种。

1. 抬高患肢止血法

抬高患肢止血法：将出血肢体抬高超过心脏水平线，降低出血处的血压以减少出血；还可加快淋巴液和静脉回流，起到防肿消炎的作用。

2. 压迫止血法

压迫止血法是最有效、最常用的方法。适用于较小伤口的出血，用无菌纱布直接压迫伤口处，压迫约10 min。除大动脉破裂外，直接压迫止血可使血管闭塞，产生防御性血栓血块。

3. 指压止血法

指压止血法是指用手指或手掌压迫伤口近心端的动脉，阻断血流而达到临时止血的目的。多用于头、颈部及四肢的动脉出血。

人体主要的指压止血点（图12-8）有6个：①指压耳屏前的颞浅动脉可止同侧前额和颞部出血；②指压下颌角前的颌外动脉可止同侧眼以下面部出血；③指压锁骨中点上方的锁下动脉可止肩与上肢出血；④指压甲状软骨外1寸处的颈总动脉可止颈、口及咽部出血；⑤指压肱二头肌内侧的肱动脉可止前臂及手部出血；⑥手掌或指压腹股沟中点可止下肢出血。

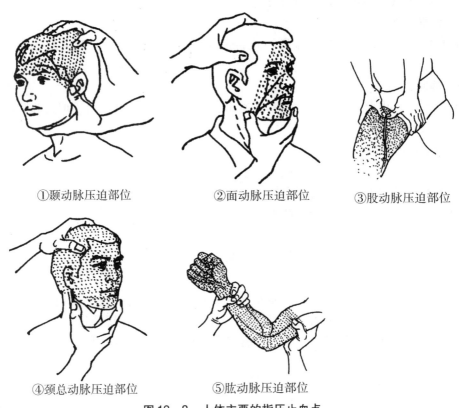

①颞动脉压迫部位　　②面动脉压迫部位　　③股动脉压迫部位

④颈总动脉压迫部位　　⑤肱动脉压迫部位

图12-8　人体主要的指压止血点

4. 加压包扎止血法

加压包扎止血法适用于各种伤口，是一种比较可靠的止血法。先用无菌纱布覆盖压迫伤口，再用三角巾或绷带用力包扎，包扎范围应该比伤口稍大。这是一种目前最常用的止血方法，在没有无菌纱布时，可使用消毒卫生巾、餐巾等替代。此方法多用于小动脉以及静脉或毛细血管的出血，但伤口内有碎骨片时，禁用此法，以免加重损伤。

5. 加垫屈肢止血法

前臂、手和小腿、足出血时，如果没有骨折和关节损伤，可将棉垫或绷带卷放在肘或膝关节窝上，屈曲小腿或前臂，再用绷带做"8"字形包扎。加垫屈肢止血法如图12-9所示。

屈肘加垫压迫肱动脉法　　　屈膝加垫压迫股动脉法

图 12-9　加垫屈肢止血法

6. 止血带止血法

止血带止血法只适用于四肢大出血，当其他止血法不能止血时才用此法。常用的止血带有橡皮止血带（橡皮条和橡皮带）和布制止血带。

（1）橡皮止血带止血（图 12-10）：左手在离带端约 10 cm 处由拇指、食指和中指紧握，使手背向下放在扎止血带的部位，右手持带中段绕伤肢一圈半，然后把带塞入左手的食指与中指之间，左手的食指与中指紧夹一段止血带向下牵拉，使之成为一个活结，外观呈"A"字形。

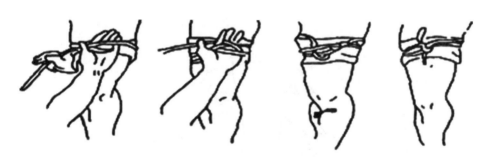

图 12-10　橡皮止血带止血

（2）布制止血带止血（图 12-11）：将三角巾折成带状或将其他布带绕伤肢一圈，打个蝴蝶结；取一根小棒穿在布带圈内，提起小棒拉紧，将小棒依顺时针方向绞紧，将绞棒一端插入蝴蝶结环内；最后，拉紧活结并与另一头打结固定。

图 12-11　布制止血带止血

内出血中的体腔出血，如肝脾破裂或血胸多有严重的休克，应立即送医院处理。临床上常用查红细胞、血红蛋白及血细胞压积的方法诊断。一旦发生严重休克，常需要及时输血及手术治疗。

五、绷带包扎法

及时正确的包扎能起到保护伤口、压迫止血、支持伤肢、固定敷料和夹板的作用。一般用的绷带有卷带和三角巾。

包扎时患者位置要适当和舒适，包扎过程中尽可能不要改变患者位置。动作应力求熟练柔和，不要触碰伤口。包扎须松紧合适，过紧会妨碍血液循环，过松会失去包扎的作用。卷带包扎一般从伤处远心端包到近心端，包扎四肢时，应使指、趾端外露，以便观察。包扎结束后末端用别针或粘膏固定，或把卷带末端纵行剪开，缚结固定，结不要打在伤处。

包扎的基本方法如下。

（一）环形包扎法

环形包扎法（图 12-12）适用于粗细均匀处，如额部、手腕和小腿下部，以及其他包扎方法的开始及结束时。开始包扎时将绷带头斜放，用手压住带头，将绷带绕肢体扎 1 圈后，再将带角反折过来，然后继续包扎 3～4 圈即可。

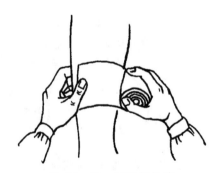

图 12-12　环形包扎法

（二）螺旋形包扎法

螺旋形包扎法（图 12-13）适用于包扎肢体粗细差不多的部位，如上臂、大腿下段等。包扎开始同环形带，然后绷带向上斜形缠绕，后一圈盖住前一圈的 1/3～1/2。

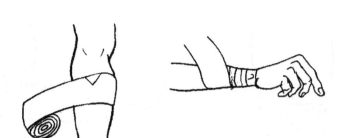

图 12-13 螺旋形包扎法

（三）转折形包扎法

转折形包扎法（图 12-14）用于包扎肢体粗细差别较大的部位，如小腿、前臂等。包扎仍以环形包扎开始，绷带向上斜行时，用拇指压住绷带下缘，将上缘反折向下，反折处避开伤口处，后一圈压住前一圈的 1/3～1/2，每圈转折应互相平行。

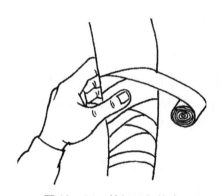

图 12-14 转折形包扎法

（四）"8"字形包扎法

（1）从关节部开始环形包扎，然后将绷带斜形上绕关节上方 1 圈，再下绕关节下方 1 圈，2 圈在关节凹面交叉，反复进行，每圈压住前一圈 1/3～1/2，最后在关节上方或下方打结（图 12-15①）。

（2）从关节下方开始环形包扎，然后由下而上再由上而下反复包扎"8"字，逐渐靠拢关节中部，最后以环形包扎结束打结（图 12-15②）。

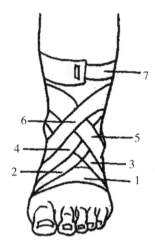
① "8"字形包扎法之一

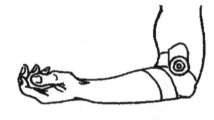
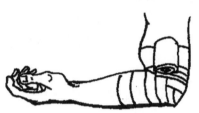
② "8"字形包扎法之二

图 12-15　"8"字形包扎法

（五）三角巾悬臂法

1. 大悬臂带

大悬臂带（图 12-16①）用于前臂伤，先将三角巾顶角放在伤肢肘后，一底角放在健侧肩上，肘屈 90°放三角巾中央，下方底角上折包住前臂，在颈后上方两底角打结。再将肘后顶角折在前面，用别针固定。

2. 小悬臂带

小悬臂带（图 12-16②）用于锁骨和肱骨骨折。先将三角巾折成宽带，中间放在伤侧前臂下 1/3 处，两端在颈后打结。

①大悬臂带　　　　　　　②小悬臂带

图 12-16　三角巾悬臂法

六、骨折的临时固定

在外力的作用下,骨的连续性或完整性遭到破坏称为骨折。在剧烈运动中,特别是对抗性强的运动中,骨折并非罕见。

(一)骨折的分类

根据骨断端是否与外界相通分为两类。

1. 闭合性骨折

骨折断端与外界不相通,骨折处皮肤完整。

2. 开放性骨折

骨折断端与外界或空腔器官相通。易感染,可合并骨髓炎或败血症。

根据骨折线,可分为横形、斜形、螺旋形、粉碎性骨折等(图12-17)。

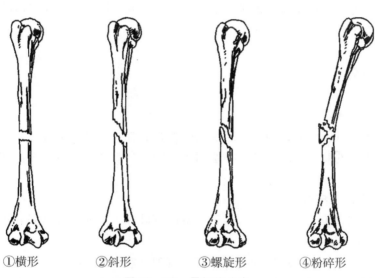

①横形　　②斜形　　③螺旋形　　④粉碎形

图 12-17　骨折线分类

根据骨折的程度分为两类。

1. 完全骨折

骨折断端完全断开,如横形骨折、粉碎性骨折等。

2. 不完全骨折

骨折断端部分断裂,如疲劳性骨折、颅骨骨折、青枝骨折等。

（二）原因

1. 直接暴力

直接暴力是指骨折发生在暴力直接作用的部位，如跪倒时引起髌骨骨折，足球运动中两人对足引起胫骨骨折等。

2. 间接暴力

间接暴力是指骨折发生在远离暴力接触的部位，如摔倒时手掌撑地而发生前臂或锁骨骨折等。

3. 肌肉强烈收缩

肌肉强烈收缩是指由于肌肉急骤地收缩和牵拉而发生的骨折，如举重运动员突然的翻腕动作，可因前臂屈肌群强烈收缩而发生肱骨内上髁撕脱骨折；跨栏时引起大腿后群肌肉起点部坐骨结节的撕脱骨折等。

4. 积累性暴力

积累性暴力，如在硬地上跑跳过多引起胫腓骨疲劳性骨折，体操运动员支撑过多引起尺骨、桡骨疲劳性骨折等。

（三）征象

1. 疼痛和压痛

由于骨折时骨膜破裂，周围软组织受损伤，血肿和水肿压迫神经，以及骨断端对周围组织、神经的刺激，局部肌肉痉挛引起疼痛，严重者可导致休克。此外，在骨折处有明显压痛。

2. 肿胀及皮下瘀血

骨折及周围软组织损伤后均有血管、淋巴管破坏，从而形成肿胀和皮下瘀血。

3. 功能障碍

骨折后，因肢体失去杠杆和支撑作用及剧烈疼痛，肌肉痉挛等造成功能障碍。一般不完全骨折的功能障碍较轻，完全骨折及有移位的骨折功能完全丧失。

4. 畸形

骨折处出于多种原因断端可发生移位，与健侧相比，可发生异态，如出现成角、旋转、侧突或短缩等畸形。

5. 震动或叩击痛

在远离骨折处沿纵轴轻轻震动或叩击骨端，骨折处可出现疼痛。

6. 假关节活动及骨擦音

完全骨折后，在关节以外的地方出现类似关节的异常活动，移动时可产生骨擦音。

最后应通过 X 线检查确定是否有骨折及骨折的类型、性质、移位的方向等情况，以便为治疗提供依据。

(四)骨折的急救处理

1. 急救原则

对骨折患者的急救原则是防治休克、保护伤口、固定骨折。即在发生骨折时应密切观察,如有休克存在,首先是抗休克;如有出血,应先止血,然后包扎好伤口,再固定骨折。

2. 骨折的临时固定

骨折时,用夹板、绷带将折断的部位固定包扎起来,使伤部不再活动,称为临时固定。其目的是减轻疼痛、避免再伤和便于转送。

1)临时固定的注意事项。骨折固定时不要无故移动伤肢。为暴露伤口,可剪开衣裤、鞋袜,对大小腿和脊柱骨折,应就地固定,以免因不必要的搬运而增加患者的痛苦和伤情。

固定时不要试图整复,如果畸形很严重,可顺伤肢长轴方向稍加牵引。开放性骨折断端外露时,一般不宜还纳,以免引起深部污染。

固定用夹板或托板的长度、宽度,应与骨折的肢体相称,其长度必须超过骨折部的上、下两个关节,如没有夹板和托板,可就地取材(如树枝、木棍、球棒等),或把伤肢固定在患者的躯干或健肢上。夹板与皮肤之间应垫上棉垫、纱布等软物。

固定的松紧要合适、牢靠,过松则失去固定的作用,过紧则会压迫神经和血管。故四肢固定时,应露出指(趾),以便观察肢体血流情况。如发现异常(如肢端苍白、麻木、疼痛、变紫等)应立即松开重新固定。

2)各部位骨折的临时固定。

(1)上肢骨折。

锁骨骨折固定法(图12-18):用3条三角巾折成宽带,其中2条做成环套于肩,另1条在背部将两环拉紧打结。为避免腋下组织受压,应在两腋放置棉垫等松软物。最后,以小悬臂带将伤侧患肢挂起。

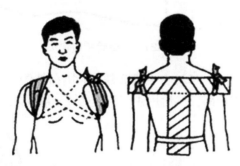

图12-18 锁骨骨折固定法

肱骨骨折固定法(图12-19):取一合适夹板,置于伤肢外侧(最好内侧同时置放1块),用叠成带状的三角巾固定骨折的上下两端,再用小悬臂带将前臂吊起,最后用三角巾把伤肢绑在躯干上加以固定。

前臂骨折固定法（图12-20）：患者前臂的掌背侧各放1块夹板，用三角巾宽带绑扎固定后以大悬臂带悬挂胸前。

图12-19 肱骨骨折固定法

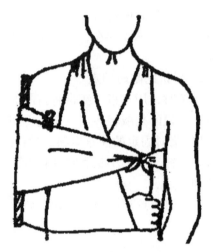

图12-20 前臂骨折固定法

（2）下肢骨折。

股骨骨折固定法（图12-21）：用5～8条三角巾，折叠成宽带，分段放好。取长夹板2块，分别置于伤肢的外侧和内侧。外侧夹板自腋下至足底，内侧夹板自腹股沟至足底。放好后用上述宽条固定夹板，在外侧打结。

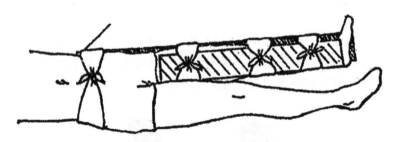

图12-21 股骨骨折固定法

小腿骨折固定法（图12-22）：夹板2块，1块在外侧，自大腿中部至足部；另1块在内侧，自腹股沟至足部，然后用4～5条宽带分段固定。

图12-22 小腿骨折固定法

髌骨骨折固定法（图 12-23）：先缓缓将小腿伸直，在腿后放一夹板，其长度自大腿至足跟，用 3 条三角巾宽带，分别于膝上、膝下和踝部固定。

图 12-23　髌骨骨折固定法

足骨骨折固定法（图 12-24）：除去鞋，在小腿后面放一直角形夹板，然后用宽带固定膝下、踝上和足部。

图 12-24　足骨骨折固定法

（3）脊柱骨折临时固定与搬运。

搬运胸腰椎骨折患者时，必须由 3～4 人同时托住患者头、肩、臀和下肢，把患者身体平托起来，放上平板担架，最好使患者俯卧后搬运。绝对不能抱头、抬脚，以免脊柱极度弯曲，加重对脊髓的压迫和损伤。腰椎骨折的卧式如图 12-25 所示。

图 12-25　腰椎骨折的卧式

搬运颈椎骨折患者时，应由 3 人搬运，其中一人专管患者头部的牵拉固定，使患者头部与身体成直线位置不摇动，将患者仰放在硬板床上。在其颈下放一小垫，不用枕头，头颈两侧用沙袋或衣服垫好，防止头部左右摇动。颈椎骨折的搬运如图 12-26 所示。

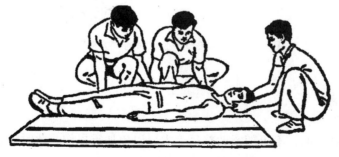

图 12-26　颈椎骨折的搬运

七、关节脱位的临时急救

关节脱位是指关节面失去正常的联系,也称为脱臼。根据脱位的程度可分为半脱位和完全脱位。前者关节面部分错位,后者是关节面完全脱离原来位置。由于暴力作用引起的关节脱臼,可伴有关节囊撕裂,关节周围的软组织损伤,严重时还可伤及神经或伴有骨折。

(一)原因

运动中发生的关节脱位,一般是由间接外力所致,如摔倒时手撑地可引起肘关节脱位或肩关节脱位。

(二)征象

(1)受伤关节疼痛、压痛和肿胀,主要是由于关节脱位时伴有软组织损伤、出血或周围神经受牵扯而引起。
(2)关节功能丧失,受伤的关节完全不能活动。
(3)畸形,关节脱位后,肢体的轴线发生变化,整个肢体常呈一种特殊的姿势,与健侧不相对称,如肩关节前脱位时的"方肩"畸形(图12-27),有的可伴有肢体的延长或缩短,如肩关节脱位肢体延长、股骨颈骨折肢体缩短。
(4)X线检查,可明确脱位的情况及有无骨折发生。

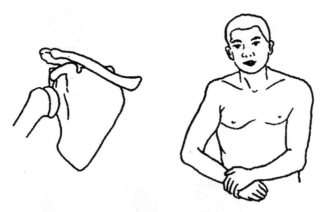

图12-27 肩关节前脱位时的"方肩"畸形

(三)急救

没有整复技术时,不可随意做整复手术,以免加重损伤。此时应立即用夹板和绷带在脱位所形成的姿势下固定伤肢，保持患者安静，尽快送医院处理。

在运动损伤中肩、肘关节脱位较常见，其临时固定方法为：①肩关节脱位时，可用大悬臂带悬挂伤肢前臂于屈肘位。②肘关节脱位时，用铁丝夹板弯成合适的角度，置于肘后，用绷带缠稳，再用小悬臂带挂起前臂。如无铁丝夹板，可直接用大悬臂带包扎固定。

（四）注意事项

1. 复位操作要尽早

关节脱位复位应尽可能早进行，因为早期的局部肿胀不明显，整复容易，功能恢复快而好。

2. 现场复位不要做

关节周围肌肉比较强大，因此现场进行复位要慎重，经适当固定后送入医院进行复位。

3. 强行复位要禁止

不易复位者不能强行复位，此时可能有软组织或是骨折碎片夹于关节内，需要到医院进行X线片检查。

4. 固定时间要够长

关节脱位复位后固定时间应充足，一般需要3～4周或更长时间。若同时合并骨折，则固定时间应按骨折固定时间来定。

5. 功能锻炼不能少

关节脱位复位后的功能锻炼，在活动无痛、保证脱位关节良好固定的前提下，进行早期功能锻炼，活动上下关节，防止肌肉萎缩和关节僵硬。

（五）关节脱位预防

（1）加强劳动保护。

（2）防止创伤发生。

（3）体育锻炼前应做好充分的准备动作以防止损伤。①充分热身：在运动前进行充分的热身活动，提高肌肉组织的兴奋性、反应能力和对抗能力，循序渐进地加大对抗程度，对减少关节脱位是有帮助的。②顺势翻滚：专业运动员在跌倒时的一些自我保护措施，也值得普通人借鉴。例如，排球运动员在鱼跃救球或足球运动员在冲撞后跌倒时，都会顺势翻滚，将直接伸手撑地改为手掌撑地后逐步由肘部、肩部依次着地完成翻滚。有时，运动员在地上翻滚了好几个圈，好像受力很严重，但马上就能站起来继续投入对抗，原因就在于他们着地时的巨大冲击力在翻滚中被身体多个部位分担，从而不会集中在某个位置导致严重损伤。

（4）对儿童应避免用力牵拉。

第三节 常见运动损伤

一、擦伤

皮肤表面受粗糙物摩擦所引起的损伤称为擦伤。主要病理改变及征象为皮肤的表皮层破损，创面呈现苍白色，并有许多小出血点和组织液渗出。真皮层亦可能受损，由于真皮含有丰富的神经末梢，损伤后往往十分疼痛。例如，田径及球类运动时摔倒擦伤，体操运动时被器械擦伤，拳击时被拳套擦伤等。擦伤是外伤中最轻又最常见的一种。

（1）小面积擦伤，可以用2%的汞溴红溶液或1%～2%的龙胆紫溶液涂抹，无须包扎，暴露于空气中即可痊愈。面部擦伤宜涂抹0.1%的新洁尔灭溶液。

（2）若损伤面积稍大，创面有异物污染，则需用生理盐水或双氧水冲净伤口，伤口周围用75%的酒精棉球消毒，局部擦以碘酒或紫药水即可。但关节擦伤最好涂消炎软膏，并给予弹力绷带包扎。

（3）若擦伤面积较大、伤口深、创面有异物污染，则需用生理盐水或双氧水冲洗伤口，必要时使用医用消毒的硬毛小刷子把异物刷掉，用消毒棉球拭干。创口可用双氧水，创口周围用2.5%的碘酒和75%的酒精沿着伤口周围从内至外做圆形消毒，注意不要把碘酒、酒精涂入伤口内，否则会引起强烈的刺激痛，再用无菌敷料覆盖并包扎。

（4）若创口较深、污染较重，应注射破伤风抗毒血清，并给予抗菌素药物治疗。感染的伤口应每日或隔日换药1次。

（5）擦伤呈刺花状，是摔倒时石、煤、砂屑等镶擦入皮肤之中形成的，急救处理时必须用医用消毒硬毛刷子刷出，然后用凡士林纱布敷盖包扎。

二、撕裂伤、刺伤与切伤

这3种损伤，皮肤都有不同程度或不规则的裂口，虽然各有特征，但病理却大致相同。处理时主要是早期清洁创面缝合及预防破伤风。

（1）若撕裂的伤口较小，切口的创面整齐又清洁，其创面长度在2 cm以内，则可先用无菌纱布盖住伤口加压止血，然后用2%的碘酒在伤口周围消毒，再用75%的酒精处理后，将伤口对合好，用粘膏黏合，再盖上消毒纱布，4～7 d即可除去敷料，伤口便可愈合。为了继续比赛，发生在面部的撕裂伤，可用生理盐水冲洗，再用肾上腺素液棉球压迫止血，最后用黏胶封合或用创可贴粘膏固定。

（2）如果被生锈的铁钉或脏竹枝等刺伤感染，因刺伤的伤口小而深，这种伤口应先用双氧水冲洗，除去异物，再进行消毒包扎，并注射破伤风抗毒血清。

(3) 若出血较多，应立即进行临时止血，并马上送医院做进一步处理，并注射破伤风抗毒素。总之，新伤（一般在 6～12 h 以内）应先用生理盐水与肥皂水洗刷，然后剪除伤口边缘的糜烂部分或坏死组织，再止血、缝合。若怀疑有感染，可暂用凡士林纱布充填，3 d 后检查；若怀无感染再行二期缝合。切伤时常同时合并神经和肌腱损伤，应一并处理。

三、挫伤

挫伤是指身体某部遭受钝性暴力的直接作用而导致的闭合性损伤。

（一）病因

运动时互相冲撞或被踢打，或身体某部碰在器械上皆可发生局部挫伤。挫伤多发生于体操、篮球、足球、武术散打、拳击、跆拳道等接触性运动项目中。大腿前面肌肉及小腿都是容易受挫伤的部位。

（二）征象

单纯肌肉挫伤，局部出现疼痛、肿胀、皮下瘀斑、压痛和功能障碍等症状，血肿严重者可出现波动感。

严重的复杂性挫伤有并发症时，可出现全身症状或某些特殊体征。如头部挫伤可出现脑震荡症状，或出现剧烈头痛和喷射性呕吐等颅内高压症状；胸、背部挫伤可出现呼吸困难，以及血胸和气胸症状；腹、腰部挫伤合并肾挫伤和肝、脾破裂而引起内出血和休克；睾丸挫伤可因剧烈疼痛而引起休克；股四头肌、腓肠肌严重挫伤引起肌肉断裂而出现肌肉断端隆起、断裂部明显凹陷等。故应根据暴力大小和受伤部位判断伤势的轻重。

（三）处理

单纯性挫伤者，在局部冷敷后外敷新伤药、加压包扎、抬高患肢 48 h 之后，可做局部按摩、热敷，消除瘀血。头部挫伤伴有脑震荡或喷射性呕吐，剧烈头痛等颅内高压症状者，腹部和睾丸挫伤伴有休克者应首先进行急救处理，并及时送医院抢救治疗。股四头肌、腓肠肌的严重挫伤伴肌肉断裂者，多有严重出血，应将肢体包扎固定后及时送医院手术治疗。

（四）预防

训练和比赛时应加强必要的保护，提高自我保护意识与能力，穿戴好保护装置，纠正错误动作，严格裁判，禁止粗野动作。

四、肌肉拉伤

肌肉主动强烈收缩遇阻或被动过度拉长所造成的肌纤维微细损伤，部分撕裂或完全断裂，称为肌肉拉伤。

（一）病因病理

在体育运动中，由于准备活动不当，某部肌肉的生理机能尚未达到适应运动所需的状态；训练水平不够，肌肉的弹性和力量较差；疲劳或过度负荷，使肌肉的机能下降，力量减弱，协调性降低；错误的技术动作或运动时注意力不集中，动作过猛或粗暴，气温过低，湿度太大，场地或器械的质量不良等都可以引起肌肉拉伤。

在完成各种动作时，肌肉主动猛烈地收缩超过了肌肉本身的负担能力，如举重运动弯腰抓提杠铃时，骶棘肌由于强烈收缩而拉伤，跳远中用力蹬地或短跑时大腿屈曲用力后蹬致腘绳肌拉伤；或突然被动地过度拉长，超过了它的伸展性而发生拉伤，如在做压腿、劈叉、拉韧带等练习时，突然用力过猛，可使肌肉过度被动拉长而发生损伤。

在体育运动中，大腿后群肌肉的拉伤最为常见，大腿内收肌、腰背肌、腹直肌、小腿三头肌、上臂肌也是肌肉拉伤的易发部位，与运动技术动作有密切关系。

（二）征象

征象为局部疼痛、压痛、肿胀、肌肉紧张、发硬、痉挛，功能障碍。当受伤肌肉主动收缩或被动拉长时疼痛加重。肌肉抗阻力试验阳性，即疼痛加剧或有断裂处出现凹陷。肌肉断裂者有闪痛、撕裂样感，肿胀明显及皮下瘀血严重，局部可触到凹陷或一端异常隆起。

（三）处理

肌纤维轻度拉伤及肌痉挛者，用针刺疗法会取得显著疗效；肌纤维部分断裂者，早期用冷敷、加压包扎，并把患肢放在使受伤肌肉松弛的位置以减轻疼痛。48 h 后开始按摩，手法要轻缓。怀疑有肌肉、肌腱完全断裂者，应在局部加压包扎，固定患肢，立即送医院就诊，必要时还要接受手术治疗。

（四）预防

注意加强屈肌和易伤部位肌肉的力量和柔韧性练习，使屈肌和伸肌的力量达到相对平衡,这是防止肌肉拉伤的有效措施。同时,应充分做好准备活动,合理安排运动量,纠正和改进动作和技术上的缺点等,才能达到预防的目的。

五、损伤性腱鞘炎

腱鞘又称为滑液鞘,它是由双层滑膜构成的长管形纤维组织,两层之间有滑液,内层覆盖于肌腱表面,外层借助纤维组织附着在肌腱周围的结缔组织及骨面上,肌腱腱鞘的作用是减少肌腱活动时的摩擦。人的肌腱鞘主要分布在跨越手指、手腕、踝关节等部位的肌腱上。此外,肱二头肌长头腱也有腱鞘存在。

腱鞘炎(图12-28)易发部位有腕桡骨茎突部(拇短伸肌和拇长展肌总腱鞘)、手掌的掌指关节部(拇长屈肌和屈指肌腱鞘)、内踝后方(趾长和长屈肌或胫后肌腱鞘)、外踝后方(腓骨长、短肌总腱鞘),以及肩前部的肱二头肌长头腱鞘等。

图12-28 腱鞘炎

(一)病因病理

腱鞘炎其发生多与运动项目特点和训练组织不当使局部组织劳损有着密切关系。由于肌肉反复收缩牵拉肌腱,腱鞘受到过度摩擦或挤压而发生损伤引起腱鞘炎。病变的腱鞘水肿、变性、增厚,甚至发生软骨性变,致使管腔狭窄、肌腱受压而变细,两端膨大呈葫芦状。膨大的肌腱部分通过狭窄的管腔时会发生困难,故称为狭窄性腱鞘炎。如举重运动员举杠铃锁腕和小口径步枪射击时的托枪动作,都有手背伸并向桡侧倾斜,使拇短伸肌与拇长展肌腱在桡骨茎突部弯曲约105°,并在狭窄的沟内来回滑动,不断摩擦,从而引起桡骨茎突部腱鞘炎;中国式摔跤和鞍马的运动员,训练时手指常处于用力抓持状态,使手指屈肌腱来回摩擦和受到挤压而产生屈指肌腱鞘炎。腱鞘炎发生后,由于肌腱膨大的部分难以通过狭窄的腱鞘,使手指保持在伸直位或屈曲位而不能完成伸屈运动,产生绞锁现象。若经用力扳伸或屈曲手指,使膨大部分强行挤过狭窄的腱鞘,则会发生弹响,故常又称为弹响指或扳机指。在体操运动中的吊环、单杠、双杠、高低杠的转肩动作,举重运动中的抓举,以及排球、乒乓球、羽毛球的高位扣球等,都有肩关节长期超范围的转肩活动或臂上举后又突然向后伸,使肱二头肌长头肌腱在结节间沟内不断抽动或横向滑动,加上训练安排不当,局部负担过重，致使该肌腱的腱鞘受到反复摩擦而产生肱二头肌长头肌腱腱鞘炎。

此外，田径运动中经常用足尖跑跳的运动员，容易发生腓骨长短肌、胫骨后肌、长屈肌腱腱鞘炎；竞走运动员训练或比赛时，因足跟先着地，可发生胫骨前肌、趾长伸肌腱和长伸肌腱腱鞘炎。

（二）征象

所有损伤性腱鞘炎的症状基本相似，只是发生的部位不同，主要有以下征象。

1. 疼痛和压痛

疼痛和压痛在急性期更为明显，如桡骨茎突部腱鞘炎，在桡骨茎突部有疼痛和压痛，疼痛有时向同侧肩、肘部和全手放射，局部皮下可触及腱鞘肥厚发硬的肿块及摩擦感；手指屈肌腱腱鞘炎，在掌指关节或指间关节掌侧部有疼痛和压痛，其疼痛可向同侧腕部放射，但病程长者疼痛可消失，仅遗留"弹响"现象；肱二头肌长头肌腱腱鞘炎，在肩关节前部肱骨结节间沟处有明显疼痛和压痛，上臂外展上举做反弓动作时疼痛加剧，其疼痛可向上臂的前方和三角肌下方放射；踝部腱鞘炎，由于病变的部位不同，其疼痛和压痛的表现各异，如胫骨前肌、趾长伸肌腱鞘炎，表现为踝前部疼痛和压痛；腓骨长、短肌腱腱鞘炎为外踝后部疼痛和压痛；胫骨后肌、长屈肌、趾长屈肌腱腱鞘炎，为内踝后部疼痛和压痛。

2. 肿胀

急性期局部肿胀明显，病程长者则肿胀减轻或消失，仅遗有腱鞘增厚发硬现象。

3. 功能障碍

急性期功能障碍由于局部炎性病变致活动时疼痛加剧而引起，慢性期功能障碍则因腱鞘增厚使管腔狭窄致活动不便所致。

（三）处理

急性期局部应休息或制动，积极治疗，以免发展为慢性。一般患者应减少局部的活动，适当改变训练的内容和方法，这有利于提高疗效。一般应在活动时局部无疼痛的情况下，才能从事原项目的正规训练。

疼痛剧烈而有肿胀时，可用冰块冷敷或外敷新伤药消肿止痛。急性期过后可采用局部热敷或中药熏洗，并配合按摩和关节的屈伸活动，每日1~2次，效果较好。取阿是穴做针刺或艾灸，也有一定疗效。慢性期痛点局限，用强的松龙鞘内注射，效果显著。对病程长腱鞘增厚，交锁严重或软骨变性，可酌情采用手术疗法。

（四）预防

合理安排训练，防止局部过度负荷，运动前后充分做好准备活动和局部放松运动，同时配合运动后按摩和热敷，对预防有积极作用。

六、疲劳性骨膜炎

疲劳性骨膜炎又名应力性骨膜炎。这种损伤易发于初参加训练或训练量突然猛增的人，多发生在胫、腓骨、跖骨和尺、桡骨。

（一）病因

运动员训练水平差、动作不正确、训练方法组织不当，以及运动量突然加大，或运动场地太硬等原因都可能导致此病的发生。如在田径运动中，由于训练方法不当，跑跳练习过于集中，如在一段时间内过多地采用跨步跑、后蹬跑、高抬腿跑或蛙跳等练习，加上跑跳的动作不正确，落地时不会缓冲，使屈肌群过度疲劳；或铺设的场地过硬，使小腿受到较大的反作用力，就会使胫骨、腓骨或跖骨发生疲劳性骨膜炎。在体操运动中前臂过多支撑和旋转（如跳马、鞍马等），自行车运动中道路不平产生的颠簸振动，都可使桡骨或尺骨发生疲劳性骨膜炎。

骨膜炎是对运动量过大的一种不适应反应，因此，炎症早期调整运动量，减少局部负荷，适当治疗，使炎症消散，组织修复，由不适应转为新的适应，随之提高负荷能力；如果处理不及时，病情会进一步恶化，造成疲劳性骨折。

（二）症状及诊断

1. 疼痛

轻者在训练后局部出现疼痛，尤以大运动量训练后疼痛加剧；重者行走或不运动时均痛。个别患者夜间痛，疼痛性质多为隐痛、牵扯痛，严重的有刺痛或烧灼痛。

2. 肿胀

局部软组织有轻度凹陷性水肿。

3. 压痛

在骨面上能摸到压痛点，有的较局限，有的较分散。

4. 后蹬或支撑痛

胫腓骨骨膜炎患者有后蹬痛；发生在尺骨、桡骨骨膜炎患者有支撑痛。

5. 局部灼热

早期可有皮肤发红，触之有轻微灼热感。

6. X 线检查

早期骨膜无明显改变，逐步出现骨膜增生，骨皮质边缘粗糙、增厚成层状。若出现骨质稀疏、骨纹理紊乱，如融雪样，则可能发生疲劳性骨折。

（三）处理

早期或症状轻者，局部可用弹性绷带包扎，适当减少局部负荷，继续从事运动，随着负荷能力的提高，经 2~3 周后症状可自行消失。

症状严重的患者，除减少局部负荷（如跳跃、支撑等）外，还要外敷新伤药或用温水浸浴，配合按摩治疗。也有人用紫外线照射患处，以加速异位性骨化。疼痛剧烈者在休息时要抬高患肢。待症状缓解后，逐步增加局部负荷，但仍应避免做单一的长时间的跳跃或支撑动作。

如经一般处理后，局部症状无改善甚至加剧者，应摄 X 线片确诊是否为疲劳性骨折，若是疲劳性骨折按骨折处理。

（四）预防

要遵守科学训练原则，防止突然连续加大运动量的训练，避免长时间过分集中跑、跳、后蹬、支撑等练习。及时纠正错误动作，训练前准备活动充分，训练后充分地放松或做自我按摩、热水浴，放松肌肉以利消除疲劳。加强运动场地的管理和维修，注意保持跑道的正常硬度，避免在过硬的场地上做过多的跑、跳、后蹬等练习。

七、骨软骨炎

骨软骨炎又称为骨骺炎、骨发育不良病、骨软骨病、骨骺缺血性坏死等，是骨骺的血液循环障碍导致骨软骨组织变性、坏死和骨生长发育不良的疾病。骨骺炎易发于少年儿童，男多于女，下肢多于上肢，爱好运动的人多于一般人。少年儿童的易发部位为股骨头、胫骨粗隆、坐骨结节、跟骨结节、第 2 跖骨头、肱骨小头、桡骨远端等。

（一）病因

一般认为，损伤是一个重要因素。多由于局部负荷过度或由慢性劳损积累而成，也可因一次急性损伤引起或伤后逐渐发生。在体育运动中，以少年体操运动员肱骨小头骨软骨炎发生率最高，足球运动员胫骨粗隆骨骺炎也较常见。

（二）征象

受压骨骺的损害，早期表现为轻微疼痛，局部多为隐痛或不适感，以负重后或夜晚疼痛明显，休息后疼痛减轻或消失。随着时间的推移，病情逐渐发展，疼痛加重，但只要局部避免负重和冲击，疼痛就会减轻。由于疼痛，患者常有轻度跛行（下肢病变）或支撑负重受限及关节部肿胀、压痛、功能障碍。病程长者可有患肢肌肉萎缩，甚至肢体缩短。若有软骨片剥脱，可出现关节交锁现象。X 线检查可明确诊断和了解病变程度。

牵拉骨骺的损害（如胫骨粗隆骨软骨炎），主要为局部肿胀、疼痛、压痛、高突畸形。尤以附着于该部肌肉的抗阻力收缩或被动拉长时疼痛更明显。同时，伴有关节功能障碍。疼痛常在数月或数年后消失，但骨骺部往往变大，并可遗留永久性骨突，疼痛消失后不影响关节功能。

（三）处理

尽早发现，并给予恰当治疗，减小和控制局部负荷，适当固定病变关节，对本病愈后有着十分重要的意义。同时，可配合使用生血活血、续筋健骨之类的中药内服或外用，注意补充营养，避免患肢持重。对下肢受压骨骺的病变（如股骨头骨骺炎），可采取卧床牵引或石膏固定，直到骨骺恢复正常为止。此外，理疗、按摩、针灸等方法也可酌情采用。

（四）伤后训练

对受压骨骺病变的患者，一旦确诊就应立即停止局部负荷，固定患肢，积极治疗，定期X线摄片复查，直到骨骺完全恢复正常，方可逐渐进行关节功能活动和肢体负重。

对于牵拉骨骺病变的患者，可适当减少或控制患部关节的负荷，配合治疗，待局部肿胀、疼痛完全消失，方可从事正规训练。

八、脑震荡

脑震荡是一种轻度原发性脑组织弥散性损伤，是头部受外力作用后，大脑发生一过性的意识和功能障碍，而无显著的脑解剖性和结构性组织损害。

（一）病因病理

头部受直接的暴力打击或撞击，以及由间接暴力传递到脑部所致。如棒球、垒球运动员头部被球棒击打或被重而急的球击中，运动中摔倒时头部撞击地面，两个运动员头部相撞，职业性拳击选手被重重地击中头部，等等。此外，高处摔下臀部着地，其反作用力亦可传递到头部引起脑震荡。

脑震荡的特点是头部损伤后，即刻发生短暂的脑功能障碍及逆行性遗忘症。一般认为，脑震荡引起意识障碍主要是脑干网状结构受到损害的结果。这种损伤与颅脑受打击时，脑室液受冲击，暴力打击瞬间产生的颅内压变化，脑血管运动功能紊乱，以及脑干的机械性牵拉或扭曲等因素有一定关系。

（二）征象

头部有外伤史。伤后即刻出现轻度的短时间意识障碍，不超过半小时。昏迷时全身肌肉松弛无力，面色苍白，皮肤、腱反射减弱或消失，瞳孔散大，脉搏细弱，呼吸表浅。清醒后患者对受伤经过和临近受伤前一段时间的事不能回忆，但对往事能清楚记忆，这种现象称为"逆行性遗忘"。常伴有头痛、头昏、耳鸣、心悸、失眠等。少数患者有恶心、呕吐、心烦不安、注意力不集中，并可因头部活动或情绪紧张而加重。以上症状大多于数日后逐渐减轻或消失。

（三）处理

首先进行急救。立即让患者平卧，保持安静，防寒或防暑，不可随意搬动患者，昏迷不醒者可掐人中穴使之苏醒。

由于脑震荡可与颅内血肿或脑挫伤等并存，因此患者急救处理后应卧床休息，严密观察，以便及时发现其他颅脑病变。

脑震荡一般采用对症治疗。如头痛者用去痛片，恶心、呕吐者给予氯丙嗪，心情烦躁、忧虑失眠者可服用安定，等等。也可服用复合维生素 B 和维生素 C，亦可配合针灸、按摩、中药等手段治疗。

如发现有以下症状之一者，提示可能有严重的颅脑损伤，应立即送医院处理：①昏迷时间在 5 min 以上；②耳、口、鼻流出脑脊液或血液；③清醒后头痛剧烈，有喷射性呕吐；④两瞳孔不对称为或变形；⑤清醒后出现第二次昏迷。护送时患者平卧，头侧用衣物等固定，避免摇晃、震动，以免加重病情。

脑震荡治愈后是否能参加体育运动，可采用"闭目举臂单腿站立平衡试验"来初步判断。在恢复运动的最初阶段，要密切注意动作的协调能力，以了解是否痊愈。

九、肩袖损伤性肌腱炎（肩袖损伤）

肩袖损伤是指肩部肌腱、韧带及滑囊等的创伤性炎症。这种损伤在体操、投掷、排球、乒乓球、游泳及举重运动员中非常多见。

（一）病因病理

肩袖是肩关节活动中的解剖弱点，转肩时它不仅要保护关节的稳定，同时承担着转肩动力的重任，再加上它与肩峰紧贴，容易受到挤压和摩擦，使肩袖肌腱、韧带和滑膜囊发生微细损伤和劳损。

肩部肌力薄弱或准备活动不够，专项练习过于集中，肩部疲劳时再做高难度的动作，或活动超过正常生理范围，均为受伤的常见原因。如体操运动单杠、吊环、高低杠中的转肩动作，运动员投掷标枪和垒球的出手动作，举重抓举时肩的突然背伸，蝶泳时的转肩等都是引起肩袖损伤的典型机制。发生本病者大多有一次损伤史。如发病后未及时合理处理，继续重复损伤动作，本病最后即变成慢性。部分病例系病变逐渐进展，受伤史不明。

（二）症状及诊断

（1）肩痛：多为持续性钝痛，可向上臂或颈部放射，肩外展或伴内、外旋转时，疼痛加重。压痛多在肩峰下的深部，以肱骨大结节处压痛最明显。若在压痛点注射1%利多卡因2～4 mL，疼痛可立即消失，肩关节可恢复正常（这一点可与完全断裂者鉴别）。

（2）肩疼痛弧试验阳性（图12-29）：主动或被动使上臂外展上举时，60°以内不痛，60°～120°的弧度内出现疼痛，超过120°则疼痛减轻或消失；若再将上臂从原路放下，在120°～60°疼痛又出现，小于60°时疼痛减轻或消失。

（3）外展外旋抗阻试验阳性。急性期常伴有三角肌痉挛疼痛；慢性期可见肩部肌肉萎缩。肩袖完全断裂者，肩外展起动失败，出现"耸肩"现象，被动使肩外展90°后，患者又能自动将臂上举。

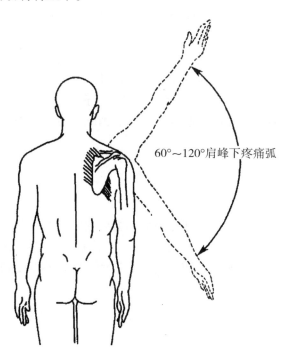

图12-29 肩疼痛弧试验阳性

（三）处理

急性期将上臂外展30°休息1周，使肩袖肌松弛可减轻疼痛。针灸、理疗、外敷中药或痛点封闭治疗均有较好效果。急性期后进行按摩治疗，可用推摩、揉、搓、滚等手法，也可配合点穴按摩，如刺激肩髃、肩内陵、曲池和阿是穴等，最后运拉上肢，活动肩关节。疑有肌腱完全断裂者，应立即送医院检查确诊，及早进行手术修补。

（四）伤后训练

急性期暂停训练。急性期后逐渐开始做肩关节下垂放松的回环、旋转等活动。症状减轻基本不痛时，可做负重练习。慢性期可做肩关节各个方向的活动，但应避免做引起肩痛的动作。专项训练开始时动作难度要小，局部负担量要调节好，还可改变技术动作的形式以减轻局部负担量。训练前后可在肩部做按摩，练习后即刻对局部进行 5～10 min 冰敷，然后热敷。肌腱完全断裂手术 3 个月后，才能进行正规的肩部训练。

十、网球肘

网球肘又称为肱骨外上髁炎，其特点是肘外侧及肱骨外上髁疼痛，是一种肘外侧疼痛综合征。因多发于网球运动员而得名。常见于网球、乒乓球、棒球、射箭等项目的运动员。

肱骨外上髁是前臂浅层伸肌群（桡侧伸腕长肌、桡侧伸腕短肌、伸指总肌、小指固有伸肌、尺侧腕伸肌）总腱附着点，伸腕、伸指的动作，就对外上髁产生了比较集中的牵引应力。同时，旋后肌也起于肱骨外上髁，其功能是使前臂产生旋后动作。此外，肘关节桡侧副韧带起自肱骨外上髁。因此，肘内翻和前臂旋后的动作也对外上髁有牵拉作用。

（一）病因病理

经常反复做伸、屈腕关节，尤其是用力伸腕而同时需要前臂旋前、旋后活动的运动员容易发生本病。如网球、乒乓球运动中的"下旋"或"反拍"击球时，球的冲力作用于腕伸肌或被动牵扯该肌，使肌腱在肱骨外上髁附着点受到反复牵扯而产生劳损病变或其下方滑囊无菌性炎症。

（二）症状及诊断

肘外侧疼痛：多数病例无明确受伤史而逐渐发生肘外侧疼痛，有时可向前臂放射，做反手挥拍动作，双手拧毛巾或端提重物时，肘外侧疼痛明显。肱骨外上髁、肱桡关节间隙和桡骨头处有明显压痛。腕背伸抗阻试验阳性，即腕背伸抗阻力时肱骨外髁部疼痛。

米尔氏（Mill's）试验阳性（图 12-30）：首先将患肘屈曲，半握拳，腕尽量屈曲，然后将前臂被动旋前并伸直肘关节时，肘外侧出现疼痛。

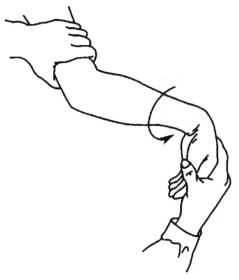

图 12-30 米尔氏（Mill's）试验阳性

（三）处理

早期症状尚轻时，在肘部戴上弹力护肘或在前臂肌腹处缠绕弹性绷带可能减轻疼痛。当肘外侧出现持续疼痛时患肢应适当休息，限制腕部用力活动，尤其是腕背伸用力活动，外敷中药配合针灸、按摩、理疗，一般有效。用醋酸泼尼松类药物做痛点注射，效果较好。个别病例用保守治疗无效严重影响生活时，可考虑手术治疗。

（四）伤后训练

急性期患肢暂停训练，待症状消退后伤肢可做一般活动，伤后 3 周内不做重复受伤的动作，3 周后逐渐加入"反拍"动作的练习，2 个月后可进行专项训练。在伤后训练时，前臂可贴粘膏支持带或缚弹性绷带加以保护。

（五）预防

合理安排训练量，避免局部负担过重，加强伸、屈腕肌群的力量练习，做好准备活动。

十一、肘关节内侧软组织损伤

肘关节内侧软组织损伤是指屈手肌群和旋前圆肌在肱骨内上髁附着处及肘内侧韧带的损伤。偶有合并肱骨内上髁撕脱骨折。这种损伤常见于标枪、棒垒球、羽毛球、体操、高尔夫球、举重、排球等项目。

（一）病因病理

前臂突然被迫外展、旋后，或屈手肌群和旋前圆肌突然收缩，使肘部肌肉、韧带牵拉扭动所致。如投掷手榴弹或标枪出手时，手榴弹和标枪的反作用力迫使前臂突然外展、旋后（被动损伤），或在投掷时屈手肌群和旋前圆肌猛烈收缩（主动、损伤），是这类损伤的典型动作。

（二）征象

大多数患者有急性受伤史，伤后肘内侧疼痛，肘关节伸展活动稍受限制，有时会感到肘关节发软。局部肿胀，组织撕裂则出现皮下瘀血。肘内侧压痛，多在肱骨内上髁和屈腕肌群或旋前圆肌的起始部。肘关节被动外展出现疼痛为韧带损伤；屈肘、屈腕，前臂旋前抗阻力疼痛加重为肌肉损伤。

（三）处理

急性期患肢休息。症状缓解痛点集中之后可用强的松龙痛点封闭，效果良好。理疗、外敷中药或按摩都能收到较好的疗效。按摩手法有推摩、擦摩、揉、搓、点穴、肘关节运拉等。

（四）伤后训练

急性期过去后局部疼痛基本消失才能开始训练，要经 2～3 周才能正式练习。逐渐增加运动量和负荷强度。避免做重复受伤动作的练习。如投标枪、投手榴弹、后手翻、倒立支撑等动作。伤后安排不当，活动过早，容易造成关节松弛及慢性损伤。因此，要加强前臂肌肉力量及伸展性练习。练习时要佩戴保护装置，如护肘及粘膏支持带。

（五）预防

做好准备活动，加强屈手肌群力量练习，提高专项技术水平，纠正错误动作，加强保护措施等。

十二、髌骨软化症

髌骨软化症又称为髌骨软骨软化症，是较常见的运动损伤。

（一）病因病理

髌骨软化症的主要病变是髌骨的软骨发生退行性变，有时与髌骨相对的股骨滑车的软骨也有相同的病变。主要发病原因是髌骨的急性损伤或慢性劳损。可因直接暴力打击在屈曲的膝关节上，髌骨与股骨滑车的相撞引起的远期结果，也可由反复较轻的损伤累积后引起。一般只局限于髌骨或股骨滑车软骨面的某一局部。早期软骨面失去光泽，呈黄白或灰白色，表面有结节状或细条索状隆起，或有游离的薄膜浮于其表面。晚期出现局限性软化、纤维化、龟裂，软骨缺损、软骨床露出，或因软骨脱落而出现关节游离体。在病变软骨的边缘常有唇样骨质增生。

（二）症状及诊断

髌骨软化症的主要临床表现有：膝关节活动时有髌骨下摩擦声，位置不定，处于髌骨后面，深处有疼痛感；髌骨有触痛；由于髌骨软骨粗糙面卡住可产生假性交锁现象；膝关节疼痛、不稳定感和半蹲位痛等。这些症状常与髌骨和股骨间的骨性关节炎合并存在。髌骨软化症也常与膝关节其他严重损伤并存，例如，交叉韧带断裂、半月板破裂等。

（三）处理

此病一经确诊，除调整运动量和减少局部的负荷外，应积极进行治疗。可采用以下方法：

（1）中药外敷：急性期可外敷新伤药或用新伤药水浸纱布敷患膝，并用红外线照射，每日1次，每次20～30 min。

（2）按摩：从小腿上1/3到大腿下1/3处，对肌肉做揉、揉捏、搓法，5 min。两指尖按揉两侧膝眼及髌腱部位3～5 min，然后在髌骨的周缘用指做刮法和掐法（以患者能忍受为度），取足三里、血海、阴陵泉等穴指针。最后再揉、推摩大腿、小腿，结束。

此外，也可采用强的松龙和普鲁卡因做关节内局部封闭治疗，中药外敷及超短波治疗。以上治疗无效者可考虑手术切除软骨病变区。

十三、膝关节急性损伤

膝关节由股、胫、髌骨构成,上下杠杆长,构造复杂,是容易发生运动损伤的关节。膝关节的主要功能为屈伸运动,在半屈或屈90°时有轻微的旋转运动。膝关节周围的肌肉和肌腱,内、外侧副韧带,前、后交叉韧带,以及内、外侧半月板,共同维持膝关节的稳定性。膝关节的组成和结构如图12-31所示。

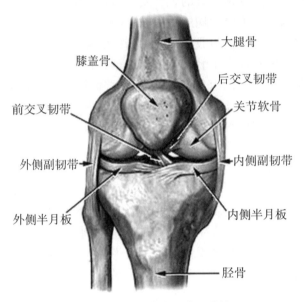

图 12-31 膝关节的组成和结构

(一)病因病理

膝关节不同结构的损伤原因及原理是不一样的。

1. 内侧副韧带

内侧副韧带由股骨内上髁行至胫骨内侧髁。韧带与关节囊、内侧半月板等结构相连。膝关节屈曲(130°~150°),小腿突然外展外旋或足及小腿固定、大腿突然内收内旋都可使内侧副韧带损伤。如踢足球时"二人对脚",跳箱落地不正确,两腿没有并拢,单侧小腿于外展外旋位持重,身体重心失去平衡,或关节外侧受到暴力冲击等,均可造成损伤。扭转力大小与损伤程度有极密切的关系。严重扭转力会使韧带完全断裂合并内侧半月板撕裂、前交叉韧带损伤。

2. 外侧副韧带

外侧副韧带由股骨外上髁至腓骨小头外侧面。膝关节屈曲、小腿突然内收内旋或大腿突然外展外旋可发生外侧副韧带损伤。外侧副韧带如圆束,又有股二头肌腱与髂胫束加固,该韧带受损的概率较小。

3. **交叉韧带**

交叉韧带在关节囊内，共两条，位于胫骨髁间隆突的前后方，行至股骨髁间凹的内、外侧。主要功能是限制胫骨过度前移或后移。膝关节处于半屈曲位突然完成旋转及内收、外展动作是重要的损伤机制。单独损伤并不少见，常合并内侧副韧带或半月板损伤。

4. **半月板**

半月板是一对半月形软骨，边缘较厚，中间则很薄。它们分别填充在胫骨内、外髁与股骨内、外髁间隙内。半月板加深了胫骨平台的关节窝，增加了膝关节的稳定性。膝关节半屈曲位小腿外展外旋或内收内旋时，两块半月板滑动不协调，就会使半月板夹在股骨髁和胫骨平台之间，受到急剧的研磨、捻转而撕裂。

（二）征象

1. **膝关节疼痛**

轻度韧带扭伤时，膝部某处常突然疼痛，但是往往立即减轻，能继续坚持比赛，比赛后疼痛加重，能持重、行走。如果受伤时膝内有"啪啦"声，同时伴有局限性撕裂样剧痛，患肢不能持重，不能行走，提示可能发生韧带完全断裂或膝关节联合损伤。

2. **膝关节肿胀**

膝关节扭伤者，肿胀较轻，局限于某一处。若韧带完全断裂，则局部肿胀较大，并有皮下瘀斑；联合损伤者，迅速发生全膝关节肿胀，周径增大，膝关节周围可见皮下瘀斑、浮髌试验阳性，甚至小腿出现凹陷性浮肿。

3. **膝关节压痛**

扭伤部位都有压痛，恒定的压痛点可作为损伤的定位诊断依据。膝关节内侧近股骨内上髁处局限性压痛为膝内侧副韧带扭伤；膝关节外侧近排骨小头处局限性压痛为膝关节外侧副韧带损伤；膝的一侧关节间隙压痛可能为半月板的边缘部撕伤；髌韧带两侧的压痛可能为半月板的前角损伤。半月板的内缘或后角损伤、交叉韧带损伤，都靠近膝的中央部，不容易查到压痛点。如果在压痛点处触到局部组织有缺损性凹陷，多为韧带完全断裂之表现。

4. **膝关节活动障碍**

伤后膝关节周围肌群肌痉挛，使膝关节处于轻度屈曲位置，但患者能主动缓缓将膝关节伸或屈至正常范围。

半月板损伤或交叉韧带损伤者，当时即有膝关节不稳、膝部软弱无力，甚至倒在地上，不能完成正在进行的动作和持重行走。若发生垂足，足背和小腿外侧皮肤感觉消失或减退者，为合并腓总神经损伤。

5. **膝关节交锁**

膝关节扭伤一般没有交锁现象。关节交锁见于半月板部分撕裂、交叉韧带断裂、内侧副韧带断裂，内侧副韧带断端嵌顿在关节间隙间而引起。关节交锁的表现为偶尔一次膝关节屈伸活动中，突然"卡住"于半伸屈状态。一些患者在主动活动膝关节时，伴随"咔嗒"一声而再伸直，称为"解锁"。

（三）检查方法

1. 膝关节侧向运动试验

膝关节侧向运动试验（图 12-32）用于检查侧副韧带。方法是令患者仰卧，膝关节伸直或屈曲 30°位，检查者一手握住并固定踝部，另一手放于膝关节的外侧，被动外翻膝关节，如膝关节外翻活动异常与膝内侧痛，提示膝内侧副韧带断裂；若另一手放在膝关节的内侧，被动内翻膝关节，若膝内翻活动异常与膝外侧痛，则提示膝外侧副韧带断裂。若检查时膝关节无明显异常活动而仅有轻微疼痛，则多为韧带扭伤。这项试验需两侧对照检查。最好能在受伤时立即检查，以免出现假阳性。

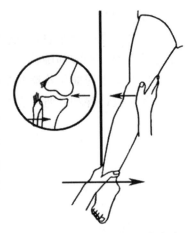

图 12-32　膝关节侧向运动试验

2. 抽屉试验

抽屉试验（图 12-33）是检查前后交叉韧带有无松弛的方法。患者取仰卧位，双膝屈曲，检查者用大腿抵住患者的足背，双手握住患肢胫骨上端用力前后推拉。若胫骨上端有向前移动，则证明前交叉韧带松弛。反之，若胫骨有向后过多地移动，则证明有后交叉韧带断裂。

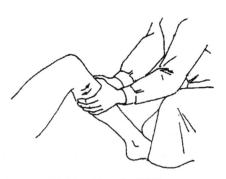

图 12-33　抽屉试验

3. 麦氏试验

麦氏试验（图 12-34）是检查膝关节半月板损伤的方法。患者取仰卧位，充分屈膝屈髋，检查者一手握住患肢足部，另一手扶在膝上，使小腿外展、外旋，将膝关节由极度屈曲而缓缓伸直，如关节隙处有响音（听到或手感到），同时出现疼痛，即表明内侧半月板损伤。反之，则为外侧半月板损伤。

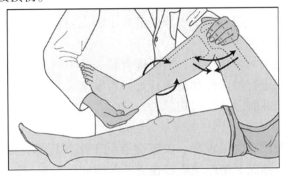

图 12-34　麦氏试验

（四）处理

1. 轻微侧副韧带扭伤

疼痛较轻，肿胀不明显，侧向运动试验无异常，无关节屈伸功能障碍者，置患膝于微屈曲位，停止活动 2～3 d，外敷活血止痛中药。然后，开始步行锻炼，用舒活酒做按摩治疗。膝关节患处由远心端向近心端做轻推摩，大腿、小腿肌肉用揉捏法。每日练习直膝抬腿及负重直抬腿、抗阻直膝抬腿 2～3 次，总时间为 40～50 min。若参加比赛，应用粘膏支持带及弹力绷带保护。

2. 较重的侧副韧带扭伤

患处有较明显的肿胀，患膝呈半屈曲位，伸屈功能受限，侧向运动试验无明显异常膝外翻或膝内翻活动，但患膝有疼痛加剧倾向的病例，早期治疗着重于止血、止痛和保护受伤韧带不致进一步加重损伤。一般采用棉垫或橡皮海绵加弹力绷带压迫包扎，再用托板将患膝固定于微屈位然后抬高患肢休息。2～3 d 以后去除压迫材料，开始按摩治疗，按摩方法与轻微扭伤同，隔日 1 次，亦可配合外敷和内服活血散瘀、消肿止痛中药或理疗，继续托板固定。与此同时，应开始每日做 2～3 次股四头肌静力收缩（绷劲），伤后 10 d 左右可加大按摩力量，增加按摩手法，增加直膝抬腿练习并逐渐过渡到负重直膝抬腿练习，同时仍可配合外用和内服舒筋活络中药。2～3 周以后解除托板固定，开始练习走路，继续按摩治疗并增加弹筋手法，开始练习膝关节屈伸运动并逐渐过渡到屈曲位抗阻力伸膝练习。刚恢复下地走路时，伤处可粘贴活络膏或橡皮膏，患肢鞋跟用楔形垫垫高 0.5～1 cm，以防止反复扭伤，垫高鞋跟直至局部无压痛和肌力恢复正常为止。按摩、理疗、中药熏洗对恢复膝关节功能都有良好效果。

3. 交叉韧带不完全断裂或完全断裂

均可先用长腿托板固定患膝于 30°（伸直为 0°）位 6 周。固定期间与解除固定后的按摩治疗和功能练习原则上与较重的扭伤相同。

交叉韧带断裂，时间不超过 1 周者，以立即手术缝合为好。

4. 半月板损伤

急性期难以得出明确诊断，要待急性期症状缓解以后才能进行全面检查。因此，急性期可参照重度扭伤处理。如有"交锁"征，必须"解锁"后才能固定，如系半月板边缘破裂尚有自愈可能。

5. 侧副韧带完全断裂，合并交叉韧带断裂、半月板损伤

应立即加压包扎与固定制动，转送到专科医院做一步诊治。如需手术治疗，最好在 1 周之内，最迟不宜超过 2 周。

6. 陈旧性损伤

首先应当有计划地、积极地坚持 3 个月以上股四头肌与膝的屈肌锻炼和按摩治疗，只要股四头肌代偿功能良好，关节稳定性无明显受累，症状不明显，无关节交锁征，对膝关节要求不大的项目不妨碍其训练，一般不予手术治疗，但应对训练量及强

度予以临场指导。如症状严重、疼痛明显、关节不稳、关节"交锁"、妨碍训练者，可考虑手术治疗。

（五）伤后训练

当膝屈曲位抗阻力伸膝运动局部尚有疼痛时，主要应加强全身各健康部位的练习，以保存肌肉的紧张力与其他已获得的条件反射联系。同时，加强股四头肌与膝屈肌的静力性锻炼。一旦疼痛消失，即可在粘膏带支持及弹力绷带固定下参加一般训练。当患者参加一般训练2～3周后无异常反应，伤处无深压痛，肌力亦基本恢复正常时，即可完全去除支持带，恢复正式训练和比赛。

（六）预防

重视对股四头肌及小腿三头肌与腘绳肌的肌力训练，使之强健有力，关节稳固而灵活。做好运动场地的医务监督，避免场地因素致伤。做好准备活动，使膝关节运动灵活而协调。

当持久训练出现动作反应迟钝时，应终止基本部分练习，预防因动作不协调而致伤，防止粗暴动作致伤。

十四、踝关节扭伤

踝关节扭伤较为常见，占关节韧带损伤的首位，以球类、田径、体操、滑雪、跳伞等项目中发生率高。

踝部的关节是由踝关节、距下关节和距舟关节三部分组成的。内外踝及胫骨关节面后下缘共同组成踝穴，距骨上面的关节面位于踝穴中，外踝较内踝长0.5 cm，距骨体前宽后窄。踝关节的功能主要是背伸（26°～27°）、跖屈（41°～43°），约70°的活动范围。背伸时较宽的距骨滑车进入踝穴，踝关节较稳定。距下关节由距骨下的关节面与跟骨上关节面构成，主司足的内翻和外翻。距舟关节由距骨的舟骨关节面与舟骨的后关节面构成，也有内、外翻的功能。

踝关节的韧带主要有3条，即内侧副韧带、外侧副韧带和下胫腓韧带。

踝关节内侧副韧带（图12－35）又称为三角韧带，强韧，呈三角形，起自内踝尖，从后向前分别为距胫后韧带、跟胫韧带、胫舟韧带和距胫前韧带。其功能是防止足跟外翻、距骨异常外翻及前后错动，还可限制足的背伸。内侧副韧带的纤维比较致密、坚强，故单纯内侧副韧带损伤较少见，若损伤则往往造成内踝撕脱骨折。

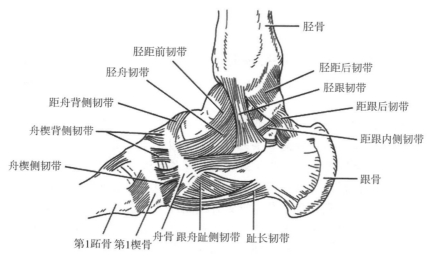

图 12-35 踝关节内侧副韧带

踝关节外侧副韧带（图 12-36）有 3 条，即距腓前韧带（限制距骨向前脱位、足的过度跖屈及内翻）、距腓后韧带（防止距骨向后脱位）及跟腓韧带（限制距骨及足跟的内翻）。外侧副韧带较之内侧副韧带薄弱而分散。而外踝比内踝长（低），故足的内翻活动比较容易而外翻活动受到一定限制。因此，外侧副韧带，尤其是距腓前韧带和跟腓韧带损伤较常见。

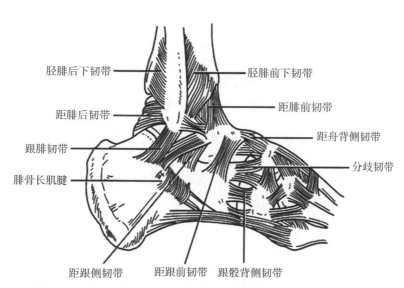

图 12-36 踝关节外侧副韧带

下胫腓韧带主要有两条，即下胫腓韧带（前）和下胫腓韧带（后）。

踝部的肌肉群主要有跖屈肌群（小腿三头肌、胫骨后肌、䟲长屈肌、趾长屈肌、腓骨长肌和腓骨短肌）、背伸肌群（胫骨前肌、䟲长伸肌、趾长伸肌和第三腓骨肌）、内翻肌群（胫骨后肌、䟲长屈肌和趾长屈肌），外翻肌群（腓骨长肌、腓骨短肌）。

（一）病因病理

体育运动中常由于场地不平整，碰撞或因跳起落地时失去平衡，或不慎踩在他人足上，均可使踝关节过度内翻、跖屈或外翻造成踝关节韧带损伤。踝关节损伤机制如图 12-37 所示。

由于踝的跖屈肌群的力量比背伸肌群大，内翻肌群力量比外翻肌群大，加之外踝比内踝长，内侧三角韧带比外侧 3 条韧带坚强，因此，跖屈、内翻比背伸、外翻活动度大。此外，距骨体前宽后窄，当足跖屈时，踝关节较不稳定。在跑跳运动中运动员离开地面处于腾空阶段，足就自然有跖屈内翻的倾向。如果落地时身体重心不稳向一侧倾斜，引起足的过度跖屈和内翻，导致外侧副韧带损伤。其中，以距腓前韧带首当其冲，力量再大则跟腓韧带甚至距腓后韧带亦相继受伤，有时还可同时损伤内侧的距胫前韧带。外侧韧带损伤约占整个踝关节扭伤的 80% 以上。

图 12-37 踝关节损伤机制

若落地姿势不正确，身体重心向内侧偏移使踝关节突然外翻，则会导致内侧三角韧带损伤。

严重的踝关节扭伤可发生韧带断裂，或伴有胫腓下联合韧带损伤和撕脱骨折，以致胫腓联合分离，距骨向外侧移位。

（二）症状及诊断

有明显的踝足突然扭伤史，损伤后踝关节外侧或内侧疼痛，走路及活动关节时最明显。踝关节外侧或内侧迅速出现局部肿胀，并逐渐波及踝前部及足背。可出现皮下瘀斑，以伤后 2~3 天最明显。

检查时局部有明显压痛。距腓前韧带伤，压痛点在外踝前下方；距腓后韧带伤，压痛点在外踝尖偏后下约 1 cm 处；三角韧带损伤，压痛点在内踝前下方或内踝尖下方。踝关节被动内、外翻时疼痛加重。

踝关节前抽屉试验（图12-38）：检查者一手握患部的小腿，另一手握足跟在踝稍跖屈位使距骨向前错动，如果有距骨前移位为阳性。说明有距腓前韧带断裂。应注意检查和鉴别是否合并有第5跖骨粗隆骨折、伸趾短肌损伤或内踝撕脱骨折等。

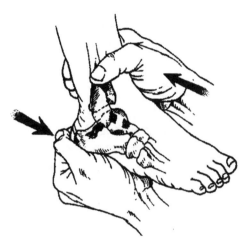

图12-38 踝关节前抽屉试验

（三）处理

伤后立即给予冷敷，加压包扎，抬高患肢，固定休息，外敷新伤药。固定时应将损伤韧带置于松弛位，即外侧韧带损伤固定于外翻位，反之亦然。

受伤24～48 h以后，可在踝关节周围轻轻地用推摩、擦摩、揉、指切法等手法按摩后，再用一手的拇指、食指分别夹持内、外踝间隙，另一手握足趾，在跖屈位做牵引，并在牵引下使足左右轻轻摇摆并内、外翻数次。而后做背伸、跖屈，同时夹持踝关节的拇指、食指下推、上提两踝（背伸时下推，跖屈时上提），如此反复数次。同时，点压昆仑、太溪、解溪、足三里、三阴交、悬钟等穴。同时，可结合采用中药熏洗、理疗等方法，会取得更好的效果。

疑有踝关节韧带完全断裂或合并有踝部骨折者，经现场急救处理后及时转送医院进一步诊治。

（四）伤后训练

急性期应抬高患肢，固定休息。肿痛减轻后，即应在粘布支持带或弹力绷带固定下着地行走或扶拐行走。1～2周后可进行肌肉力量练习。外侧副韧带损伤时应着重腓骨肌练习，内侧副韧带损伤时着重胫骨后肌的练习。

可根据具体情况选用外翻肌力练习、内翻肌力练习、背伸肌力练习、跖屈肌力练习等。开始练习时负重1 kg，每个动作需维持5 s后放松。10个动作为1组，每次2组，每天2～3次。以后逐渐过渡到负重5 kg，每次5组，每天3次。此外，还应进行斜板练习，每个动作维持10 s，10个动作为1组，每次练习3组，每天3次。

（五）预防

训练或比赛前应充分做好准备活动，搞好场地设施，培养和提高自我保护能力，提高足踝部的肌肉力量和踝关节的稳定性、协调性。训练和比赛时应戴保护支持带。

十五、腰椎间盘突出症

腰椎间盘突出症是临床上的常见病和多发病，也是腰腿痛最常见的原因。2000多年前对坐骨神经痛已有描述，现已确定腰椎间盘突出症是产生坐骨神经痛的主要原因。本病多发于青壮年，腰腿痛为主要表现，有马尾神经功能损伤者可有大小便和性功能障碍，严重者可致截瘫，对患者生活工作均可造成很大影响。

（一）病因病理

1. 病因

一般认为腰椎间盘突出症是在椎间盘退变的基础上发生的，而外伤则常为发病的重要原因。在运动创伤中该症多见于举重、跨栏、投掷、体操等运动项目。正常椎间盘富有弹性和韧性，具有强大的抗压能力，可承受450 kg的压力而无损伤。这一结构壮年时可出现退变，由于髓核含水量减少及纤维环变弱，髓核突出较易发生。由于一次较重的外伤或反复多次轻度外伤，甚至一些日常活动使椎间盘压力增加时，均可促使纤维环进一步破裂，变性的髓核组织由纤维环破裂处突出。纤维环损伤本身可致腰痛，而突出物压迫神经根和马尾神经，可引起放射性痛，故有腰痛和放射性下肢痛，以及神经功能损害的症状和体征。腰椎间盘突出如图12-39所示。

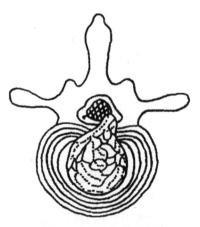

图12-39 腰椎间盘突出

2. 腰椎间盘突出症的病理变化

其大致可分为以下3个阶段：

（1）突出前期：髓核因退变和损伤可变为碎状块物，或呈瘢痕样结缔组织，变性的纤维环可因反复损伤而变薄或产生裂隙。此期变化可有腰部不适或疼痛，但无放射痛。

（2）髓核突出：椎间盘压力增加时，髓核从纤维环薄弱处或破裂处突出，突出物刺激或压迫神经根即发生放射性下肢痛，或压迫马尾神经而发生大小便障碍。

（3）突出晚期：病程较长者，可发生继发性病理改变，即椎间盘突出物纤维化或钙化；椎间盘整个退变；神经根马尾损伤；黄韧带肥厚、椎管占位，导致椎管狭窄；小关节退变与增生，可加重对神经根的压迫。

（三）临床表现

1. 症状和体征

（1）腰痛和放射性下肢痛：为本病的突出症状，约57%的患者有剧烈运动或抬重物的外伤史，突然发病，其余患者无诱因，逐渐出现腰腿痛。疾病具有沿神经根放射区分布、与腹压有关、与体位有关的特点。

（2）跛行：跛行严重者需扶拐或不能行走，患者躯干僵硬，向前或一侧倾斜，不能正常迈步及负重。

（3）腰肌痉挛，脊柱畸形和活动受限：腰椎间盘突出症患者常有一侧或双侧腰肌痉挛，同时生理前凸减少或消失，严重时后凸畸形。另有部分患者伴脊柱侧弯，脊柱前屈、后伸活动均受限。

（4）棘突间旁侧压痛和放射痛：在相应棘突间及其旁侧有局限性压痛点，并伴有向小腿或足部的放射痛。

（5）神经功能损害：因神经根或马尾神经受压而引起症状和体征，神经功能包括运动、感觉、反射、括约肌功能等，均可出现障碍。

2. 常用检查方法及相关体征

（1）直腿抬高试验和加强试验：仰卧，膝伸直，被动抬高患侧下肢，至出现坐骨神经痛时为止。正常情况下，抬高至60°～70°时才会感到腘窝处不适，特殊职业者可抬至90°尚无不适。患有椎间盘突出症时，则抬高至20°～40°时已有坐骨神经痛，称为试验阳性，但需注意两侧角度对比。有时健侧直腿抬高试验也可阳性，此系牵拉健侧硬脊膜，累及患侧神经根所致。此时需做加强试验以鉴别。方法同前，待出现坐骨神经痛后，略微降低患肢抬高角度至疼痛减轻或刚消退时，再将踝关节被动背屈。若出现坐骨神经痛，则为阳性，表示单纯由坐骨神经被拉所致。

（2）屈髋伸膝试验（Kernig征）：患者仰卧，屈髋屈膝各90°，徐徐将膝伸直，如出现下肢放射痛为阳性。

（3）Naffziger征：用手压迫一侧或两侧颈静脉1～3 min，如出现腰痛及下肢放射痛则为阳性。因颈内静脉回流受阻，椎管内压力增高加重了对神经根的压迫而出现的症状。

3. 特殊检查

X 线平片、MRI、CT 检查。

（四）治疗

腰椎间盘突出症的治疗方法较多，症状轻者可做理筋、针灸、牵引等治疗，症状重者可行麻醉推拿和手术治疗。

1. 理筋手法

（1）卧位推拿：患者俯卧，术者在腰腿痛处依次做按压、揉摩、拿捏、提腿扳动等手法。

（2）斜搬法（图 12-40）：患者侧卧，术者一手按其髂骨后外缘，一手推其肩前，两手同时向相反方向用力斜搬，这时可在腰骶部闻及弹响声。然后，伸直下肢做腰髋过伸动作各 3 次，做完一侧换体位做另一侧。

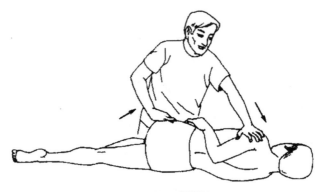

图 12-40 斜搬法

2. 针灸治疗

取阿是、环跳、殷门、阳陵泉、承山、悬钟等穴，用泻法，隔日 1 次。冬天可用温针灸法。亦可选用当归注射液 10 mL，在骶髂关节、臀部痛点、承山穴周围等疼痛明显处注射，每周 1~2 次。

3. 牵引治疗

患者仰卧在牵引床上做骨盆牵引，牵重 10 kg 左右，也可结合患者感受调节。每天牵引 1 次，每次大约 30 min。

4. 手术治疗

一般采用多孔开创椎管扩大加椎间盘摘除术。

5. 功能锻炼

急性期患者严格低枕或去枕卧床 3 周。症状基本消失后，可在腰围保护下起床活动。疼痛减轻后，应开始锻炼腰背肌以巩固疗效。

十六、腰肌劳损

腰椎周围有许多肌肉和韧带等软组织，对维持体位，增强脊柱稳定性、平衡性和灵活性起着重要作用。

（一）病因

部分患者由于急性腰部扭伤，未经及时合理的治疗，而形成慢性创伤性瘢痕及粘连，腰肌力量减弱发生疼痛，另一部分患者可来自长期积累性创伤，大多数与职业性体位有一定关系，例如，长期坐位工作及弯腰工作者。损伤后由于腰部肌力失调，形成疼痛和保护性肌痉挛进而发生一系列病理变化。肌肉失调、肌肉痉挛和肌肉挛缩是形成慢性软组织损伤性腰痛的三联病理反应，如不及时纠正，新旧创伤交杂在一起，症状将会变得更为复杂。此为腰肌劳损的主要病因。运动员中腰肌劳损可由一次急性腰扭伤、治疗不彻底就投入训练引起，也可由长期训练腰肌积累性劳损造成。

（二）临床表现

一般发病缓慢，病程较长，常有长期弯腰、坐位或其他不良姿态下工作、劳动后逐渐发病的病史。部分患者为急性腰部扭伤后未经及时合理治疗而转为慢性腰痛，症状一般较轻。患者常感腰部酸胀、沉重不适，活动多或劳累后加重，休息后减轻，不能久坐或久站，经常需要变换体位。X线检查多无异常。诊断主要依靠详细询问病史和体格检查，但需认真排除其他原因引起的腰痛。

（三）治疗

1. 非手术治疗

这是主要的治疗方法，以消除病因、协调平衡、防止复发为原则。具体包括：

（1）消除病因：纠正不正确的训练、工作习惯及体位。

（2）休息：急性损伤休息3～4周，至损伤组织完全恢复为止。

（3）热疗：急性损伤最初几天后可采用。一般选用局部热疗，可使腰部肌肉松弛，增加血液循环和淋巴回流，减少疼痛。

（4）按摩和手法治疗：疗效值得肯定，但应由有经验的专业人员进行操作，避免因操作不当加重腰背肌劳损。

（5）药物治疗：可采用消炎镇痛药、肌松药、镇静剂等。

（6）局部封闭：痛点明确固定者可采用普鲁卡因加醋酸泼尼松龙局部注射，5 d注射1次，2～3次一疗程。

（7）体育疗法：对巩固疗效，预防复发及增强体质有重要作用，强调对习惯性动作及姿势的对抗性动作的练习。

2. 手术治疗

只适用于某些特殊患者，如腰部肌肉损伤后破裂、肌疝还纳、增生性筋膜条索肿块摘除、挛缩肌筋膜组织松解等。指征应严格掌握，否则不仅不能解决原有症状，还会带来新的问题。

（四）预防

预防是降低发病率的根本方法，具体方法有：
（1）认真宣传腰痛的基本知识，使患者对腰痛有基本认识。
（2）教会患者在不同类型的工作中，应尽量保持正确的操作和体位，避免在一个固定的体位下长时间工作和训练。
（3）增强体质，提高腰肌耐力，指导进行腰腹肌锻炼。
（4）遵守各项工作条件和制度，劳逸结合，改进工作条件。

第四节　常见运动性疾病

一、过度紧张

过度紧张是由于一时性运动负荷过大和过于剧烈，超过了机体负担能力而产生的急性病理现象。多发生在运动后即刻或过后不久，以急性心血管损害为最多见，在中长跑、马拉松、中长距滑冰、自行车、划船、足球等运动项目中较多见。

（一）原因

过度紧张的原因如下：
（1）训练水平差和生理状态不良。易发生于缺乏锻炼、训练不足、比赛经验少者。
（2）长期中断训练的运动员突然或过于迅速投入剧烈训练或比赛。
（3）患有疾病，特别是有心脏病、高血压者，或急性病初愈未完全康复者，勉强完成剧烈运动或比赛时。

（二）发病原理

从体育运动中发生的情况来看，主要是剧烈的运动负荷突然超过心脏的负担能力，使心脏发生急性疲劳，心脏供血障碍和缺血、缺氧，心肌收缩力减弱，发生急性心功能不全造成心原性休克或猝死。此外，脑血管痉挛和脑部缺氧及机体对运动的应激能力减弱而引起的病理改变或体内应激系统"衰竭"，也可能是其发病的因素。

（三）征象

常在剧烈运动或比赛后即刻或过后不久即出现征象，如明显头晕、脸色苍白、恶心呕吐（有时吐出物呈红色或咖啡色）、全身无力、脉搏快弱、血压下降。严重者可出现嘴唇青紫、呼吸困难、咯红色泡沫样痰，右季肋部疼痛、肝脾肿大，心前区疼痛，心律不齐甚至停搏，心脏扩大等急性心功能不全现象或昏迷死亡。有些患者可出现昏厥、剧烈头痛、意识障碍、一侧肢体麻木、动作不灵或麻痹等征象。

（四）急救

应立即使患者平卧，有心功能不全者则可取半卧位，保持安静，注意保暖，松解衣领、裤带和紧胸衣物。点掐内关和足三里穴，如昏迷，可加用人中、百会、合谷、涌泉等穴。若呼吸、心跳停止者，应做人工呼吸和胸外心脏按压。对过度紧张的患者，在进行上述初步急救处理时，要迅速请医生诊治并做进一步抢救处理。

（五）预防

重视对参加体育锻炼者的体格检查工作、运动员集训或重大比赛前应做全面体检，凡有心脏血管机能不良者，患有急性病变者（如感冒、扁桃体炎、急性肠胃炎等）均不应进行剧烈运动或参加比赛。加强身体全面训练，遵照科学的训练原则（如循序渐进、个别对待、做好准备活动等），训练水平低或锻炼基础差、身体病弱的人，要根据自己身体的实际情况量力而行，绝不可勉强完成运动负荷。伤病初愈或未完全康复，或因其他原因中断锻炼者，在再活动时，要逐渐增加运动量。要加强自我监督和训练、比赛中的临场医务工作。

二、晕厥

晕厥是指突然发生的、暂时性的知觉和行动能力丧失的状态。大多是由脑部供血供氧不足引起的，也是过度紧张的一种表现。

（一）原因和发病原理

（1）精神和心理状态不佳，如运动员过分紧张或激动，见到别人受伤、出血而受惊、恐惧等。这是由于神经反射使血管紧张性降低，引起急性广泛的周围小血管扩张、血压下降，从而导致脑部血液循环不足。

（2）直立性血压过低在长时间站立不动，久蹲后突然起立，长期卧床后忽然坐起或站立等体位时，由于植物性神经功能失调，体内血液重新分布的反应能力下降，引起直立位时血压显著降低，使脑部供血不足所致。

（3）重力性休克主要是由运动员疾跑后立即站立不动引起。运动时，下肢肌肉内毛细血管大量扩张，循环血流量明显增加（可较安静时高30倍），一旦突然中止肌肉运动，下肢的毛细血管和静脉便失去肌肉收缩对它们的节律性挤压作用，再加上血液本身的重力，使血液大量积聚在下肢血管中，回心血量明显降低，心输出量也随之减少，从而导致脑部供血不足。

（4）胸内和肺内压增加如举重时，运动员吸气后憋气使劲举起杠铃时，可使胸腔和肺内压力大大增加，妨碍腔静脉回流而致心输出量减少所引起。

（5）其他如损伤后剧烈疼痛、低血糖、中暑、心脏节律紊乱或心脏病、腹腔神经丛（太阳丛）或颈动脉窦受到击打等，亦可引起。

（二）征象

突然失去知觉、昏倒发生前，患者可感到全身软弱无力、头昏、眼前发黑、耳鸣、恶心、出虚汗和面色发白等。患者昏倒后，皮肤苍白、四肢发凉、脉搏细弱、呼吸增快或缓慢。一般在患者昏倒片刻之后，脑贫血消除即清醒过来（其他原因引起者，则需解除病因后才易恢复知觉）。醒后精神不佳，仍有头晕、软弱感。在诊断时，要详细了解发生原因和发生时的情况。

（三）急救

使患者平卧或头部稍低位、安静、保暖、松解衣领束带，用热毛巾擦脸，做下肢（从足部起）向心性重推摩或揉捏，嗅以氨水或点掐、针刺人中、百会、合谷、涌泉等穴。如有呕吐，宜将患者头部偏向一侧，若患者呼吸停止，应做人工呼吸，在知觉未恢复前或有呕吐者，均不宜给任何饮料。患者醒后可给以热饮料或少量食品（低血糖者），注意休息。

（四）预防

平时要坚持体育锻炼，提高血管运动机能水平。久蹲后要慢慢地起立，疾跑后不要马上站定，应继续慢跑，调整呼吸、逐渐停下来。当有晕厥前征象时，应立即俯身低头或躺下。平时加强心理和意志训练；举重训练时要注意呼吸与动作配合，避免过度憋气；拳击运动时要注意防护颈、腹受击，严禁犯规动作。饥饿或空腹时不宜参加体育活动，进行超长距离运动时（如马拉松比赛、公路自行车比赛），应备有含糖饮料，供运动员赛途中饮用。

三、运动中腹痛

腹痛是运动过程中较为常见的一种症状，在中长跑、马拉松、竞走、自行车、篮球等运动项目中发生率较高，其中有 1/3 的人查不出发病原因，而仅与运动训练的一些因素有关。这类运动性腹痛，大多在安静时不疼，运动时才出现，而疼痛的程度与运动量的大小、运动强度、运动速度等因素成正比。

（一）原因和发病原理

引起运动中腹痛的原因，从总体来看，基本上分为腹腔内疾患、腹腔外疾患和原因不明但与训练有关的运动性腹痛三大类。

运动性腹痛的发生，往往与下列一些因素有关：如缺乏锻炼或训练水平低，准备活动做得不充分，身体情况不佳、劳累、精神紧张，呼吸与动作之间的节奏配合不良；膳食制度不合理，饮食上存在问题，运动速度和强度加得过快或太突然；等等。

运动性腹痛的主要发病原理有 3 种。

1. 肝脾郁血

肝脾郁血肿胀，增加了肝脾被膜的张力，使被膜上的神经受到牵扯，因而产生肝脾区疼痛。疼痛性质多为钝痛、胀痛或牵扯性痛。其发生原因可能与心脏血管系统血液动力学障碍和肝脏功能因剧烈运动而减弱有关。如准备活动不充分，开始运动时速度过快或强度太大，以致内脏器官的功能在还没有提高到应有的活动水平上就承担了过分的负荷，特别是心脏血管系统还未充分动员或心肌力量较差时，心脏搏动就会不充分和无力，影响了心腔内血液的排空和静脉血的回流心脏，使下腔静脉压力上升，肝脾静脉回流受阻，从而使血液郁积在肝脾内。另外，剧烈运动时如呼吸急促而表浅或膈肌活动紊乱，造成胸内压力上升，也会使下腔静脉和肝脾静脉回流障碍。

2. 呼吸肌痉挛或活动紊乱

其发生可能是由于运动中未注意呼吸节律与动作的协调，未注意加深呼吸，以致呼吸肌活动紊乱、呼吸急促而表浅、呼吸肌收缩不协调、呼吸过于频繁、过度紧张与劳累，而使呼吸肌发生痉挛或细微损伤。另外，准备活动不够，运动速度和强度增加太快，心肺功能无法供应肌肉工作所需能耗，致呼吸肌缺氧，这样，不但易发生肌肉痉挛，而且也加剧了疼痛的出现。其疼痛性质多为锐痛，与呼吸活动有关，患者往往不敢做深呼吸。疼痛部位以季肋部和下胸部为多见。

3. 胃肠道痉挛或功能紊乱

其发生可能是剧烈运动使胃肠道缺血、缺氧或瘀血，或因受各种刺激因素而致。胃肠道痉挛或蠕动功能紊乱，可使胃壁、肠壁和肠系膜上的神经受到牵扯、胃肠道的肌肉发生挛缩，因而产生疼痛。疼痛的性质可以是钝痛、胀痛甚至绞痛。饭后过早参加运动，运动前饮食过多使胃部过胀及空腹运动（胃酸或冷空气对胃的刺激）等，都可能引起胃部胀痛或痉挛，其疼痛部位在剑突下的上腹部。运动前吃了易产气或难消化的食物（如豆类、薯类、韭菜、牛肉等），可引起肠蠕动增加或痉挛，其疼痛部多在脐周围；宿便刺激也可引起肠痉挛，其疼痛部位多在左下腹。

运动中腹痛也可因腹腔内、外疾患而引起。腹腔内疾患以肝炎、胆道疾病（如胆囊炎、胆石症、胆道蛔虫病等）、消化道溃疡病、阑尾炎、肠道寄生虫病（以蛔虫最多）、腹部着凉等为最多见。腹腔外疾患以腹肌痉挛、腹直肌慢性损伤等较多见。

（二）处理

一旦在运动中出现腹痛，即应减慢运动速度和降低运动强度，加深呼吸，调整呼吸和运动节奏，用手按压疼痛部位，或弯着腰跑一段距离，一般疼痛即可减轻或消失。如果无效或疼痛反见加重，就应停止运动，口服解疼药物（如颠茄片、阿托品、十滴水等），点掐或针刺足三里、内关、三阴交等穴位，进行腹部热敷等。若仍无效果，则需请医生诊治。

（三）预防

训练时要遵守训练的科学原则，要循序渐进地增加运动量。加强全面身体训练，提高生理机能水平。膳食安排要合理，饭后需经过一定时间以后（1.5 h 左右）才可进行剧烈运动，运动前不宜过饱或过饥，也不要饮汤水过多。要充分做好准备活动，运动中注意呼吸节律，中长跑时要合理分配速度。对于各种疾患引起的腹痛，应就医检查确诊，彻底治疗，疾病未愈之前，应在医生的指导下进行体育活动。

四、肌肉痉挛

肌肉痉挛俗称为抽筋，是肌肉发生不自主的强直收缩所显示的一种现象。运动中最易发生痉挛的肌肉为小腿腓肠肌，其次是足底的屈踇肌和屈趾肌。

（一）原因和发病原理

1. 寒冷刺激

肌肉受到低温的影响，兴奋性会增高，易使肌肉发生强直性收缩。因此，寒冷的刺激，如游泳时受到冷水刺激，冬季户外锻炼时受到冷空气刺激，都可以引起肌肉痉挛。如果在寒冷的运动环境中运动时，未做准备活动或做得不充分，或未注意保暖，就更容易发生肌肉痉挛。

2. 电解质丢失过多

运动中大量排汗，特别是长时间的剧烈运动或高温季节运动时，使电解质从汗液中大量丢失。此外，运动员急性减轻体重（为了符合比赛等级），造成体内的电解质过低。电解质与肌肉的兴奋性有关，丢失过多，肌肉的兴奋性增高，可发生肌肉痉挛。

3. 肌肉连续过快收缩而放松不够

运动训练或比赛中，肌肉过快地连续收缩且放松时间太短，以致收缩与放松不能协调、成比例地交替，从而引起肌肉痉挛。这在训练水平不高、新手运动员中较多见。

4. 疲劳

身体疲劳会影响肌肉的正常生理功能，疲劳的肌肉往往血液循环和能量物质代谢有改变，肌肉中会有大量的乳酸堆积，乳酸不断地对肌肉的收缩物质起作用，致使痉挛产生。因而身体疲劳时，特别是在局部肌肉疲劳状态下进行剧烈运动或做些突然紧张用力的动作，就容易引起肌肉痉挛。

（二）征象

痉挛的肌肉僵硬、疼痛难忍，挛痉的肌肉所涉及的关节伸屈功能有一定的障碍。

（三）处理

不太严重的肌肉痉挛，只要以相反的方向牵引痉挛的肌肉，一般都可使其缓解。牵引时切忌用暴力，用力宜均匀、缓慢，以免造成肌肉拉伤。腓肠肌痉挛时，可伸直膝关节，同时用力将踝关节充分背伸，屈踇肌和屈趾肌痉挛时，可用力将足和足趾背伸。此外，还可配合局部按摩，采用重力按压、揉捏和点掐针刺委中、承山、涌泉等穴。严重的肌肉痉挛有时需采用麻醉才能缓解，处理时要注意保暖。

游泳中发生肌肉痉挛时，不要惊慌，如自己无法处理或缓解时，可先深吸一口气，仰浮于水面，并立即呼救。在水中自救腓肠肌痉挛的方法是：先吸一口气，仰浮水面，用抽筋肢体对侧的手握住抽筋肢体的足趾，用力向身体方向拉，同时，用同侧的手掌压在抽筋肢体的膝盖上，帮助将膝关节伸直，待缓解后，慢慢地游向岸边。发生肌肉痉挛后，一般不宜再继续游泳，应上岸休息、保暖，按摩局部。

（四）预防

加强身体训练，提高机体的耐寒能力和耐久力。运动前必须认真做好准备活动，对容易发生抽筋的肌肉可事先做适当按摩。冬季锻炼要注意保暖，夏季运动时，尤其是进行剧烈运动或长时间运动时，要注意电解质的补充和维生素 B_1 的摄入。疲劳和饥饿时不宜进行剧烈运动。游泳下水前应先用冷水冲淋全身，使身体对寒冷有所适应，水温低时不宜游泳时间太长。在运动过程中要学会放松肌肉的方法，在降体重和控制体重时要讲究科学性。

五、中暑

中暑是由高温环境引起的,是以体温调节中枢功能障碍、汗腺功能衰竭和水、电解质丢失过多为特点的疾病。中暑为一种急性病,常在高温、高湿和通风不良的环境中进行运动时发生。根据发病机制和临床表现,中暑可分为热射病、热痉挛和热衰竭。

机体在运动时产生大量的热,除其中1/4用于完成机械功外,其余均以热的形式储存或散发。当产热或储热超过散热时就会出现体温调节系统的超载,可伴有大量出汗,运动时间维持较长时直肠温度升高(可达40~42℃),甚至虚脱。衰竭是由于丘脑下部体温调节或周围性反应所致功能紊乱,使心脏充盈度和心搏输出量减少,从而心率加快。当直肠温度升高后,皮肤和内脏小动脉扩张引起血压下降。运动中中暑多见于年轻体育锻炼者、战士、马拉松跑者、铁人三项运动员等。

(一) 发病原因和机理

环境高温是致病原因。室温过高超过35℃,在炉窑等热源强辐射下从事一定时间的训练或劳动,炎夏烈日下暴晒,等等,如无足够的防暑降温措施都可发生中暑。即使气温不是很高,但在湿度较高和通风不良的环境下从事训练或重体力劳动也可发生中暑。

中暑的诱因有:年老体弱、疲劳、肥胖、饮酒、饥饿、脱水、失盐、穿着不透风、发烧、甲亢、糖尿病、心血管疾病、汗腺缺乏及服用阿托品等抑制汗腺分泌的药物等。

正常人体温一般恒定在37℃左右。这是在丘脑下部体温调节中枢控制下,产热与散热平衡的结果。人体产热主要来自体内氧化过程中产生的基础热量。肌肉收缩、运动和不自主寒战也能产生热量。人体每千克体重蓄积3.89 J(0.93 kcal)热量,足以使体温提高1℃。在散热方面,通常室温(15~25℃)下,人体散热主要靠辐射(60%),其次为蒸发(25%)和对流(12%),少量为传导(3%)。周围环境温度超过皮肤温度(当环境温度为23℃时,躯干和额部的温度为32~34℃)时,人体散热只能靠出汗以及皮肤和肺泡表面的蒸发。每蒸发1 mL水,可散失2.4 J(0.58 kcal)热量。人体散热还通过循环血流将深部组织的热量带至皮下组织,并通过扩张的皮肤血管散热。因此,皮肤血管扩张和经皮肤的血流越多散热越快。

高温对人体主要系统的影响如下。

1. 体温调节

在高温条件下,血液循环和汗腺功能对调节体温起主要作用。高温超过一定限度产热量大于散热量时,体温调节中枢失控可突然出现高热而发生热射病。此时汗腺功能发生障碍,出汗减少可加重高热。

2. 中枢神经系统

高温对中枢神经系统有抑制作用,导致注意力不集中,对外界反应迟钝,动作准确性和协调性差。

3. 心血管系统

由于散热的需要，皮肤血管扩张血液重新分配，同时心搏输出量增多，结果心脏负荷加重最终导致心功能减弱，心搏输出量减少，输送到皮肤血管的血液量减少而影响散热。

4. 水盐代谢

出汗是高温作业中的主要散热途径。一般认为一个工作日的出汗量高达 6 L 为生理最高限度，而汗中 NaCl 含量为 0.3%～0.5%。因此，在高温下作业时，大量出汗伴有盐的丢失。丢失水分过多可引起循环障碍而发生热衰竭。丢盐过多和补盐不足可引起肌肉痉挛而发生热痉挛。

（二）中暑的一般类型

中暑是夏天训练中的常见现象，易发生在天气开始炎热时，故此时组织训练和比赛要预防中暑。中暑可分为热射病、热痉挛、热衰竭。

1. 热射病

热射病又称为中暑高热。高热、无汗和昏迷是本病的特征。往往在高温环境下训练或工作数小时后发病。老年人、体弱者和慢性病患者常在夏季持续高温数天后发病。热射病的症状轻重不等，轻者仅呈虚弱状态，重者有高热、无汗和昏迷现象。一般发病急，体温上升，脉搏及呼吸加快，重者可引起昏迷，体温 41 ℃ 以上，脉搏极快而呼吸短促，严重者可因心力衰竭或呼吸衰竭而致死。

头部直接受太阳辐射引起的热射病称为日射病。

2. 热痉挛

大量出汗引起 NaCl 丢失过多，导致肌肉兴奋性升高而发生肌肉疼痛和肌肉痉挛者称为热痉挛。轻型热痉挛只是对称性肌肉抽搐，重者大肌群也发生痉挛，并呈阵发性，负荷较重的肢体肌肉和腹肌最易发生痉挛。患者意识清楚，体温一般正常。

3. 热衰竭

热衰竭多发生于饮水不够的老年人、体弱者和婴儿，也见于高温下从事训练的新手，或补足盐而饮水不足者。因体内无过量热蓄积，一般无高热。患者先有头痛、头晕、多汗、恶心、呕吐，继而口渴、疲乏无力、焦虑、胸闷、面色苍白、冷汗淋漓、轻度脱水、脉搏细弱或缓慢、血压下降、心律不齐。可有晕厥，并有手足抽搐，重者出现循环衰竭。

临床上热射病、热痉挛、热衰竭可同时存在，不能截然区分。

（三）治疗

1. 场地急救

场地急救要保持呼吸道通畅，测量血压、脉搏、直肠温度、点滴输液，严重者要及时送往医院抢救。热射病如不及时采取有效的抢救措施，死亡率可高达 5%～30%。

2. 一般处理

热衰竭和热痉挛患者应转移到通风阴凉处休息。热痉挛患者口服凉盐水或含盐饮料或静脉注射生理盐水，服用十滴水或藿香正气水可迅速好转。有循环衰竭者由静脉补给生理盐水和 KCl。一般患者在 30 min 至数小时内即可恢复。

3. 物理降温

用 4～11 ℃凉水擦摩皮肤，使皮肤血管扩张加速血液循环，加用风扇吹风。在头部、腋窝、腹股沟放置冰袋以降温。

4. 住院治疗

住院治疗包括降温、心脏监护、输液，必要时透析。采用 4 ℃水浴，同时擦摩皮肤降温效果最好。

（四）预防

预防措施如下：

（1）夏天炎热季节要安排好训练时间，避免在一天最热的时间中训练。热天运动时宜穿浅色衣服，戴遮阳帽，保证充足的睡眠，并加强常规医务监督。

（2）安排好炎热天气下训练和比赛时的营养和饮水，注意补充食物中的蛋白质，额外增加维生素 B_1、维生素 B_2、维生素 C 的供给量。组织合理的水盐供应主要是强调运动员采取少量多次的饮水原则，训练或比赛后的 NaCl 供给量宜从常温下的 10～15 g 增加到 20～25 g，所需 NaCl 可通过含盐饮料、菜汤和盐渍食品提供。

（3）对不耐热个体要加强预防措施。中暑存在明显的个体差异，一些人对炎热较敏感。不耐热个体是指某些人不能耐受炎热，其体温升高早于一般人，他们更易出现中暑。年轻人（运动员、士兵等）发生运动性中暑的危险性较大。对热耐受性降低的诱因有脱水、肥胖、身体机能水平低下、疾病、疲劳等，有诱因存在时应减少或避免炎热天气时的剧烈运动。

（4）主动采取措施，提高耐热能力。机体对热的耐受力可以通过积极的体育锻炼得以提高。研究表明，主动在高热潮湿的热环境中，以最大摄氧量的 60% 强度，每天进行 30 min 左右的锻炼，最有利于提高机体的热适应能力。机体热适应的建立一般需要 10 d 左右。

思考与练习

1. 导致运动创伤发生的内因有哪些？
2. 导致运动创伤发生的外因有哪些？
3. 如何预防运动创伤的发生？
4. 简述口对口人工呼吸的方法。

5. 简述胸外心脏按压的方法。
6. 简述常用止血方法。
7. 骨折的临时固定注意事项有哪些?
8. 关节脱位的征象有哪些?
9. 发生脑震荡如何处理?
10. 肩袖损伤的临床表现有哪些?
11. 网球肘的发病原因和原理是什么?
12. 髌骨软化症如何安排伤后训练?
13. 简述诊断膝关节损伤的常用特殊手法检查方法。
14. 踝关节扭伤如何处理?
15. 简述诊断腰椎间盘突出症常用特殊手法检查方法。
16. 运动中腹痛如何预防?
17. 发生肌肉痉挛如何处理?
18. 如何预防中暑?

第十三章　少年儿童、女性及中老年人的体育卫生

第一节　少年儿童的体育卫生

少年儿童正处于生长发育时期，身体各组织器官尚未成熟，生理机能较弱。经常从事体育活动，对促进生长发育、提高健康水平可起到积极作用。但应当注意的是，少年儿童所从事的体育活动应符合其身心特点，否则可能妨碍正常的生长发育，对健康产生不良影响。故体育教师在教学训练中，要根据少年儿童的身体发育规律和形态机能特点，合理安排体育运动，以促进其健康成长。

一、少年儿童身体发育的特点

（一）身体形态

少年儿童的身体形态和体型与成人不同，它受身体发育的 2 次突增期影响，表现体型的特点是头大、躯干长、四肢短、重心不稳、皮下脂肪分布四肢较多而躯干较少。10 岁以后身体发育进入第二突增期，特别是到了青春期，由于骨骼肌肉迅速发育，形态变化很大，与第一次突增期恰好相反，先长下肢，再长躯干，最后具有成年人时的体型特点。

（二）运动系统

少年儿童骨骼的化学成分与成年人不同，含有机物较多、无机物较少，成年人骨中有机物和无机物含量的比例为 3∶7，儿童为 1∶1，因此骨的弹性大而硬度小，不易骨折而易发生畸形。儿童骨骼的血液供应比成年人丰富，骨折后较易愈合。儿童的骨骺尚未封合，骺板的坚固性较弱，因此容易发生骨骺的损伤，有时可影响骨的正常发育。

下肢骨的骨化过程比其他部分完成得晚，因此在少年儿童时期，若长时间地站立和负重，容易影响下肢骨的发育，并可形成下肢骨弯曲和扁平足。脊柱要到 20～21 岁才定型，因此要注意少年儿童的脊柱变形情况。少年儿童的肌肉与体重比

例少于成年人，如 8 岁的少年儿童只占 27.2%，15 岁的少年儿童占 32.6%，17~18 岁的青年占 44.2%。少年儿童的肌肉较成年人柔软，肌纤维较细，肌肉成分中水分较多，蛋白质、脂肪和无机盐较少，到 15~18 岁时，肌肉中水分减少，蛋白质和无机盐增加，肌肉较结实，肌肉的弹性和力量也增加。

肌肉的发展有一定规律：在长身高时期（如女孩 11~13 岁，男孩 13~15 岁），肌肉以长度增加为主，而在长体重时期（15~16 岁以后），肌纤维增粗，力量增加。体内各部的肌肉发育是不平衡的，大肌肉发育先于小肌肉，因此幼小儿童做精细工作的能力较差。15~18 岁时，肌肉质量和肌力显著增加，肌肉的功能日趋完善，工作的准确性和灵活性均提高。少年儿童的肌肉较易疲劳，但恢复较快。少年儿童屈肌的力量较伸肌的力量强，因此要加强伸肌的发展。在性成熟期，肌肉的发育落后于身体的增长，肌肉力量变得相对较弱，因此不可使肌肉负担过重，但也应积极锻炼以促进其发育。

（三）心脏血管系统

少年儿童的心率较成年人快，随着年龄的增长而逐渐减慢，20 岁左右趋于稳定。由于少年儿童的神经调节机能尚未十分完善，神经活动过程的兴奋性较高，因此在体力活动和情绪紧张时常出现心跳显著增加和节律不齐的现象。少年儿童的每搏输出量和每分钟输出量的绝对值比成年人小，但其相对值（以每千克体重计算）比成年人大，年龄越小相对值越大。这就保证了在发育过程中因身体代谢旺盛所需的氧供应。这个特点说明了少年儿童的心脏能适应短时间紧张的体育活动。但由于其心脏发育不完善，在与成年人进行同样负荷的活动时，心率比成年人高，这说明少年儿童在运动时主要靠增加心率来增加心输出量。

青春期前的少年儿童的血压较成年人低得多，年龄越小血压越低。其原因是血管的发育先于心脏，年龄越小，血管发育超过心脏发育的程度越大，因此血管内的阻力越小。青春期以后，少年儿童的心脏发育迅速，超过血管的发育，血压随之升高，以收缩压较为显著。有的甚至出现暂时性血压偏高现象，其原因可能是少年儿童的血液循环系统和神经系统体液调节不稳定，因此尚不能定为病理性高血压。体育锻炼对预防少年儿童由于神经体液调节不稳定所致的血压波动和预防其发生高血压现象有积极意义，特别在青春期，加强体育锻炼是非常必要的。

（四）呼吸系统

少年儿童呼吸器官组织娇嫩，呼吸道黏膜容易损伤。肺组织中弹力纤维较少、肺间质多、血管丰富。肺的含血量较多，而含气量较少。随着年龄的增长，弹力组织增加，肺容量也增大。少年儿童的肺活量较小，呼吸频率较快，随着年龄的增长，呼吸频率逐渐减慢，肺活量逐渐增加。由于少年儿童的呼吸肌发育较弱，胸廓较小，肺活量较小，因此在体育活动中主要靠加速呼吸频率来增大肺通气量。由于少年儿童的神经调节机能尚未十分完善,当进行运动时,呼吸动作与运动动作不能很好地配合。因此,在安排少年儿童进行训练时,时间不宜过长,强度不宜过大,同时,应指导少年儿童掌握正确的呼吸方法,以促进呼吸器官的发育。

(五) 神经系统

少年儿童神经系统的特点是兴奋过程占优势并容易扩散,随着年龄的增长,抑制过程逐渐发展,最后兴奋和抑制达到均衡。少年儿童表现为活泼好动、注意力不易集中、运动动作准确性差。因此,在对少年儿童的教学训练中,应多采用直观的方式。活动内容多样化,每种活动持续的时间不宜过长,否则易引起神经系统的疲劳。

(六) 少年儿童身体素质和运动能力发育特点

身体素质和运动能力具有密切联系,素质是形态、机能的发育在运动能力方面的反映。因此,素质和运动能力的发展必然受形态和机能发育的制约。

1. 速度

少年儿童的速度发展具有明显的年龄和性别特点。男孩在 19 岁、女孩在 13 岁以前,速度是随年龄的增加而有所提高的。速度的年龄发育特点是 10~13 岁增长最快,男孩在 19 岁、女孩在 13 岁后趋于缓慢并逐渐稳定下来。因此,少年儿童在 13 岁以前可以接受一些动作频率和反应速度较快的运动项目训练,如乒乓球、羽毛球、游泳、田径赛跑等。14 岁后可适当安排长跑、球类活动,以便发展其速度耐力。另外,要注意女孩青春期的速度发展。由于女孩青春期时的皮下脂肪迅速增厚,可能会影响其速度的发展。

2. 力量

力量发育和肌肉的生长有密切关系。男孩在 16 岁以前力量随着年龄的增长而逐渐增加,16 岁以后开始缓慢下来,22~23 岁可达高峰,之后又随年龄的增长而减慢。而女孩在 13 岁以后力量增长开始缓慢并有下降趋势,16 岁又回升,18~22 岁可达最高峰,之后又随着年龄的增长而减慢。男孩、女孩 18~23 岁之间力量差异最大。少年儿童在青春期以前不适宜进行过强的力量训练,但随着肌肉的发育成熟,16~18 岁以后可进行肌肉力量训练。

3. 柔韧

柔韧表示关节的活动范围,与关节周围的韧带、肌肉的伸展性关系密切。少年儿童关节活动范围随年龄的增长而逐渐减小。年龄越小柔韧性越好,这又与少年儿童骨的弹性好、可塑性大有关。一般在小学阶段(13 岁前)柔韧性最好,13 岁以后开始发展缓慢。因此,柔韧性练习应从幼年开始,而且不能间断。

4. 耐力

耐力发展总的趋势是随着年龄的增长而逐渐提高,至 20 岁达到高峰,以后又随着年龄的增长而下降。耐力的性别差异很明显,女孩在 13 岁后开始下降,17~18 岁又逐渐回到 13 岁的水平，21 岁后又逐渐下降。12 岁以前少年儿童的心血管发育尚不完善，每搏输出量少，不能满足长时间运动时机体对氧的需要，容易疲劳。不宜进行长时间的耐力训练。但随着年龄的增长，心血管机能的发育成熟，耐力得到改善和提高，因而一般认为可在 16 岁以后进行耐力训练。

5. 灵敏

少年儿童的灵敏素质随着年龄的增长而逐渐提高。10 岁以后灵敏度开始提高，尤其进入青春期后提高更明显。15～16 岁后逐渐缓慢下来。因此，灵敏素质的培养应从少年儿童抓起。

二、少年儿童的体育卫生要求

根据少年儿童体质发育的特点，在体育教学和运动训练中，要遵循下列卫生要求。

（一）一般体育卫生要求

（1）体育运动要根据少年儿童的年龄和性别特点进行合理的组织和安排，以促进其身体和智力的健康发育。例如，学龄前儿童的体育活动应以活动性游戏为主，着重于兴趣的培养。而学龄儿童则要求在促进身体全面发展的基础上着重身体的姿势教育。青春期男女少年的体育运动要考虑年龄特点，还要考虑性别的差异。体育课尽量分开上，同时要注意提高身体素质和发展运动技巧。

（2）少年儿童进行体育运动持续的时间不宜过长，运动量要适当，不应超过身体的负担能力。

（3）少年儿童体育活动的内容和形式要做到多样化和经常变换，防止单一的内容。因为单一的内容有碍身体全面的健康发展。另外，不应过早地让少年儿童进行专项训练。如果进行早期专项训练则要通过合理的选材，在严格的医务监督下进行。不应过早或过急地要求少年儿童获得好成绩，也不应让少年儿童过多地参加正式比赛，尤其不能让少年儿童与成年人进行激烈的比赛。

（4）少年儿童参加体育运动前应保证充足的休息和睡眠，并要有足够的营养和能量供应。

（5）少年儿童体育运动使用运动器械的大小及重量要符合其身体发育特点。少年儿童不能使用成年人的器械，以免发生外伤。

少年儿童的体育教育要和卫生教育结合起来，不仅培养他们具有健全的体魄，同时培养其良好的个人和公共卫生习惯。

（二）少年儿童早期专项训练的医学问题

所谓早期专项训练，就是把某些专项训练的开始年龄合理地提前。实践证明，如果能按照少年儿童身体发育和解剖生理特点进行科学的训练，不仅有利于提高运动成绩，还不会损害少年儿童的健康。

从医学的角度看，少年儿童早期专项训练的目的不在于过早地出成绩，而是根据少年儿童的解剖生理特点对他们进行全面的身体训练和专项素质训练，为将来的发展打下坚实有力的基础，以期到一定年龄时创造优良的成绩。而一味追求单项训练，过早地追求出成绩，会给身体带来一系列伤害，严重影响少年儿童的生长发育和健康成长。

少年儿童的早期专项训练问题，是国内外体育工作者和运动医学工作者所关注的问题。

1. "早衰"

所谓"早衰"，就是指在儿童早期专项训练中，由于片面追求单项训练，强调早出运动成绩而忽略少年儿童的发育特点；训练强度过大、比赛过多等，使少年儿童因身体不能适应而产生各种伤病导致成绩下降、运动寿命缩短，过早退出运动训练队伍。"早衰"的主要原因是没有根据少年儿童的解剖生理特点进行全面的训练。例如，只注重力量和速度的训练，而忽视身体的一般耐力训练，忽视内脏器官的功能训练，其结果是严重地影响了少年儿童身体各系统器官的正常发育。"早衰"的另一个原因是选材不当。只看到少年儿童身体某一个方面的发展，而忽视另一方面的发展。例如，只看形态，不看机能和素质；或只顾专项成绩，而忽视身体全面的发展。其训练的结果，不是出现畸形就是出现伤病。

2. 少年儿童训练可能产生的生理改变

（1）有氧能力：有氧能力可以像成年人一样得到提高，其主要限制因素是血红蛋白浓度低，导致氧运输能力低下。

（2）无氧能力：通过适当训练可接近成人。

（3）力量：由于儿童激素（睾酮）水平低，肌肉体积增大并不明显，力量的增长是由于神经元数量增加，神经元募集增多，运动单位协同作用增强及运动技巧和协调性提高所形成的。

3. 关于开始专项训练的年龄问题

关于开始专项训练的年龄问题，有人提出按运动项目的性质分为3类。

（1）身体负担量不大，以速度和灵敏为主的项目（如体操、游泳、花样滑冰、技巧运动等），可从 10～11 岁开始。

（2）篮球、足球、排球等项目，可从 12～13 岁开始。

（3）以体力和力量为主的项目（如举重、长跑）从 14～16 岁开始。早期专项化训练应该从实际出发，在遵循人体运动规律以及科学训练方法的基础上，全面提高少年儿童的专项化能力和各运动素质的竞技能力。

4. 伤病问题

由于少年儿童骨骺尚未完全骨化，因此易受损伤。如髌板早期愈合、髌板分离骨折、骨软骨炎等。此外，运动性贫血和血压偏高现象也是值得注意的。

第二节 女性的体育卫生

一、女性的解剖生理特点

(一) 体格的特点

青春期以前,男、女各形态指标差异不大,多数指标男性大于女性。女性的快速生长期比男性早两年,11～12 岁女性的多数指标超过男性。13 岁后,男性又超过女性,称为生长发育的两次交叉规律。青春发育阶段,男性、女性各指标增长值不同,差异逐渐增大。

女性的体型为四肢较短,躯干较长,肩、胸较窄,上臂较细而骨盆较宽,大、小腿较粗。女性皮下脂肪丰满,主要分布在胸、肩及臀部,其重量为体重的 20%～30%。

(二) 心脏血管系统的特点

女性心脏重量较男性轻 10%～15%,心脏容量较男性小 150～200 mL,心脏体积较男性小 18%。女性血液量占体重的 7%,而男性则占 8%。安静时女性心脏收缩较快,我国男性平均脉搏频率为 75.2 次/分,女性为 77.5 次/分。女性血压较男性低,收缩压平均低 10.5 mmHg,舒张压低 5.1 mmHg。女性心脏每搏输出量和每分输出量也较男性少,前者少 10～15 mL,后者少 0.3～0.5 L。运动时,女性主要靠增加心脏收缩次数来增大心脏的每分输出量。女性红细胞数量及血红蛋白含量均低于男性。

(三) 呼吸系统特点

女性胸廓较小、呼吸肌力量较弱、胸围及呼吸差亦较小,且多为胸式呼吸。安静时,女性呼吸频率较快,每分钟较男性快 4～6 次。肺活量为男性的 70%。女性最大吸氧量较男性小,肌肉活动时肺通气量也较男性小。

(四) 运动器官的特点

女性的肌肉不如男性发达,其重量为身体总重量的 25%～35%,而男性则为 35%～45%。系统地从事体育锻炼有利于女性肌肉体积的增大。女性肌肉力量较差,标志着肌肉力量的指标均较小,如屈臂悬垂(单位:s),女性为男性的 33%;立定跳远（单位：cm），女性为男性的73%；1 min 仰卧起坐（单位：次），女性为男性的69%。速度与速度耐力也较差，均为男性的80%。肌肉中红、白肌纤维的比例，男性、女性大致相同。

女性关节韧带的弹性较好，椎间盘较厚，四肢、脊柱活动范围较大，故柔韧性较好。

二、女性的体育卫生

（一）一般体育卫生

青春发育阶段，女性在体格发育、内脏器官及身体素质方面逐渐落后于男性，而且月经来潮。因此，对中学男女合班的学生，建议体育课应分组教学，活动的内容和要求应分别对待，不能强求一致。女性的锻炼标准要低于男性。由于女性肌肉力量较差，有些运动器械也应较轻，如投掷项目的标枪、铁饼、手榴弹、铅球等。由于女性循环系统和呼吸系统机能较差，故运动量相应要小。由于女性肩部较窄、臂力较弱、重心较低，做两臂支撑、悬垂和大幅度的摆动动作都比较困难，故应注意循序渐进和发展上肢力量。从高处落下时，地面不可太硬，应注意落地姿势，以免身体受到过分振动，影响骨盆正常发育。要多安排一些增强腹肌、盆底肌肉的练习，以免由于跑、跳等练习的剧烈振动导致女性子宫位置发生变化。

根据体型及心理特点，女性宜于进行艺术体操、高低杠、平衡木及自由体操等项目。在长距离游泳方面，女性具有一些有利条件：女性肩部较窄，游泳时所受水的阻力较小；女性体内贮存的脂肪多，因此浮力较好、耐冷；用脂肪做能源的利用率较高，故热能供给较充足。在长距离跑方面，女性在形态和功能方面也有其优越性：除体脂较多，用脂肪做能源的利用率较高外，女性氧的利用率和调节体温的效率高于男性，对在能量消耗时所引起的体温升高有较好的散发能力，对热应激的适应能力较好且脱水较少，单位时间内的能量消耗也较少。随着女性体育运动的不断发展，一些曾被认为不适宜女性锻炼的"禁区"，如足球、马拉松跑、柔道、撑竿跳高等项目，正在被突破。应注意启发女性锻炼的自觉性，通过训练克服本身的弱点，提高肌肉力量和内脏器官机能，提高身体素质。在医务监督条件下，使她们逐渐承担更大的运动量，掌握更复杂的运动技能。

（二）月经期体育卫生

1. 一般卫生要求

月经是由于卵巢激素的作用而引起。在性激素作用下，子宫出现周期性内膜增生，卵巢内黄体成熟，如排卵期未受孕，增生的内膜则会脱落出血，经血由开放的宫颈口经阴道排出体外。部分女性在月经期有不适感如腹痛、情绪异常等，同时伴有体力下降。月经周期一般为 28～30 d。除卵巢激素外，月经周期也受大脑皮质、下丘脑及垂体的影响。

身体健康、月经正常的女性，月经期参加适当的体育活动是有益的，因为体育活动可以调节大脑皮质的兴奋和抑制过程，改善盆腔的血液循环，减轻月经期的不适感。同时，由于腹壁和盆底肌肉的收缩与放松，对子宫起着轻柔的按摩作用而有利于经血的排出。月经虽属正常生理现象，但由于月经期子宫内膜脱落出血，生殖器官抵抗力降低而易于感染等特点，故应特别注意下列卫生要求。

（1）适当减小运动量，运动时间不宜过长，特别是月经初潮不久的女性，由于其月经周期尚不稳定，更应注意运动量不宜过大，要循序渐进，逐步养成经期锻炼的习惯。

（2）月经期不宜从事剧烈运动，尤其是振动强烈、增加腹压的动作，如疾跑、跳跃及力量性练习等，以免子宫异位和经血量过多。

（3）月经期要避免冷和热刺激，如冷水浴、阳光下曝晒等，特别是下腹部不要着凉以免引起卵巢功能紊乱而导致月经失调。

（4）月经期不宜游泳，以免病菌侵入内生殖器引起炎症。

（5）有痛经或月经紊乱的女性，月经期应停止体育活动。

2. 月经期参加运动训练和比赛的卫生要求

月经期能否参加运动训练的问题，需要根据运动员情况个别对待。月经正常、身体反应良好者可以进行训练，但在开始时应减小运动量，选择适宜的运动项目，待机体适应后逐渐增加运动量并应加强医务监督。月经紊乱、自我感觉不良、内生殖器发育不全或有炎症病变的女运动员，经期一律停止训练。月经期游泳可使用阴道栓。

关于月经期参加比赛的问题，对于训练水平差的运动员，特别是月经初潮不久的女性，月经期不宜参加比赛，因为比赛时强度很大，精神紧张，神经系统往往不能适应，容易引起内分泌失调，导致月经紊乱、痛经或闭经。平时就有经期参加训练习惯的，训练水平很高的女运动员，经期也可以参加比赛。在女运动员中，有的可出现月经紊乱，有的是由于运动量安排不当，在调整运动量后，月经就可以恢复正常；有的是由于训练或比赛环境的改变，中枢神经系统和内分泌机能暂不稳定，经过一段时间往往会自行恢复；当长跑运动员、体操运动员身体脂肪量下降到体重的15%及以下时，可能发生闭经；体脂增加后，多数即恢复正常。若排除上述因素后，月经仍不能恢复正常，则应请专科医师诊疗。

系统地从事训练的女运动员，应填写月经登记卡（表13-1），填写的内容包括行经日期、经期的身体反应、参加运动的情况和运动后的反应等，可简短地记录在说明栏内。这样便于合理安排训练，又可及时发现问题。

表 13-1 月经登记卡

姓名	单位										
行经日期		年 月 日至 年 月 日，共 天									
经期身体反应											
月经日程		第1天	第2天	第3天	第4天	第5天	第6天	第7天	第8天	第9天	第10天
月经量											
月经期参加体育活动情况											
经期体育活动后反应											
备注											

注：（1）经期活动情况分：全休、见习、轻微活动、减量活动、照常训练。
　　（2）经期活动情况后反应分为：差、一般、良好。

第二节　中年人的体育卫生

一、中年人各器官系统的解剖生理特点

（一）运动器官系统

1. 骨质改变

中年后期，由于骨代谢减慢和人体运动减少，骨供血不足，营养不良。加之随着年龄的增长，肾脏机能降低，严重影响钙、磷代谢平衡，其结果是骨骼的成骨细胞减少，增长缓慢，骨中蛋白基质减少，引起骨骼脱钙，造成骨质疏松，腰椎间盘产生退行性变，使人体身长缩短。同时，随着年龄的增长，骨骼中矿物质成分增高，骨软骨发生纤维性变化和钙化增强，使骨的脆性加大、韧性减小，易发生骨折、颈椎病、肩周炎和腰腿痛。

2. 关节改变

随着年龄的增长，关节滑液变性，出现软骨基质减少、弹性降低、黄色样变化等，故人到中年以后，关节的活动范围减小了，特别是肩关节的后举、外旋，肘关节的伸展，前臂的内外旋转，腕关节的回旋，腕关节的伸展等出现了明显的障碍。

3. 肌肉改变

肌肉的机能，也有增龄性改变。据研究，肌力在 25～30 岁时最强。人在 35 岁以后，肌力每 10 年递减 10%～20%。随着肌力的减弱，全身体力和持久工作力也降低。

中年以后，由于骨、关节、肌肉等形态机能的退行性变化，人的运动能力会出现明显下降，表现为动作缓慢、平衡能力降低、日常操作的工作程序易出现差错、反应迟延等。即使能维持青年时期的中等劳动程度，也会感到力不从心。

（二）心血管系统

1. 心脏改变

中年以后，心肌上有褐色脂质沉着，心脏外观呈褐色，并呈褐色萎缩和心肌细胞线粒体变性，以及心肌纤维性变和淀粉样变等，导致心功能减弱。表现为心搏逐渐减弱、心输出量减少。

2. 血管改变

中年以后，血管壁上有了脂质斑块沉淀，使管腔变窄，因此，随着年龄的增长，血流量和血流速度减慢。另外，由于血管壁胶原蛋白、弹性蛋白、酸性黏多糖的改变，以及钙、磷、镁的增加，引起血管壁硬化、弹性下降。

3. 心血管调节机能改变

随着年龄的增长，心血管许多调节系统发生变性和功能减弱，如颈动脉窦和主动脉弓处的反射性调压结构发生变性，窦房结内细胞数目减少，房室结可见变性钙化，胶原组织增多，等等，因而导致心血管的机能调节障碍。

（三）呼吸系统

1. 胸廓改变

由于骨关节的退行性变，中年后期易发生脊椎后突、胸廓变形、肋间隙变宽、肋骨呈水平位，因而呼吸幅度减小，影响气体交换过程。

2. 肺和气管改变

随年龄的增长，肺泡缩小，肺表面积缩小，气管发生进行性变化，至 40～50 岁时已基本呈钙化状态，因而严重影响肺功能。中年人肺活量逐渐减小，肺残余气量增加，肺的弥散功能也迅速减低，易出现气促、气喘现象。

（四）神经和内分泌及其他系统

1. 神经系统

中年以后，神经传导过度慢，记忆力下降；由于中枢神经抑制，其过程减弱，因而睡眠时间缩短，人难睡且易醒。

2. 内分泌系统

中年后人体的内分泌腺开始萎缩,功能减退,使内分泌紊乱,尤其是性腺功能逐渐下降。中年妇女 45 岁以后进入更年期,还会出现一系列症状。

3. 其他系统改变

中年以后,胃肠黏膜变薄,胃肠道的腺体和绒毛逐渐萎缩,平滑肌纤维萎缩而弹性下降,肝脏和胰腺重量减轻,功能减退。因此,易患胃肠扩张、胃下垂、消化不良、便秘、肠炎、脂肪肝、胆囊炎等消化系统疾病。此外,免疫系统功能减退,易患各种疾病,基础代谢正逐渐下降,体内能量消耗减慢,身体易发生肥胖。

二、中年人的体育卫生要求

坚持科学的体育锻炼是延迟衰老、增强体质的重要手段。中年人应寓健身体育锻炼于日常生活之中,即使每天进行 15 min 慢跑或 20 min 步行,也会起到一定健身效果。不参加体育锻炼、不科学的生活方式可导致"生活方式病",也称为"运动不足病"。体育锻炼还要讲究科学,注意安全和效果。故提出以下体育卫生要求:

(1) 锻炼前必须进行严格的体格检查,了解健康状况,以便选择合适的运动项目和确定科学的运动处方,检查的重点应放在心血管系统上。

(2) 选择适宜的运动项目、强度和合理安排锻炼时间。中年人各器官、系统都有不同程度的退行性变化,所以选择的运动方式要多样、全面,力求使全身各部位都参与运动,如步行、慢跑、骑自行车、做广播体操、跳健康迪斯科、游泳、打太极拳、练气功、做小球类运动、远足、登山等。

(3) 运动强度的确定应遵循量力而行、循序渐进的原则。开始锻炼时运动量的强度要小一些,以后随着身体适应力的提高而逐渐加大。锻炼时一定要根据个人的体质、健康情况、年龄、性别和体力特点及以往有无运动习惯等合理安排、选择适宜的运动强度。

(4) 中年人切忌突然剧烈运动,因为激动、紧张和突然起动等不利因素结合在一起,对于潜在的心血管患者具有特别的危险性。另外,锻炼应选择在人少、宁静、空气清新的环境,如广场、公园等。饥饿时、饭后不要参加运动,尤其不要做剧烈运动,以免影响消化功能,预防发生消化道疾病。晚上睡前不宜做剧烈运动,以免影响睡眠。

(5) 加强医务监督工作,防止过劳或意外损伤。如心情舒畅、精神饱满、有轻度疲劳但无气喘、心跳过速现象,锻炼后食欲增加、睡眠改善、晨脉稳定、血压正常、体重正常等情况,都是良好的反应。若锻炼后有头痛、恶心、胸部不适、食欲下降、睡眠不好、晨起脉搏加快、疲劳不能缓解、体重下降等征象,提示运动量过大,需要调整或暂停运动。另外,运动服装要轻、软、合体并注意环境与场地卫生。夏季锻炼要戴帽子,注意补充水分和盐分,防止中暑。冬季锻炼要注意身体保暖,防止感冒和冻伤。

第四节 老年人的体育卫生

一、老年人各器官、系统的解剖生理特点

老年人的衰老变化最明显的是外形的改变,一般可见头发变白、脱落;皮肤变薄、变脆、松弛,皱纹增加,皮肤可出现各样的老年斑和老年性紫癜;皮下脂肪减少,导致身体的御寒功能降低;肌肉萎缩,出现拉力、握力减弱;脊柱椎间盘的退行性改变,身躯多少都会出现弯曲,身长变短,动作迟缓。牙齿容易出现松动,感觉系统的变化也较明显。老年人的瞳孔一般会变小,角膜周围出现一圈因脂类沉着而形成的不透明的老年环,视力调节机能下降,出现老花。听力下降,嗅力减退,痛及冷热感降低,表现为对外刺激反应迟钝。以上这些改变经常伴随着一些内脏生理功能的下降,主要表现为内脏器官储备力降低、适应能力和抵抗力减弱。

(一) 运动系统

由于内分泌和代谢功能的改变,很多老年人发生骨萎缩和骨质疏松,表现为骨质减少、骨皮质变薄,加上一些无机盐在骨内的沉积,骨骼的弹性、韧性进一步降低,骨骼变脆,容易发生骨折,最常见的是股骨颈骨折。老年人骨质的减少是由于钙质自骨中释放出来的结果,四肢骨及脊柱骨更明显。实验证明,老年人适当多活动,使四肢骨及脊柱骨承受一定的负荷,可减少、防止钙质从骨中外逸。老年人肌肉出现萎缩,肌肉重量减少,一般30岁左右的男性的肌肉重量约占体重的40%,而到老年时则肌肉仅占体重的25%。

由于老年人关节软骨萎缩,发生纤维变性等退行性变化,关节面逐渐粗糙变形,又由于关节软骨附近常出现不同程度的骨质增生或肌肉附着部分出现骨化,以及关节囊增厚、僵硬、韧带弹性减弱等,老年人骨关节出现畸形或活动障碍,如驼背、脊柱侧弯等,因而限制了其活动或由于刺激神经末梢而引起疼痛。

(二) 心脏血管系统

老年人心血管系统的主要改变首先在于心脏实质细胞数目减少、脂褐素沉着、心肌纤维化而使心肌萎缩,以及供应心脏血管营养的冠状动脉出现粥样硬化,致使心肌收缩力减弱。其次,老年人血管弹性减弱、动脉管壁硬化、管腔变窄,使血管外周阻力增加、动脉血压升高,致使心脏工作负担加重。两方面因素共同作用使心血管系统的生理功能受到削弱,表现为心搏血量和心输出血量减少、血液循环减慢、血压恢复也较慢,使老年人心脏在体力负荷后,易出现疲劳,且易发生意外。

（三）呼吸系统

老年人的呼吸系统功能减退也很明显，出现肺泡融合、间隔萎缩、肺组织弹性降低及氧交换功能障碍。老年人呼吸肌力量和弹性减弱、肋软骨钙化、韧带弹性减弱，使胸廓的活动度减小。以上原因使肺脏的通气和换气功能降低，肺活量一般从35岁就开始下降，到80岁约下降了25%，而残气量却增加了近1倍，使动脉中的血氧含量降低。此外，有的老年人胸廓还会出现各种畸形，如桶状胸等，进一步加重了呼吸功能的衰竭。

（四）神经系统

老年人大量的神经细胞发生萎缩和死亡，不仅使神经细胞数目减少，而且细胞中的核糖核酸的量也在迅速减少。神经纤维也出现退行性改变。大脑皮层的表面积比年轻时减少10%左右。老年时期，脑的生理学变化以脑血管硬化、血循环减慢、脑血流量及氧在量降低为主。以上变化引起老年人大脑皮层神经过程的兴奋和抑制转换速度减慢，神经过程的灵活性降低，对各器官系统活动的调节功能减弱，建立新的条件反射较困难，记忆力减退，认知功能也显著下降，对刺激的反应较迟钝，保持体位、支撑力、平衡力有障碍，神经细胞工作耐力差，容易疲劳，疲劳后身体恢复得也较慢；另外，老年人思想易于集中，各神经中枢之间的联系也较牢固。

二、老年人的体育卫生要求

根据老年人的解剖生理特点，在进行体育锻炼时应注意以下7个方面：

（1）由于个人体质情况，个体差异较大，因此，在参加体育锻炼前要进行全面的身体健康检查，以便合理地选择运动项目及确定适宜的运动量。有条件时，可请医生开出运动处方。

（2）老年人从事体育锻炼时，必须根据自己的身体情况量力而行；运动量最好从小到大逐渐增加，增加的速度不宜太快，每增加一级负荷都要有一个适应阶段。在锻炼时，要掌握循序渐进和持之以恒的原则。

（3）老年人不宜参加速度性项目和力量性锻炼。宜选择以提高心肺功能为主的有氧全身运动项目，如散步、慢跑及在我国老年人中具有广泛的群众基础的传统体育，如打太极拳、练气功、做广播体操、游泳等活动。以上运动项目既可以提高老年人的心肺功能，又可使其神经系统、运动系统的功能得到改善。

（4）老年人活动时，呼吸要自然，动作要缓慢而有节奏，避免做憋气和过度用力的动作。尤其对患有动脉硬化的老年人，更应避免引起血压骤然升高的动作。对于可能会引起身体血液重新分配和影响脑部血液循环的身体骤然前倾、后伸、低头及弯腰的动作，也要尽量少做或不做。

（5）运动中适当安排短暂休息，运动前后，要认真做好准备活动和整理活动，老年人锻炼时，气氛应轻松、愉快、活跃，比赛往往易使精神过于紧张，从而容易引起意外事故的发生。为此，老年人不宜过多参加比赛，更不要勉强参加比赛甚至去争夺名次。

（6）老年人参加体育锻炼，要时常了解自己的脉搏频率、血压和身体健康状况，以便进行自我监督。一般来讲，老年人运动后应感到心情舒畅、精神愉快、轻度疲及食欲、睡眠较好，晨起脉搏稳定，血压正常。若运动后出现头痛、头晕、胸闷、心跳不适、食欲减退、睡眠欠佳及明显疲乏、厌练等现象，则说明运动量过大，应及时调整锻炼内容、运动量或暂停锻炼。

美国运动医学会（1990年）推荐，老年人做运动强度，适宜的心率范围为110～130次/分，每次20～60 min，每周3次。老年人运动时可用运动后即刻脉搏变化和恢复时间来控制运动量，一般运动后即刻脉搏以不超过110次/分为适宜，老年人的适宜运动量也可根据"170－年龄"这个公式来确定。

（7）患有感冒或其他疾病，身体过度疲劳时，不要勉强，应暂停锻炼，并及时进行治疗或休息。老年人在体育锻炼期间应定期进行体格检查。

思考与练习

1. 少年儿童身体发育的特点和体育卫生要求有哪些？
2. 简述女性身体各系统的生理解剖特点及运动能力状况。
3. 女性经期运动的一般卫生要求是什么？
4. 中年人体育锻炼应注意哪些卫生要求？
5. 老年人体育锻炼应注意哪些卫生要求？

参 考 文 献

［1］张月芳，肖冰．运动人体科学基础教程［M］．广州：华南理工大学出版社，2008．

［2］顾德明，缪进昌，丁誉声．运动解剖学图谱［M］．北京：人民体育出版社，2020．

［3］王瑞元，苏全生．运动生理学［M］．北京：人民体育出版社，2012．

［4］全国体育学院教材委员会．运动解剖学［M］．北京：人民体育出版社，2000．

［5］赵斌，张钧，刘晓莉．体育保健学［M］．北京：高等教育出版社，2018．

［6］王安利．运动医学［M］．北京：人民体育出版社，2008．